वेद विश्व-साहित्य के प्राचीनतम ग्रन्थ हैं—आदि ग्रन्थ एवं ईश्वरीय-ज्ञान हैं।

यद्यपि वेदों का अधिक भाग उपासना एवं कर्म-काण्ड से सम्बद्ध है; किन्तु इनमें यथास्थान आत्मा-परमात्मा, प्रकृति, समाज-संगठन, धर्म-अधर्म, ज्ञान-विज्ञान तथा जीवन के मूलभूत सिद्धान्तों एवं जीवनोपयोगी शिक्षाओं तथा उपदेशों का भी प्रस्तुतीकरण है।

चारों वेदों में सर्वाधिक प्रशस्त है—सामवेद। गीता में श्रीकृष्ण ने इसे अपनी विभूति बताते हुए कहा है—'मैं वेदों में सामवेद हूं।'

मानव-धर्म के मूल; वेदों का ज्ञान जन-सामान्य तक पहुंचा देने के उद्देश्य से 'सामवेद' सरल हिन्दी भाषा में प्रस्तुत है।

डॉ॰ राजबहादुर पाण्डेय

साम‍वेद

प्रकाशक : डायमंड पॉकेट बुक्स (प्रा.) लि.
X-30 ओखला इंडस्ट्रियल एरिया, फेज-II
नई दिल्ली-110020
फोन   : 011-40712200
ई-मेल   : sales@dpb.in
वेबसाइट : www.diamondbook.in

Samveda

By : Dr. Raj Bahadur Pandey

पूर्वकथन

भारतीय अध्यात्म-मनीषा के द्वारा प्रतिपादित काण्डत्रय—; ज्ञान-कर्म-उपासना में से सामवेद उपासना-काण्ड का ग्रन्थ है। उपासना नाम है—समन्वय का। उपासना; यानी ज्ञान अथवा कर्म अथवा भक्ति को साथ ले भगवान के समीप बैठना। इस प्रकार उपासना में ज्ञान, कर्म और भक्ति तीनों का समन्वय है। 'साम' भी ऐसे ही समन्वय की विद्या है। 'साम' का अर्थ है—समन्वय। 'साम' वस्तुतः वह विद्या है, जिसमें ईश्वर-जीव, प्रकृति-पुरुष, ध्याता-ध्येय, उपास्योपासक, द्रष्टा-द्रश्य का समन्वय हो यानी विश्व-साम हो—विश्व-संगीत हो। उपासना की सिद्धि के लिये जीव, जगत के, ईश्वर स्वरूपों को समझना एवं तदनुरूप व्यवहार करना अनिवार्य है।

यों वेद को अखिल-धर्म का मूल कहा गया है—'वेदोऽखिलोधर्म-मूलम्'। किन्तु गीता में अपनी विभूतियां बताते हुए भगवान श्रीकृष्ण ने कहा है—'वेदानांसामवेदोस्मि' 'मैं वेदों में सामवेद हूं। ' इस प्रकार चारों वेदों में सामवेद की उत्कृष्टता प्रकट की है। सामवेद भगवदीय ज्ञान की प्रमुख विभूति है।

चारों वेदों—यजु:, ऋक्, साम, अथर्व में सामवेद तृतीय वेद है। इसमें अग्नि, इन्द्र, वरुण, पूषा, अर्यमा, द्यावा-पृथिवी, सूर्य, ताक्ष्र्य और मरुद्गण तथा सोम आदि की स्तुतियां तो हैं ही; उपदेश एवं शिक्षाप्रद अनेक मंत्र भी हैं। सामवेद की कुछ प्रमुख शिक्षाएं हैं—उदार एवं कर्मण्य बनो, आत्मकल्याण के सुपथ पर चलो, ज्ञान-दान पावन कर्तव्य है; सद्व्यवहारी एवं ईश्वर-विश्वासी बनो आदि-आदि। इसके अतिरिक्त सामवेद ज्ञान-विज्ञान का भी स्रोत है। वह सच्चा भक्तिमार्ग एवं सद्गति का मार्ग दिखाता है। भगवान की न्यायशीलता का भी उसमें वर्णन है। उसकी भाषा आलंकारिक है। यत्र-तत्र उपमा, रूपक, उदाहरण आदि अंलकारों से भाषा में विशेष सजीवता एवं भाव की सटीक प्रेषणीयता आ गयी है।

विषय-वस्तु-प्रस्तुतीकरण

विषय-विभाजन की दृष्टि से सामवेद तीन आर्चिकों—पूर्व अथवा छन्द आर्चिक, महानाम्नी आर्चिक और उत्तर-आर्चिक। पूर्वार्चिक में ६४० मंत्र, महानाम्नी में १० मंत्र तथा उतरार्चिका में १२२३ मंत्र—इस प्रकार सामवेद में कुल १८७३ मंत्र हैं। पूर्व और उत्तर आर्चिकों को अध्यायों एवं प्रपाठकों में विभक्त किया गया है। महानाम्नी आर्चिक बहुत छोटा है, अतः उसमें विभाग नहीं।

पूर्वार्चिक में छः अध्याय हैं और छः सौ चालीस मंत्र हैं, जो चौंसठ दशतियों में बांधकर प्रस्तुत किये गए हैं। प्रत्येक दशति में सामान्यतः दस मंत्र हैं, किन्तु किन्हीं में दशाधिक अथवा दस से कम मंत्र भी हैं। यह आर्चिक छः प्रपाठकों में भी विभक्त हैं। प्रथम पांच प्रपाठकों में से प्रत्येक में दस-दस दशतियां हैं और षष्ठ प्रपाठक में चौदह दशतियां हैं। विषय की दृष्टि से पूर्वार्चिक में चार काण्ड

या पर्व हैं—आग्नेय, ऐन्द्र, सोम और आरण्य। आग्नेय काण्ड में अग्नि का ही वर्णन एवं स्तुतियां हैं। यहां आहुत-अग्नि से धन-बल-पशु-ऐश्वर्य और ओज आदि की प्राप्ति की प्रार्थना की गयी है। अग्नि पद यहां अग्नि का वाचक होने के साथ-साथ यत्र-तत्र परमेश्वर एवं सूर्य आदि का वाचक है। अस्तु यथास्थान हमने दोनों ही अर्थों को दिया है। अग्नि, ज्ञान, बुद्धि, दृष्टि, धन, पशु, स्वास्थ्य, यश, ऐश्वर्य, शुद्धि-दायक हैं और वृष्टिकारक हैं।

दूसरा काण्ड ऐन्द्र काण्ड सब काण्डों से बड़ा है। इसमें इन्द्र की स्तुति है। यज्ञ में आहूत इन्द्र से वर्षा करने, धन, बल, तेज, ऐश्वर्य यश आदि देने की प्रार्थना की गयी है। इन्द्र पद भी इन्द्र का वाचक होने के अतिरिक्त यत्र-तत्र परमेश्वर, जीवात्मा, सूर्य, राजा आदि का भी वाचक है। यथास्थान हमने ऐसे अर्थ भी दिये हैं।

तृतीय पावमान काण्ड में सोम की स्तुति है और उससे उक्त सभी वस्तुओं की याचना की गयी है। सोम पद भी स्वपद वाचक होने के अतिरिक्त यत्र-तत्र ईश्वर, चंद्रमा आदि का वाचक है।

चतुर्थ आरण्य काण्ड में इन्द्र, सोम अग्नि आदि की स्तुतियां हैं।

महानाम्नी आर्चिक में केवल दस मंत्र हैं। जिनका देवता इन्द्र है।

उत्तरार्चिक में बारह सौ तेईस मंत्र हैं। यह बाईस अध्यायों और नौ प्रपाठकों में विभक्त है। प्रत्येक अध्याय खण्डों में विभक्त है। प्रपाठकों का विभाजन इस प्रकार है कि प्रथम पांच प्रपाठकों में दो-दो अध्याय हैं और छठे, सातवें, आठवें और नवें प्रपाठकों में तीन-तीन अध्याय हैं।

उत्तरार्चिक में भी पूर्व-आर्चिक की भांति स्तुतियों का प्रामुख्य होने के साथ-ही-साथ उपयोगी ज्ञान भी है।

सामवेद की यह सरल हिन्दी भाषा में प्रस्तुति जन-जन तक पहुंचे और उन्हें इस ईश्वरीय-ज्ञान से परिचित कराये, इसी कामना के साथ....

राजबहादुर पाण्डेय

प्रथम अध्याय
पूर्व आर्चिक (छन्द आर्चिक)
आग्नेय काण्ड

प्रथम प्रपाठक

प्रथमा दशति

हे अग्नि ! आप हमारे द्वारा स्तुति किये गए हैं। आप हव्य-पदार्थों के ग्रहण करने वाले हैं। आप हव्य ग्रहण कर के देवों तक पहुंचाने के लिए इस हमारे यज्ञ में विराजिए ।। १ ।।

हे अग्नि ! आप सब यज्ञों के होता हैं। विद्वान् ऋत्विजों के द्वारा यजमान के यहां स्थापित किये जाते हैं ।। २ ।।

सबको ज्ञान का प्रकाश देने वाले, यज्ञ में हव्य ग्रहण करने के लिए देवों को बुलाने वाले, यज्ञ के सुधारने वाले यज्ञ-दूत अग्नि को हम वरण करते हैं ।। ३ ।।

वेदमन्त्रों के द्वारा जिसका कीर्तन किया गया है, जो समिधा आदि से अपने को बढ़ाना चाहता है, जो प्रज्वलित है, जिसमें हव्य दिया जा रहा है, ऐसे अग्नि हमारे दुःखदायक रोगादि को नष्ट करें ।। ४ ।।

हे मनुष्यो ! मित्र के समान हितू, अत्यन्त प्रिय, अतिथि के समान सदा गतिशील, इस समय वेदी में स्थित, वायु आदि देवताओं के वाहन, अग्नि की तुम स्तुति करो ।। ५ ।।

हे अग्नि ! आप हमारे हवन आदि से वायु आदि को शुद्धि करके हमें दुःखदायक शत्रु रोग-शोकादि से बचाइए ।। ६ ।।

हे अग्नि ! तुम इन यज्ञों से बढ़ते हो। तुम आओ। मैं तुम्हारी कृपा से वैदिक वाणी—'सत्य' और अन्य लौकिक वाणियों का उच्चारण करूं ।। ७ ।।

हे अग्नि ! मन तुम्हारे द्वारा ही देहस्थ अग्नि का ताडन करता है। वह अग्नि वायु को प्रेरित करता है। वायु हृदय में विचरता हुआ कण्ठ-स्वर उत्पन्न करता है। अतः मैं वाणी के लिए आपका आवाहन करता हूं ।। ८ ।।

हे अग्नि ! तुम्हें परमात्मा ने उस आकाश में उत्पन्न किया है जो सबका धारणकर्ता है, प्रकाश-वाहक है ।। ६ ।।

हे अग्नि ! हमें सुख में रखने वाले हमारे यज्ञादि कर्म को हमारी सुरक्षा के लिए आप पूर्ण कीजिए। आप हमारी नेत्रेन्द्रिय के प्रकाशक हो, जिससे कि हम देखते हैं ।। १० ।।

द्वितीया दशति

हे अग्नि ! तुम्हारे लिए अन्नादि की आहुति हो। बल के लिए मनुष्य तुम्हारी स्तुति करते हैं। हे दिव्यप्रभाव ! रोगों अथवा भयों से हमारे शत्रु को नष्ट कीजिए ।। १ ।।

सब प्रकार के धनों वाले, भजन करने योग्य, हवन किये पदार्थों को देवों तक पहुंचाने वाले, अग्नि देवता को मैं प्रसन्न करता हूं ।। २।।

हे अग्नि ! तुम्हारी स्तुतियों में उच्चरित यजमान की त्यागमयी वाणी स्त्रियों के समान वायु-मण्डल में तुम्हारे समीप ठहरती है ।। ३।।

हे अग्नि ! आहुति के अन्न में स्रुवा आदि में लिए हुए हम प्रति-दिन प्रातः-सायं तुम्हारे समीप आएं ।। ४।।

गुणगान पूर्वक प्रदीप्त किये गए हे अग्नि ! आप इस अग्निकुण्ड में विराजिए। तीव्र रूप में प्रज्वलित यज्ञसिद्धिकर्ता हम आपकी स्तुति करते हैं ।। ५ ।।

हे अग्नि ! सुन्दर यज्ञ स्थान में सोमपान के लिए तुम्हें हम बुलाते हैं, अतः तुम आओ ।। ६ ।।

यज्ञों में प्रदीप्त हे अग्नि ! मैं अपने प्रणामों से तुम्हारी स्तुति करने के लिए तुम्हें यज्ञकुण्ड में स्थापित करता हूं। तुम पूंछ वाले अश्व के समान हो। जैसे अश्व पूंछ से मक्खी-मच्छर आदि को निवृत्त करता है, वैसे-ही तुम वायु-दोषों को निवृत्त करते हो ।। ७ ।।

ज्ञानकाण्डियों और कर्मकाण्डियों के समान मैं आकाश में व्याप्त तथा शुद्धिकारक अग्नि को अग्निकुण्ड में प्रतिष्ठित करता हूं ।। ८ ।।

ऋत्विजों के सहयोग से श्रद्धापूर्वक अग्नि को प्रदीप्त करता हुआ मनुष्य कर्मों में प्रवृत्त हो।। ६ ।।

आकाश में अत्यन्त प्रकाशित सूर्य, जो कि दिनभर प्रकाश देता है; उसमें भी कारण-अग्नि का प्रकाश है ।। १० ।।

तृतीया दशति

हे मनुष्यो ! अग्नि तुम्हारे सम्पूर्ण क्रियाकलाप की वृद्धि में बन्धु तुल्य अति सहायक है। ऐसे बलवान् अग्नि को भली प्रकार प्रयोग करो ।। १।।

तेजोमय अग्नि अपने तीक्ष्ण तेज से सब हिंसक शत्रुओं को निगृहीत करता है। वही हमारे लिए ऐश्वर्य प्रदान करता है ।। २।।

हे अग्नि ! तुम महान् हो। देवों के गुण खोजने की इच्छा वाले पुरुष को प्राप्त होने वाले हो। यज्ञ-स्थल में स्थापित होने को प्राप्त होने वाले हो। तुम हमें सुख दो ।। ३।।

हे अग्नि ! हमारी रक्षा करो। दिव्यगुणयुक्त और शिथिलतारहित तुम अन्यायी हिंसकों को तेजस्वी अस्त्रों से भस्म करो ।। ४।।

दिक्शक्तियुक्त ! विद्युतरूप ! हे अग्नि ! तुम्हारे द्रुतगामी कुशल अश्व तुम्हारे रथ को भली प्रकार वहन करते हैं यहां आने के लिए उन अश्वों को अपने रथ में योजित करो ।। ५।।

हे अग्नि ! तुम धन के स्वामी हो।अनेक यजमानों के द्वारा आहूत हो। उपासना के पात्र हो। तेजस्वी तुम्हारी स्तुति करने पर सब सुख प्राप्त होते हैं। हमने तुम्हें यहां प्रतिष्ठित किया है ।। ६।।

स्वर्ग के महान् देवताओं में श्रेष्ठ, पृथ्वी के स्वामी ये अग्नि जलों के साररूप हैं। जीवों को जीवन देने वाले हैं ।। ७।।

हे अग्नि ! हमारे इस हव्य और नवीन स्तुतियों को देवताओं तक पहुंचाओ ।। ८।।

हे अग्नि ! तुमको उद्गाता पवित्र वाणी से स्तुति करके प्रकट करता है। हे अंगारों-से दहकनेवाले ! हे शुद्ध करनेवाले ! तुम किये गये अपने गुणवर्णन को अंगीकार करो ।। ६।।

अन्न को देनेवाली, बुद्धितत्त्व की वृद्धि करने वाली, यज्ञकर्ता को धन देने वाली सूर्य रूपी अग्नि सब ओर व्याप्त है ।। १०।।

इतनी दूर का सूर्य हम तक कैसे पहुंचता है ? ज्ञान के प्रकाशक तथा अज्ञानान्धकार के नाशक सूर्य देव को उसकी किरणें हम तक पहुंचाती हैं ।। ११।।

सूर्य रूपी अग्नि अज्ञानान्धकार का नाश करके जगाने वाली है। उसके उदय-अस्त नियम से होते हैं, अतः वह सत्यधर्मा है। उसके प्रकाश से गर्मी होती, वायु बहती और सड़न निवृत्त होती है, अतः वह रोग-निवारक है ।। १२।।

परमात्मा की दिव्य शक्तियाँ हमारे मनचाहे आनन्द के लिए हों हमारी तृप्ति के लिए सुखद हों और हमारे लिए अभीष्ट सुख बरसाएं ।। १३।।

यज्ञकर्ताओं के पालक अग्नि ! जिसकी वाणी तेरे लिए सोमादि औषधियों का विधान करने वाली है, उस होता को तू सुख देनेवाली बुद्धि प्राप्त कराता है।। १४।।

चतुर्थी दशति

परमात्मा कहते हैं कि हे मनुष्यो ! तुम्हारे यज्ञ-याग में हम ऋचा-ऋचा में तुमको यह बताते हैं कि अग्नि महान् देव हैं, बुद्धिप्रसारक हैं, हितसाधक मित्र हैं ।। १।।

हे रस आदि के पालक ! हे आठ वसुओं में से एक वसु अग्नि ! एक (ऋग्वेद की वाणी) से हमारी रक्षा कर। दूसरी (यजुर्वेद की वाणी) के द्वारा हमारी रक्षा कर। तीसरी (साम वेद की वाणी) के द्वारा हमारी रक्षा कर। चारों वेदों की वाणियों के द्वारा हमारी रक्षा कर ।। २।।

भली प्रकार आहुति दिये गए हे अग्नि ! जो तेरे प्रिय हैं, वे विद्वान, गुणज्ञ, विद्या आदि के धन से धनवान, जननेता-राजा हों और गायों की रक्षा करने वाले हों।। ३।।

चमकता, दहकता,भारी लपटों वाला, उज्ज्वल, तेजस्वी, शुद्धिकारक, हे अग्नि! तू यजमान के यहां उसे धन-धान्ययुक्त करता हुआ प्रदीप्त हो ।। ४ ।।

हे अग्नि ! तुम सब प्राणियों के स्वामी हो, स्तुत्य हो और राक्षसों को सन्तप्त करनेवाले हो। हे गृहस्वामी अग्नि ! तुम पूजनीय हो, यजमान का घर न छोड़नेवाले हो। इस यजमान के यहां सदा स्थिर रहो।। ५।।

अपने प्रकाश से ज्ञान उत्पन्न करनेवाले देव हे अग्नि ! तुम इस हविदाता

यजमान के लिए उषा देवता के द्वारा दिये जानेवाले विचित्र धन को लेकर आओ और उषाकाल में जागृत देवताओं को भी यहां बुलाओ ।। ६।।

हे अग्नि ! तुम आठ वसुओं में से एक वसु हो। तुम अपने द्वारा की गयी रक्षा से रत्नादि धनों को प्राप्त कराओ। हमारी सन्तान को भी सम्मानित बनाओ ।। ७।।

हे अग्नि ! तुम समिधाओं स्थापित, प्रदीप्त रोग व शुत्र से रक्षा करने वाले हो। विद्वान् स्तोता तुम्हारी स्तुति करते हैं ।। ८।।

पवित्र करने वाले हे अग्नि ! तुम हमारे लिए अन्न उत्पन्न करने वाले हो, उत्तम हो, जलदाता हो। हमें नीतियुक्त अत्यन्त अभीष्ट यश दीजिए ।। ६।।

जो अग्नि अपने आनन्ददायक और होता रूप से यजमान को सब सुख के साधन धन को देने वाला है, उस अग्नि के लिए हमारी मुख्य स्तुतियां पहुंचें ।। १०।।

पञ्चमी दशति

हे यज्ञ कर्ताओ ! तुम्हारे लिए अन्न और बल के रक्षक, प्रिय ज्ञान सम्पन्न, गमनशील, यज्ञ-सुधारक, संसार-भर के दूत के समान, पदार्थों को यथास्थान पहुंचाने वाले अग्नि को उक्त गुणवर्णन से मैं आहूत करता हूं।। १।।

हे अग्नि ! तुम वनों में माता रूपिणी अरणियों में स्थित रहते हो। यज्ञकर्ता तुम्हें समिधाओं से प्रज्वलित करते हैं। तब तुम प्रबुद्ध और आलस्य रहित होकर यजमान की हवि को देवताओं के पास ले जाते हो और फिर वायु आदि देवताओं में विराजते हो ।। २।।

जिस अग्नि के द्वारा यजमानों ने यज्ञ-कर्मों को किया, वह प्रदीप्त होता है। याज्ञिक को उन्नति करने वाले उस अग्नि के प्रति हमारी वाणीरूप स्तुतियां प्रस्तुत हों ।। ३।।

स्तुतिरूपिणी वाणी के यज्ञ में अग्नि पुरोहित रूप है, क्योंकि अग्नि से ही वाणी की उत्पत्ति है। वाणी जिन तालु आदि उच्चारण-स्थानों से उच्चरित होती है, वे स्थान ही वाग्यज्ञ के आसन हैं। प्राण वायु ऋत्विज है। हे वेद के प्रकाशक भगवन् ! इस वाणी यज्ञ में प्रयुक्त ऋचाएं (मन्त्र) मेरी रक्षा करें ।। ४।।

हे स्तुति करने वाले ! तुम फैली हुई ज्योति वाले, वेदों में विख्यात अग्नि को रक्षा और धन की कामना से अपनी स्तुतियों से प्रसन्न करो। हे मनुष्यो ! यह अग्नि तुम्हारी सुरक्षा के लिए समर्थ है ।। ५।।

हे सुनने वाले मनुष्य ! तू सुन । प्रातःकाल यज्ञभूमि को जाने वालों से किए गये यज्ञ में अग्नि, मित्र, अर्यमा तथा हव्य ले जाने वाले अन्य देवता स्थापित किए जाएं और उन्हें यज्ञ भाग दिया जाय ।। ६।।

द्युलोक की अनुचर विद्युतरूपिणी अग्नि इन्द्र के समान माता पृथिवी के चारों ओर बलपूर्वक फैल रही है और द्युलोक में स्थित है ।। ७।।

हे इन्द्र ! तू पृथ्वी के ऊपर और अति प्रकाशमान द्युलोक से नीचे अपने

इस विशाल शरीर से मेरी वाणी के साथ ही बढ़ और अन्नों की उपज को पुष्ट कर ।। ८ ।।

पृथिवी में से उष्मा रूप में निकलने वाली कार्यरूपिणी अग्नि विद्युत रूपिणी कारण-अग्नि से मिलने ऐसे ही जा रही है, जैसे बालक उत्पन्न होकर अपनी माता की ओर जाता है ।। ९ ।।

हे अग्नि ! मननशील यजमान मैं, प्राणिमात्र के उपकार के लिए प्रकाश वाली तुझे यहां वेदी में स्थापित करता हूं। मैं ऐसा महान् धनी बनूं जिसका मनुष्य सत्कार करें ।। १० ।।

षष्ठी दशति

हे होता ! धन-बल देने वाला अग्निदेव ले, तुम्हारी घृतादि से भरी हुई स्रुक् (स्रुवा) को चाहता है। तुम भरो और उस पर छोड़ दो अथवा भरो-छोड़ो, तार बांध दो। अग्नि तुम्हारी आहुति को तत्काल ही वायु आदि देवों को पहुंचा देता है ।। १ ।।

परमात्मा हमको प्राप्त हों। वेद की सत्य वाणी हमें भली प्रकार प्राप्त हो। यज्ञ के पांच पुरुषों (ब्रह्मा, अध्वर्यु, उद्गाता, होता, यजमान) से सेवित यज्ञ की आहुतियां देवता ग्रहण करें ।। २ ।।

हे अग्नि ! हमारी रक्षा के लिए तू सूर्य के समान प्रदीप्त होकर स्थित हो तथा हमें बल और अन्न प्रदान कर। हम ऋत्विजों के साथ तुझमें आहुति दे रहे हैं ।। ३ ।।

आठ वसुओं में से एक वसु हे अग्नि ! जो मनुष्य धनादि की कामना लेकर तुम्हें हवि देता है, वह अपने को सर्व-उपकारक, स्तोत्रपाठी और वीर बनता है ।। ४ ।।

प्रजाओं के हितकर महान् अग्नि ! सूक्तरूप वेदवाक्यों से हम आपका वेदी में आह्वान करते हैं। इस अग्नि को अन्य ऋषियों ने भी उद्दीप्त किया है ।। ५ ।।

यह यजनीय अग्नि सुन्दर सामर्थ्य एवं सौभाग्य का स्वामी है। गो आदि पशुओं का नाशक है ।। ६ ।।

हे अग्नि ! आप सबको स्वीकार्य हो। आप ही हमारे इस यज्ञ में यजमान, होता, पोता (पवित्र करने वाले), प्रचेता (चेतना वाले), यज्ञकर्ता और हव्य को यथास्थान पहुंचाने वाले हो ।। ७ ।।

हे अग्नि ! तुम हमारे मित्र हो। शुभ ऐश्वर्यदाता हो। शुभ कर्म यज्ञादि के सहायक हो। उपद्रवों को शान्त करने वाले हो। रोगादि शत्रुओं से बचने के लिए हम तुम्हारा वरण करते हैं ।। ८ ।।

सप्तमी दशति

हे यज्ञकर्ताओ ! तुम यज्ञ-कुण्ड में गृह-रक्षक अग्नि को स्थापित करो। घृतादि से भली प्रकार हवन करो। वेदी के इधर-उधर शुद्धि करो। होता का नमस्कार से सत्कार करो। इस प्रकार यज्ञ करो ।। १ ।।

हे ऋत्विजो ! शिशु रूप में ही तरुण हो जाने वाले अग्नि का हवि ले जाने का कार्य अद्भुत है । जो कि जन्म लेते ही, उत्तर-अरणि और अधर-अरणि रूपी दो माताओं का स्तनपान किए बिना ही, हविवाहक दूत का भारी काम करने लगता है ।। २।।

हे अग्नि ! विद्युत रूप तेरी एक ज्योति है । आदित्य रूप एक ज्योति है । तीसरी ज्योति तेरी पृथ्वी पर की अग्नि है । उसी पार्थिव ज्योति से यज्ञ में स्थापित किया गया तू वायु आदि देवों को हवि देकर उनके शरीर को शोभित करने वाला और उसका प्रिय बन । हम यज्ञ करने वाले इस गुणशाली अग्नि को अपनी बुद्धि से रथ के समान गतिशाली करें—बढ़ायें।। ३।।

यज्ञ-स्थल पर इस अग्नि से हमारी बुद्धि सुधँरती है । हे अग्नि ! तेरी अनुकूलता में हम दुःखी न हों ।। ४।।

हमारे यज्ञ में ऋत्विज पृथिवी से अन्तरिक्ष को जाने वाले, सर्वजन हितकारी, उत्पन्न एवं दहकते हुए देवताओं के मुख रूपी उस अग्नि को सब ओर से प्रकट करें, जो सतत गतिशील है और प्राणियों का रक्षक है ।। ५।।

हे अग्नि ! विद्वान् वेद वाक्यों द्वारा तुझसे विविध अस्म उत्पन्न करते हैं । जैसे पर्वत के पृष्ठ से मेघजल चमकती हुई बिजली । तुझ अग्नि को स्तुति रूप में वेदवाणी शक्ति-सम्पन्न करती हैं और, तब जैसे कहने में चलने वाले घोड़े संग्राम को जीतते हैं, वैसे तू भी संग्राम को जीतता है ।। ६।।

बिजली के समान मृत्यु (सिर पर गरज रहा है, इस मृत्यु के आने) से पूर्व ही रोगदि शत्रुओं से रक्षा के लिए उस अग्नि को स्थापन करो, जो कि कर्मकाण्ड का राजा है, हव्य ले जाने वाला है, तेजोरूप है, प्रचण्ड है और द्यूलोक-पृथिवीलोक के बीच यथार्थ देव-यजंन करने वाला है ।। ७।।

जिस अग्नि का स्वरूप घृताहुतियुक्त है, ऋत्विज हव्य पदार्थों से उसकी स्तुति करते हैं, जो अन्न (स्थालीपाकादि चरु) से प्रदीप्ति अग्नि प्रातःकाल सर्वतः सर्वप्रथम प्रज्वलित हो ।। ८।।

वह महान् अग्नि अपनी ऊंची शिखा से द्यूलोक तक जाता है । अन्तरिक्ष और मेघ को व्याप्त करके स्थित है और वृष्टि के हेतु गरजता है ।। ९।।

हे मनुष्यों ! दूर से दीखने वाले, गृहपति, गमनशील, उत्तम इस अग्नि को दो अरणियों से रगड़कर प्रकट करो ।। १०।।

अष्टमी दशति

प्रातः उषा धेनु के समान आती है । उस उषाकाल में जैसे पक्षी अपने छोटे बच्चों को छोड़कर आकाश में उड़ जाते हैं, इसी प्रकार यज्ञवेदी में अग्नि-स्थापन करने के पश्चात् प्रातःकाल यज्ञकर्ताओं के द्वारा अग्नि में समिधाएं चढ़ाने पर उस अग्नि की लपटें यज्ञकुण्ड से द्यूलोक की ओर उड़ जाती हैं ।। १।।

हे स्तोता ! तू जीतने वाले, महान्, बुद्धिमानों के रक्षक, बन्धन-रहित, दुर्गों के

समूल विदारक, चिनगारियों को वहन करने वाले तथा सूर्य के समान तेजस्वी अग्नि को (पुरुषार्थ को) कवच के समान वेद वचनों के अनुसार धारण कर ।। २।।

जलयुक्त, पुष्टिकारक हे पूषा देवता ! तू घूलोक-सा है। तेरी शक्ति विलक्षण है। तेरी संगति और रूप विलक्षण है, (तेरा शुक्ल वर्ण दिन और कृष्ण वर्ण रात्रि रूप में है) तू समस्त चेतनाओं की रक्षा करता है। तेरा दान लोकसुखदायक है ।। ३।।

हे अग्नि ! तेरे लिए निरन्तर यज्ञ करने वाले के लिए तू गौ आदि पशु देने वाला, सर्व कर्म सहायक और अन्न देने वाला हो। हमारी सन्तान का जनयिता हो। हे अग्नि ! हमारी मति सुमति हो ।। ४।।

जो अग्नि होता, वेदी में प्रकट हुआ, महान, आकाश में जाने वाला, ऋत्विजों के समीप स्थित, शरीर रक्षक, सुपोषक, अन्न-धन-पोषक है और तुझ यज्ञकर्ता को अन्न-धन देने वाला है, वह अन्तरिक्ष में स्थित है ।। ५।।

हे मनुष्यों ! प्रकाशमान, प्राणप्रद, पौरुषयुक्त, सर्वमान्य, सूर्यसम प्रशंसनीय कर्मों के ही करने की कामना कीजिए ।। ६।।

जैसे गर्भवती स्त्रियों के गर्भाशय में अदृश्य रूप से गर्भ रहता है, उसी प्रकार ज्ञान का सहायक अग्नि अरणियों में अदृश्य रूप से वर्तमान है। वह अग्नि भक्ति, सावधान, मनुष्यों के द्वारा प्रतिदिन स्तुति करने योग्य है ।। ७।।

हे अग्नि ! तू दुःखदायी प्राणियों, अप्राणियों को शीघ्र नष्ट करने वाला है। वे तुझको संग्रामों में नहीं जीत सकते। अतः मांसभक्षक उन दुष्टों को समूल भस्म कर। वे तेरे दैवी वज्र से न बचें ।। ८।।

नवमी दशति

हे अरोकगति वाले अग्नि ! बल, प्रकाशमान विद्या, धन हमें दो। हमें श्रेष्ठ अन्न और धन प्राप्त करने के लिए मार्ग का निर्देश कर ।। १।।

यदि मनुष्य अग्नि को प्रदीप्त करे और निरन्तर हवन किया करे, तो वीर हो जाये और दिव्य सुख भोगे ।। २।।

हे पवित्र करने वाले अग्निदेव ! तेरा आकाश में फैला हुआ प्रकाश-कारक धुआं मेघरूप में बदल जाता है। निश्चय ही तू सूर्य-सा समर्थ प्रकाशक है ।। ३।।

हे अग्नि ! तू पृथिवी के लिए हितकारी जल का बरसाने वाला है। दृष्टि के सहायक और आठ वसुओं में से एक तू ही मित्र के समान कृषि को पुष्ट करता है ।। ४।।

सभी मरणधर्मा मनुष्य जिस अमर अग्नि में हवन करते हैं, सबका प्यार, अभीष्टदाता और गमनशील अग्नि स्तुति-योग्य है ।। ५।।

हे मनुष्यो ! जो तेरा बड़े-से-बड़ा वहनशील द्रव्य है, उसे प्रकाशमान अग्नि में होम दे। ऐसा करने से तेरे बहुत साधन और बहुत-सा अनाज उपजेगा ।। ६।।

परमेश्वर का वचन है कि हे अन्न की अभिलाषा करने वाले मनुष्यो ! तुम मनुष्यों के अत्यन्त हितकारी, निरन्तर गतिशील, सुख के धाम, अग्नि

की मैं मन्त्ररूपी वचनों से तुम्हारे जानने के लिए स्तुति करता हूं ।।७।।

हे मनुष्यो ! जिसे मित्र के समान मानकर सभी स्तुति के लिए अग्रगण्य मानते हैं; उस प्रकाशमान देव अग्नि के लिए तू बड़े-बड़े स्थालीपाक आदि अन्न चढ़ा ।।८।।

जो अग्नि सूर्य तथा नक्षत्र समूह में प्रकाश भर रहा है, उस मेघविदारक, शत्रु-संहारक, मनुष्य हितकारक अग्नि को तुम जानो ।।६।।

जो अग्नि सूर्य का पिता (कारण) है, वही जब ऋत्विजों के साथ यज्ञ से उत्पन्न होता है; तब सत्य का धारक, मननशील, बुद्धिमान ऋत्विज उसको जन्म देने वाली माता के समान होता है ।।१०।।

दशमी दशति

हम प्रकृति से उत्पन्न अग्नि, जल और प्रकाशमान सूर्य तथा व्यापक जगत्कर्ता परमात्मा की श्रद्धापूर्वक स्तुति करते हैं ।।१।।

जिस प्रकार पृथिवी को जीतने वाले उन्नत होकर चलते हैं, उसी प्रकार अग्निकुण्ड से उठी ये लपटें इस पृथिवी लोक से चलकर आकाश में चढ़ने और उन्नत होकर द्युलोक को जाते हैं ।।२।।

हे अग्नि ! अधिक धन-धान्य पाने के लिए हम तुम्हें हव्य देने को प्रदीप्त करते हैं। हे वर्षा के कारण रूप अग्नि ! आकाश और पृथिवी पर हवन के लिए हम तुम्हारी स्तुति करते हैं ।।३।।

जब होता वेद मन्त्र पढ़ता है और अध्वर्यु अग्नि में हव्य चढ़ाता है, तब हव्य इस प्रकार डालना चाहिए कि चारों ओर समिधाओं में अग्नि ऐसे प्रज्वलित रहे, जैसे रथ के पहिए में सब ओर परिधि होती है और बीच में। अरे ! हव्य बीच में छोड़ा जाए जिससे अग्नि उसमें व्याप सके ।।४।।

हे अग्नि ! दुष्टों के चारों ओर फैले बल को नष्ट कर और दुष्टों को भरम कर ।।५।।

हे अग्नि ! तू आठ वसुओं, एकादश रुद्रों, बारह आदित्यों तथा पवन और प्रजापति इन तैतीस देवताओं और ईश्वर की सृष्टि के सभी प्राणियों को इस यज्ञ में अनुकूल कर ।।६।।

द्वितीय प्रपाठक

एकादशी दशति

हे अग्नि ! हव्य देने वाला, अग्नि होम करने वाला मैं तेरे ही गृह—यज्ञशाला में तेरी स्तुति और सेवा कर रहा हूं, उसी प्रकार, जैसे महान् गुरु की सेवा शिष्य करता है ।।१।।

जिस प्रकार परमात्मा तेजों का धारणकर्ता है, कर्मफल है और चराचर को तेज प्रदान करता है; उसी प्रकार अग्नि तेजों को धारण-कर्ता है, हव्य देवों को

पहुंचाता है और ऋत्विजों को तेजस्वी बनाता है। इस महान् सूक्त का उच्चारण करो ।। २।।

अपने प्रकाश से बुद्धि-तत्त्व को फैलाने वाले हे अग्नि ! तू गौ आदि पशुओं और धनों का स्वामी है। हे बल की सन्तान अग्नि ! हमारे लिए अधिक धन और अन्न दे ।। ३।।

हे अग्नि ! तुम यज्ञ कारक, देवों को हव्य पहुंचाने वाले और सुख-दायक हो। वायु आदि शुद्धि की कामना करने वाले के लिए वायु आदि की शुद्धि करते हो और रोगादि शत्रुओं को नष्ट करके यज्ञ में विशेष प्रकाशित होने वाले हो ।। ४।।

(यज्ञाग्नि से उठने वाली सात प्रकार की लपटों से उत्पन्न) यह पवन सात माताओं से जन्मा शोधक पवन है। यह लक्ष्मी प्राप्त करने के लिए बुद्धि को और विचारों को स्थिर करता है अतः स्थिरात्मा यजमान धनों की प्राप्ति का विचार भली प्रकार कर सकता है ।। ५।।

वह पूर्वोक्त स्थिरमति हमें दिवाकाल में प्राप्त हो। वह रक्षा करे, सुखकारी हो और शत्रुओं को दूर करे ।। ६।।

हे मनुष्य ! तू धुआं उठाने वाले, जिसकी लपटें पकड़ी नहीं जा सकतीं, ऐसे सामने स्थित अग्नि की स्तुति कर और यज्ञ में प्रयुक्त कर ।। ७।।

जो मनुष्य देवों को देने के लिए हव्य अग्नि को देता है, शत्रु उसका छल-बुद्धि से भी कुछ नहीं बिगाड़ सकता ।। ८।।

हे यज्ञकर्ताओं के रक्षक अग्नि ! पापी, चोर, और दुःखदायी शत्रु को हमसे दूर करके सीधा कर दीजिए ।। ९।।

हे प्रजा के रक्षक ! हे तीव्रता युक्त ! हे अग्नि ! इस समय मेरे विघ्नरूप मायावी शत्रुओं को तेज से भरम कर दीजिए ।। १०।।

द्वादशी दशति

हे ऋत्विजो ! तुम अत्यन्त प्रदीप्त और उन्नति कारक, महान् तेजस्वी, यज्ञाग्नि का गुणगान करो ।। १।।

हे अग्नि ! तू जिसके अनुकूल हो जाता है, वह तेरी बलकारिणी और सुन्दर वीर्यवती रक्षाओं के द्वारा सब दुःखों से पार कर दिया जाता है ।। २।।

वायु आदि देवों के लिए हव्य पहुंचाने से सुखदायक एवं सदा गतिशील, जिस अग्नि देवता को ऋत्विज प्राप्त करते हैं, इसके यश का वरण तू भी कर ।। ३।।

जो अग्नि हमारे यज्ञ को सुधारने वाला है, बहुतों से प्रशंसित है, सुन्दर होता है, और बसाने वाला है, उस सदा गतिशील अग्नि को हमसे कोई न हरे ।। ४।।

हे शोभन ऐश्वर्य ! हे परमेश्वर ! आपकी कृपा से हमारा हवन किया हुआ अग्नि कल्याण करने वाला हो। हमारा दान उत्तम हो। हमारा यज्ञ सफल हो और हमारे स्तोत्र उत्तम हों ।। ५।।

हम यज्ञकर्ता, होता, अमर, इस यज्ञ के सुधारक अग्नि का वरण करते हैं ।। ६।।

हे अग्नि ! तू हमें ऐसा अन्न प्राप्त करा, जो बुद्धि को विकृत करने वाले, अवर्णनीय, साधक जन के शत्रु, क्रोध को दबाये ।। ७।।

जब प्रजा पालक परमेश्वर अथवा अग्नि भक्ति के द्वारा अथवा यज्ञ के द्वारा अनुकूल होता है, तभी सब विघ्नकारक दुष्ट रोगादिकों को दूर करता है ।। ८।।

।। आग्नेय काण्ड का प्रथमोऽध्याय समाप्त ।।

द्वितीय अध्याय
ऐन्द्रेय काण्ड

प्रथमा दशति

हे स्तुति करने वाले ! जो पृथिवी के समान तेरे लिए सुखदायी है, इस शत्रुगण के विनाशक शक्तिमान् इन्द्र का गुणगान सबके साथ मिलकर गा ।। १।।

हे शतकर्मा ! हे परम-ऐश्वर्यवान् इन्द्र ! तेरा जो अति यशस्वी आनन्द है, उस आनन्द से हमको भी आनन्दित कर ।। २।।

हे वाणियो ! यज्ञकुण्ड के समीप इन्द्र का वर्णन करो, जिससे यज्ञ-भूमि व वेद-वाणी के प्रवाह वाली हो जाय तथा सुनने वालों के कान ज्ञान के प्रकाश से भर जाएं ।। ३।।

हे वेद के ज्ञाता ! तुम इन्द्र के तेज की किरण, उसके वाण और ज्या (धनुष की डोरी) तथा उसके स्वरूप का पर्याप्त वर्णन करो ।। ४।।

बड़े मेघ को गिराने के लिए हम उस इन्द्र को यज्ञ भोग से बलिष्ठ करें, जिससे कि वर्षा करने वाला वह वर्षा करे ।। ५।।

हे इन्द्र ! तू बल, ओज और धैर्य के कारण प्रसिद्ध है । तू ऐसा सिंचन करने वाला है कि तेरे समान और कोई सिंचन करने वाला नहीं है ।। ६।।

आकाश में फैला हुआ यज्ञ-धूम, जो वर्षा करने वाले इन्द्र (मेघ) को पुष्ट करता है, वह इन्द्र पृथिवी के ऐश्वर्य को बढ़ाता है ।। ७।।

हे इन्द्र ! जैसे यज्ञ से तू अकेला ही बढ़ता है, ऐसे ही तेरी अनुकूलता से जल में गौ आदि धनों का स्वामी हो जाऊं, तो मेरा स्तोता (ऋत्विज) गौ और आदि धनों और पृथिवी का मित्र हो जाये ।। ८।।

हे सोम को तैयार करने वाले ! तुम हर्षित करने योग्य, पराक्रमी और शूर इन्द्र के लिए उत्तम-उत्तम सोम ही प्रकट कराओ ।। ९।।

हे बसाने वाले, भयरहित इन्द्र ! यह सोम हम तुम्हें देते हैं । उसे तृप्ति-भर ग्रहण करो ।। १०।।

द्वितीया दशति

सूर्य ही विख्यात ऐश्वर्य वाले, वर्षा के कर्ता और मेघ के फेंकने वाले इन्द्र को अभ्युदित करता है ।। १।।

वे वृत्रहन्ता इन्द्र ! आज जो कुछ है, इसके उन्नतिकारक तुम हो इसीलिए सब तुम्हारे वशवर्ती हैं ।। २ ।।

जो इन्द्र दूरवर्ती मनुष्यों को अपनी सुन्दर नीति से समीप ले आता है, वह बली इन्द्र हमारा मित्र हो ।। ३ ।।

हे इन्द्र ! अज्ञान काल में किसी ओर से शत्रु आयें, तो तुमसे शक्ति पाकर हम उनका हनन करें ।। ४ ।।

हे इन्द्र ! रक्षा के लिए बहुत धन और सदा प्रहार सह सकने वाली हमारी विजयी सेना को प्रस्तुत रखो ।। ५ ।।

हम प्रजाएं बड़े तथा छोटे युद्धों में रक्षार्थ दण्डधारी और सावधान इन्द्र को पुकारें ।। ७ ।।

वृष्टिकर्ता देव इन्द्र पीतवर्ण सोम ओषधि से निचोड़े गए सोम रस को पीता है और उससे बलवान बनता है ।। ७ ।।

परम ऐश्वर्य वाले इन्द्र ! हम तेरा भजन (इन्द्र यज्ञ) करना चाहते हुए तेरा प्रशान्त वर्णन करते हैं। हे कामनाओं के बरसाने वाले तू इसे प्राप्त कर ।। ८ ।।

जो याज्ञिक हैं, वे बीच में अग्नि प्रदीप्त करके चारों ओर आसन बिछाकर इन्द्रभाग करते हैं, जिससे बलवान वृष्टिकर्ता उनके अनुकूल हो, वर्षा करता है ।। ६ ।।

हे इन्द्र ! उमड़-घुमड़कर सामने आती हुई मेघ-सेनाओं को छिन्न-भिन्न करो और प्रजा के चाहे हुए जलरूप धन को प्रजा तक पहुंचाओ ।। १० ।।

तृतीया दशति

जब हम दो व्यक्ति आपस में वार्तालाप करते हैं, तो अपने से भिन्न देशवर्ती दूसरे का शब्द हमको ऐसे सुनाई देता है, जैसे कोई कान-से कान लगाकर कह रहा हो। इससे ज्ञात होता है कि बोलने और सुनने की यह आश्चर्यजनक प्रक्रिया वायु के द्वारा सम्पादित की जाती है ।। १ ।।

वायु इन्द्र के मित्र हैं। वे सोमलताओं से सोमरस को सोखकर तथा हवन किये गए सोम को लेकर इन्द्र तक उसके पोषण के लिए इस प्रकार पहुंचाते हैं, जैसे पशु का पोषण करने वाले चारा लेकर, पशुओं तक पहुंचाते हैं ।। २ ।।

इन्द्र का तेज सर्वोपरि है। उसके तेज के समाने सब तेज ऐसे झुकते हैं, जैसे नदियां समुद्र के लिए झुकती हैं ।। ३ ।।

हे परमेश्वर ! इन्द्र के अनुकूल होने और वृष्टि आदि के सुख के लिए हम लोगों में जो विद्वान् लोगों के शिष्य-पुत्र हैं, उन्हें शिल्पियों के समान सोमों को सुन्दर रीति से बनाने वाला कीजिए ।। ४ ।।

हमारे लिए जल बरसाने वाले इन्द्र, वायु आदि देवों की जो बड़ी रक्षा है, उसको हम लोग स्वीकार करते हैं ।। ५ ।।

अविद्यानाशक, अखंड आनन्दस्वरूप परमेश्वर हमारी प्रार्थना को सुनकर हमारे मन में ज्ञान दें ।। ६ ।।

हे सर्वोत्पादक परमेश्वर ! अब कृपया हमारे लिए सुसन्तानवत् शुभ धन दीजिए और दरिद्रता को दूर कीजिए ।। ७ ।।

वह वर्षा करने वाला, तेजस्वी इन्द्र कहां है और कौन-सा वेदज्ञ उसे आहुति देता है ? ।। ८ ।।

इन्द्र का स्थान मेघों के समीप और समुद्र पर है। बुद्धिमान विद्वान् इन्द्र का भजन करता है ।। ६ ।।

बली, प्रशंसनीय, शत्रु का तिरस्कार करने वाले और महान् दानी इन्द्र की प्रतिष्ठित स्तोत्रों द्वारा स्तुति करो ।। १० ।।

चतुर्थी दशति

शीघ्रगामी इन्द्र चतुर होता के द्वारा जौ के साथ पकाये गए भोज्य पदार्थ गीले सोम का पान करता है ।। १ ।।

विपुल धन से धनी हे इन्द्र ! सब ओर से की गई हमारी स्तुतियों की ये वाणियां सब ओर से तुम्हारे पास उसी प्रकार पहुंचती हैं, जैसे जंगल में चारों ओर दूध वाली गौएं बिचरती हुई सन्ध्या काल में बछड़े के पास पहुंचती हैं ।। २ ।।

मनुष्यो ! यह जानो कि सूर्य की किरण ही चन्द्रमा को प्रकाशित करती है ।। ३ ।।

अत्यधिक वर्षा करने वाला इन्द्र, जब जल बरसाता है, तो सूर्य की (पूजा की) पुष्टिकारक किरणें वृक्ष-वनस्पति का पोषण करने में सहायक होती हैं ।। ४ ।।

धन-धान्यादि की गमनशील इन्द्र वर्षा तथा पूषा पोषण करता है। पृथ्वी, माता के समान उस वृष्टि-पुष्टि को धारण करती है और वायुओं को अपने साथ घुमाती हुई अन्न उत्पन्न करने की इच्छा करती है ।। ५ ।।

हे सोमों के पति चन्द्र ! हमारे द्वारा प्रदत्त सोम को पान करने लिए अपनी व्यापक किरणों रूपी घोड़ों पर चढ़कर हमारे यज्ञ में आओ ।। ६ ।।

हे मनुष्यो ! यज्ञ में इन्द्र को पुष्ट करते हुए मनचाही आहुतियां छोड़ो और फिर यज्ञान्त-स्नान करो ।। ७ ।।

मैंने पिता इन्द्र से ही ज्ञान की धारणा वाली वृद्धि प्राप्ति की है और सूर्य के समान प्रकाशित हुआ हूं ।। ८ ।।

इन्द्र के अनुकूल होने पर हमारी प्रजाएं धन-धान्यादि वाली और बलयुक्त हों। जिनके साथ प्रचुर भोजनादि सामग्रीयुक्त हम हर्ष को प्राप्त हों ।। ६ ।।

सब देवताओं में पूषा, इन्द्र, सूर्य, चन्द्रमा प्रकाशित हैं। और वे ही पृथ्वी आदि लोकों के सम-विषम भागों में हितकारक हैं ।। १० ।।

पंचमी दशति

हे ऋत्विजो ! तुम्हारे भोजनादि की व्यवस्था करने वाले, सर्वोपरि विराजमान, अनन्तकर्मा, ज्ञानियों के भी पूज्य इंद्र की स्तुति करो ।। १ ।।

हे मित्रो ! हरणशील और व्यापक गुणों वाले, सौम्य, भक्तों के रक्षक इन्द्र के प्रसन्न करने वालो स्तोत्र गाओ ।। २ ।।

हे इन्द्र ! मित्र मेधावी लोग, वेदमंत्रों से तुम्हारा पूजन करते हैं और तुम्हें चाहते हुए अनन्य भक्त हम भी तुम्हें ही पूजते हैं ।। ३।।

स्तुतिकर्ता पूज्य इंद्र की स्तुति करें और हमारी वाणियां हर्षशील इंद्र के लिए प्रस्तुत सोम का वर्णन करें ।। ४।।

हे इंद्र ! यह पूर्णतः संस्कार किया हुआ सोम तुम्हारे लिए यज्ञ में हवन किया गया है। इसका पान करो ।। ५।।

जैसे गाय दुहने वाले के समान दुधारू गाय को प्रतिदिन प्रस्तुत किया जाता है, उसी प्रकार अनावृष्टि आदि से रक्षा के लिए हम प्रतिदिन सुन्दर रूप वाले सोम को इंद्र के लिए हव्य रूप में प्रस्तुत करें ।। ६।।

हे इन्द्र ! तैयार होने पर सोम को पीने के लिए हव्य रूप में भेंट करता हूं। तृप्त हो और हर्ष को प्राप्त हो ।। ७।।

हे इन्द्र ! जो सोम पात्रों में तेरे लिए सिद्ध किया गया है, उसका तू सब प्रकार से अधिष्ठाता है। अतः पात्रों में इसे पी ।। ८।।

यज्ञ के अनुष्ठान के आरंभ में अथवा युद्ध में उपस्थित होने पर हम मित्र, उपासक अपनी रक्षा के लिए अति बली इन्द्र की पुकार करें ।। ९।।

हे मित्रो ! स्तुति का प्रवाह चलाते हुए आओ, बैठो और परमेश्वर (इन्द्र) का कीर्तन करो ।। १०।।

षष्ठी दशति

ऐश्वर्य के स्वामी इन्द्र ! परिश्रम से सिद्ध किए इस प्रशंसनीय सोम को पान कीजिए ।। १।।

इन्द्र महान् हैं। वज्रधारी की महिमा स्वर्ग के समान हो और उनके बल की प्रशंसा हो ।। २।।

हे इन्द्र तुम बड़े हाथों वाले हो। अपने दाहिने हाथ में हमें प्रशंसनीय एवं ग्रहणीय धन सब ओर से संग्रह कराओ ।। ३।।

हे मनुष्यो ! सज्जनों के रक्षक, पृथिवी के स्वामी, सत्य के पुत्र इन्द्र को जैसा जानते हो, वैसा वाणी से सब प्रकार से स्तुति करो ।। ४।।

प्रश्न—हे इंद्र ! किस रीति से तू हमारा मित्र होगा ?

उत्तर—रक्षा से।

प्रश्न—किस कर्म या वृत्ति से विचित्र गुण, कर्म, स्वभाव होंगे ?

उत्तर—बुद्धि युक्त होने से ।। ५।।

हे स्तोता ! सत्य से सर्वविजयी बनने वाले इंद्र का जहां-जहां वर्णन है, उन समस्त वाणियों में विस्तारपूर्वक वर्णित इन्द्र को रक्षा के लिए बुलाओ ।। ६।।

इन्द्र (जीवात्मा) के उपास्य, अद्भुत, सभापति के समान हितकारी, कर्मफलप्रदाता ईश्वर की उपासना से मैं बुद्धि को प्राप्त होऊं ।। ७।।

हे इन्द्र ! जो मार्ग तुम्हारे द्वारा निर्दिष्ट हैं और जिनसे तुम वायु को प्रेरित

करते हो, उनके द्वारा ही द्युलोक के अधोभाग में (पृथिवी पर) स्थित हम लोग सुनते हैं ।। ८।।

हे इन्द्र ! हे बहुकर्मी ! हमारे लिए अच्छे-अच्छे अन्न और रस को प्राप्त कराइए, जिनसे हम सुखी हों ।। ६।।

हे इन्द्र ! यह सोम तैयार है। स्वयं प्रकाश रूप वायु इसे पान करें सूर्य-चन्द्रमा इसका पान करें ।। १०।।

सप्तमी दशति

समझने वाली और कर्म चाहने वाली बुद्धि तथा सुन्दर पुरुषार्थ का उपयोग करते हुए हृदय में स्थित इन्द्र (परमात्मा) की हम उपासना करते हैं ।। १।।

हम उपासक हिंसा न करें। किसी को अज्ञानयुक्त न करें और वेदोक्त कर्मों का अनुष्ठान करें ।। २।।

वृहत्सामवेद के ज्ञाता, प्रकाश युक्त ज्ञान वाले, अथर्ववेद के ज्ञाता, हे ब्रह्मा! (ऋत्विज) सन्ध्या-समय परमात्मा की स्तुति कर ।। ३।।

प्रातः यह नवीन प्रिय उषा द्युलोक से फैल रही है। अतः पढ़ने-पढ़ाने वालो! परमात्मा की स्तुति करो ।। ४।।

अनुकूल शब्द वाले इन्द्र ने दधीचि की अस्थियों से आठ सौ दस राक्षसों को मारा ।। ५।।

हे इन्द्र ! हमारे यज्ञ में आकर सोमपान के द्वारा तृप्त होओ। फिर बल से अत्यन्त बली होकर शत्रुओं का तिरस्कार करो ।। ६।।

हे वृत्रहन्ता इन्द्र ! हमारे समीप आओ। तुम अपनी महती रक्षाओं के साथ आकर हमारी रक्षा करो ।। ७।।

जब प्रजा की रक्षा के लिए इन्द्र का ओज बढ़ता है, तब द्युलोक और पृथिवी लोक दोनों ढाल के समान बचाने वाले बन जाते हैं—अर्थात् दैवी और पृथिवी कोई बाधा नहीं होती ।। ८।।

हे इन्द्र ! आपके प्रति प्रजाजन का ऐसा अनुराग है; जैसा गर्भधारिणी कपोती के प्रति कपोत का होता है। अतः हम प्रजाजनों की प्रार्थना सुनिए।। ६।।

हे इन्द्र ! हमारे हृदय के लिए रोग निवारक और सुखदायक औषध को वायु बहाये और हमारी आयु को बढ़ाये ।। १०।।

अष्टमी दशति

हे इन्द्र ! जिस जन की महाज्ञानी वरुण, मित्र, अर्यमा रक्षा करते हैं, वह जन नहीं मारा जाता ।। १।।.

हे इन्द्र ! जैसे हमारे पूर्व-यज्ञ में पधारे थे, वैसे ही गौ, अश्व, रथ एवं प्रतिष्ठाप्रद धन देने के लिए इस यज्ञ में पधारिए ।। २।।

हे इन्द्र ! तेरी ये जल को बढ़ाने वाली किरणें, इस टपकने वाले जल को बरसाती हैं ।। ३।।

अधिक यशवाले, वेदों में सबसे अधिक स्तुति किये गये हे इन्द्र ! जब आप मेरे सोम-यज्ञ में सोम ग्रहण करने पधारें, तब मैं गौ आदि धनों की कामना वाली बुद्धि से सम्पन्न होऊं ।।४।।

हे इन्द्र ! हमारी ज्ञानयुक्त वाणी पवित्र करने वाली, धनों को प्रदान करने वाली और यज्ञों को चाहने वाली हो ।।५।।

परमेश्वर मानुषी प्रजाओं के निमित्त इस इन्द्र को सोम से तृप्त करे। वह इन्द्र हमें धन-धान्यादि प्राप्त कराये ।।६।।

हे इन्द्र ! (परमेश्वर) ! हमें प्राप्त होइए। हम आपके लिए सौम्यगुण विशिष्ट हृदय शुद्ध भाव को तैयार करते हैं। इस भाव को ग्रहण कीजिए। मुझ उपासक के इस ज्ञान-यज्ञ-स्थल को अपनी प्राप्ति से पवित्र कीजिए ।।७।।

हे इन्द्र ! मित्र, वरुण और अर्यमा इन तीनों की अति बलवती रक्षाएं हमें प्राप्त हों ।।८।।

हे इन्द्र ! आपका अति ऐश्वर्य है। कर्मों को सफलतापूर्वक सम्पन्न करते हो। हम आपके ही हैं ।।९।।

नवमी दशति

हे चराचर के गृहीता इन्द्र ! सौम्य उपासक लोग आपको ही प्रसन्न करें। विद्यादि धन हमें दीजिए। ब्राह्मणों के शत्रुओं को नष्ट कीजिए ।।१।।

हे वाणी के द्वारा भजनीय इन्द्र (परमात्मन्) ! हमारे स्तोता की रक्षा कीजिए। मधुर आनन्द की धाराओं के आप सरोवर हैं। जल और अन्न आपके द्वारा ही शोधित है ।।२।।

जो परमेश्वर को निर्भय, प्रकाशक जानकर भक्ति से उसका वरण करते हैं, उनके हृदय में सदा समीपता से वर्तमान परमेश्वर ! इन्द्र, उनको अपने समीप आकर्षित करता है, मोक्ष देता है ।।३।।

हे इन्द्र (परमात्मन्) ! मन की वृत्तियां आप प्राप्त करें, वैसे ही जैसे नदियां समुद्र को प्राप्त करती हैं। आप से बढ़कर कोई नहीं है ।।५।।

साम के गाने वाले उद्गाता इन्द्र परमात्मा की ही बहुत स्तुति करते हैं। होता इन्द्र (परमेश्वर) को ऋग्वेद के मन्त्रों से स्तुति करते हैं। शेष अध्वर्यु यजुर्वेद की वाणियों से स्तुति करते हैं ।।५।।

इन्द्र (परमेश्वर) अन्नादिक हमारे लिए दें। बलिष्ठ परमात्मा विपुल धन, रूप, महान् बलिष्ठ, अपने स्वरूप को हमें दें ।।६।।

इन्द्र (परमेश्वर) सब ओर से प्राप्त हुए बड़े भय को भगाता है। वह अपनी परिधि में स्थित कूटस्थ है और ज्ञानदृष्टि तथा भौतिक दृष्टि का दाता है ।।७।।

वाणी के द्वारा भजनीय हे परमात्मा ! ये हमारी वाणियां, सौम्यभाव से आपको ही उसी प्रकार प्राप्त करती हैं, जैसे दूध देने वाली गायें जहां-तहां घूमकर दूध देने के समय बछड़े के ही पास पहुंचती हैं ।।८।।

हम धन, अन्न और बल प्राप्ति, कल्याण और मित्रता के लिए ऐश्वर्यवान् और पुष्टिकर्ता परमात्मा की ही स्तुति करें ।। ६।।

हे परम ऐश्वर्य वाले इन्द्र (परमात्मा) तुझसे श्रेष्ठ कुछ नहीं है, न तुझसे बड़ा कोई है। हे मेघविनाशक (अविद्यानाशक) ! जैसा तू उपकार करता है, वैसा कोई नहीं करता ।। १०।।

दशमी दशति

हे मनुष्यो ! मनुष्यों को तारने वाले, गौ आदि पशु एवं अन्न-धन के दाता परमात्मा की ही मैं स्तुति करता हूं ।। १।।

हे इन्द्र (परमात्मा) ! आपकी वेद वाणी को सेवित करता हुआ मैं उनका वर्णन करता हूं। वे वेदवाणियां धर्म, अर्थ, काम, मोक्ष की वर्षा करने वाले आपको ही उच्च भाव से भजती हैं ।। २।।

जिसकी मरुत्, मित्र, अर्यमा रक्षा करते हैं, वह मनुष्य प्रशंसनीय है ।। ३।।

हे इन्द्र (परमात्मा) ! जो बल-पुरुषार्थ रूपी धन है, जो स्थिरवस्तु रूपी धन है, जो मेघ आदि में स्पृहग्रीय धन है; वह हमें प्राप्त कराइए ।। ४।।

तुम मनुष्यों को बड़ा धन प्राप्त करने के लिए मैं उच्च भाव से दुष्ट दमनकारी, विख्यात बल प्राप्त करने का वचन देता हूं ।। ५।।

हे इन्द्र (परमात्मा) आप सर्वशक्तिमान् हैं। परमसामर्थ्ययुक्त हैं। आपके तुल्य आप ही हैं। हमको ऐसी सामर्थ्य दीजिए, जिससे आपके यश और ध्यान में तत्पर होकर आपको प्राप्त हों ।। ६।।

हे इन्द्र (परमात्मा) ! दूध, दही, सत्तू, पुरोडाश (पुए) और स्तोत्र वाले हव्य को ग्रहण कीजिए ।। ७।।

अधिक जल विद्यमान रहते हुए भी बरसने के लिए जल न छोड़ने वाले मेघ के सिर को इन्द्र काट देता है तथा जीतने की होड़ में लगी हुई मेघ सेना को जीत लेता है ।। ८।।

हे इन्द्र ! जो सोम तैयार किये गये हैं तथा जो तैयार किए जायेंगे, वे तुम्हारे ही हैं, उन्हें ग्रहण कर तृप्त होइए ।। ९।।

हे ऐश्वर्यवान् इन्द्र ! तुम्हारे लिए सोम तैयार किये गए हैं। कुशा का आसन बिछा है। इस पर बैठो और सोमपान से तृप्त होकर हमें सुखी करो ।। १०।।

तृतीया प्रपाठक

एकादशी दशति

जैसे अन्न की उत्पत्ति चाहने वाले जलों से खेती को सींचते हैं, वैसे ही मैं परमात्मा तुम में अनन्त कर्म वाले, अत्यन्त पूजनीय अपने आत्मा को सींचता हूं ।। १।।

हे इन्द्र (परमात्मा) ! आप अनन्त बलयुक्त और अनन्त आत्मिक आनन्द रूपी रथ के साथ हमें प्राप्त हों ।। २।।

शत्रु को नष्ट करने वाले क्षत्रिय धनुर्वेद में निष्णात होकर धनुष-वाण लेकर प्रजा से विविध प्रकर से पूछें कि तुम्हें कौन उपद्रवी और विख्यात दस्यु जान पड़ते हैं ? ।।३।।

तब प्रजा कहे कि हे राजन् ! हम तो बड़ी प्रशंसा योग्य प्रलम्बबाहु, रक्षा के लिए साधन रूप धन को कर रूप में कमाने वाले आपकी ही पुकार करते हैं ।।४।।

फिर प्रजा इस प्रकार प्रार्थना करे कि सहर्ष वरण करने योग्य, मित्रता का व्यवहार करने वाले और विद्वान मन्त्रियों से प्रीति रखने वाले आप हमको सरल नीति से शासित कीजिए ।।५।।

जैसे सूर्य पदार्थों को दूर से ही समीप रहने वाले की भांति प्रकाशित करता है, उसी प्रकार हे राजन् ! आप न्याय के प्रकाश को फैलायें ।।६।।

हे शोभन कर्म वाले मित्रावरुण ! हमारे गोष्ठ को दुग्ध से सिंचित करो और परलोक धाम को भी मधुर रस से सम्पन्न करो ।।७।।

शब्दरूपिणी वाणी के उत्पन्न करने वाले मरुतों ने यज्ञ के निमित्त जलों का उत्कर्ष किया और जल को प्रवाहित कर प्यास से रंभाती हुई गौओं को घुटनों के बल झुककर जल पीने की प्रेरणा दी ।।८।।

विष्णु ने इस विश्व को लांघते हुए तीन पग स्थापित किए। इन विष्णु के धूलि-युक्त एक पांव में सब संसार भली प्रकार समा गया ।।९।।

द्वादशी दशति

हे इन्द्र (हे राजन्) तू वैमनस्य से सोम खींचने वाले को त्याग दे; किन्तु अच्छा सोम खींचने वाले सभी को परख और इसके द्वारा सम्पादित सोम को देने पर पी ।।१।।

महान् ज्ञानी देव इन्द्र (राजा) के लिए उक्त चेतावनी का वचन क्यों कहा जाता है ? क्योंकि वह वचन (सावधानी) इस राजा की वृद्धि-कारक ही है ।।२।।

ज्ञानी इन्द्र (राजा) स्पष्ट वक्ता के कहे हुए स्तोत्र को और गाये हुए 'गायत्र' नाम साम को समझे ।।३।।

इन्द्र (राजा) अत्यन्त प्रसन्न, सेनाओं का सेनापति, अश्व आदि का रखने वाला और पुत्र तुल्य सहायक प्रशंसा वचनों से होवे ।।४।।

हे राजन् ! आप सेना-बल के सहित वर्तमान हमको प्राप्त होइए। जैसे पुत्र पर पिता क्रोध नहीं करता, वैसे क्रोध न करिए ।।५।।

हे इन्द्र ! यदि कभी वर्षा का जल रुक जाय (अनावृष्टि हो जाय), तब हमारी स्तुति की कामना वाले तुम बड़े पुत्र तुल्य प्रजा जन की वर्षा करके सर्वतः रक्षित करो ।।६।।

हे इन्द्र (राजन्) ! आप अनुभवी ज्ञानी ब्रह्मवेत्ता के द्वारा ऋतुओं के अनुसार औषध विशेष को पीजिए। तब आपकी यह मित्रता अविच्छिन्न हो ।।७।।

वाणी से प्रशंसनीय इन्द्र (राजन्) ! आप सोम के रक्षक हैं व सोम के पीने

वाले हैं और हम प्रजा जन आपके सत्कार करने वाले हैं। इस लिए आप भी हमको प्रसन्न रखिए ।। ८।।

हे इन्द्र! (राजन्) सेना संग्रामों में हमारे देहों में पुरुषार्थ-युक्त योगबल को दीजिए, क्योंकि आप सर्वदा बल के द्वारा विजयी हैं ।। ६।।

हे इन्द्र (राजन्) आप निश्चय ही वीरों को चाहने वाले हैं, शूरवीर और दृढ़ हैं। अतः आपका हृदय प्रशंसा योग्य है ।। १०।।

।। द्वितीय अध्याय समाप्त ।।

तृतीय अध्याय

प्रथमा दशति

हे विक्रमी इन्द्र (परमेश्वर)! आप इस स्थावर-जंगम जगत् के प्रभु हैं और सूर्य को भी प्रकाशित करने वाले हैं। जैसे बिना दुही गाय नम्र रहती है, वैसे ही भक्ति से नम्र हम आपको नमस्कार करते हैं।। १।।

हे इन्द्र (परमात्मा)! अश्वादि पर चढ़ने वाले वीर पुरुष शत्रुओं के द्वारा घेरे आपको भजते हैं। अतः हम स्तोता भी बल के दान के लिए आप को ही पुकारते हैं।। २।।

जो विद्यादि धन वाला इन्द्र (परमात्मा) तुम स्तोताओं को अनेक प्रकार से देता है, उस सुन्दर विद्यादि धन वाले परमात्मा की हे ऋत्विजो! अर्चना करो।। ३।।

हे उपासको ! तुम्हारे शत्रुओं के तिरस्कारक, शत्रुक्षयकर्ता उस परमेश्वर को वेदमन्त्रों से हम पुकारते हैं, उसी प्रकार, जिस प्रकार गौ, गोगृह में पुष्ट बछड़े को देखकर हृदय की प्रीति से पुकारती है।। ४।।

मैं तुमको पुकार कर कहता हूं कि उस सोमयज्ञ में यज्ञ रक्षार्थ 'वृहत्' नामक साम को उच्च स्वर से गाते हुए ऋत्विक् धन-लाभ कराने वाले (इन्द्र) परमात्मा की उसी प्रकार स्तुति करें, जैसे पुत्रादि कुटुम्ब के हितकारी पिता को पुकारते हैं।। ५।।

सूर्य पूर्व मन्त्रोक्त सोम को शीघ्र सेवन करता है। मैं तुम याज्ञिकों को बहुस्तुत इन्द्र (परमेश्वर) के प्रति वाणी से नम्र कराता हूं, उसी प्रकार, जैसे बढ़ई अच्छी ढलकने वाली पहिए की धुरी को नम्र करता है।। ६।।

हे इन्द्र (परमात्मा)! गौ आदि पशु वाले यज्ञकर्ता के आपकी भक्ति योग्य रसीले मन को ग्रहण कीजिए और हमारे प्रति प्रसन्न होइए। आप व्यापक हैं। हमको ज्ञान दीजिए। योगयज्ञ में उन्नति के लिए आपकी प्रज्ञा के प्रसाद रक्षा करें।। ७।।

हे इन्द्र (परमेश्वर)! ज्ञानी भक्तजन को विद्यादि धन देने को आप आइए। हे अनन्त धनयुक्त! इन्द्रियवृत्तिनिरोध-रूप यज्ञ के लिए सींचिए। प्राण को योग-यज्ञ के लिए सींचिए और योग-ऐश्वर्य को प्राप्त कराइए।। ८।।

हे ऋत्विजो ! यजमान तुम्हारा सभी का सत्कार करता है, अतः हमारे सोम के तैयार होने पर आज सब चाहने वाले एक साथ सोम पीएं ।।६।।

हे मित्रो ! और किसी की स्तुति न करो। शुद्ध मन से धमार्थ काम के पूरक इन्द्र (परमेश्वर) की ही सब मिलकर स्तुति करो। स्तोत्रों को बार-बार पढ़ो तथा हिंसा मत करो।। १०।।

द्वितीया दशति

भक्तों की सदा वृद्धि करने वाले, समस्त संसार के स्तुति योग्य, महान्, सर्वतन्त्र, स्वतन्त्र, सब पर अधिकार रखने वाले उस इन्द्र (परमेश्वर) की जो उपासना करता है, उसको कामादि शत्रु का प्रहार नहीं सताता।। १।।

इन्द्र (परमेश्वर) बिना सामग्री के ही ग्रीवादि के जोड़ों को रुधिर उत्पन्न होने से पहले ही जोड़ देता है और जो जब चाहे, तब उन्हें तोड़ भी देता है।। २।।

हे इन्द्र (सूर्य) ! सुवर्ण-युक्त हवियों वाले यज्ञ में सोमपान के लिए आइए।। ३।।

हे इन्द्र (सूर्य) मयूर के पंखों जैसी आनन्ददायक रंग-बिरंगी किरणों से आइए। तुम्हें कोई नहीं रोक सकता। आप रोकने वाले अन्धकारादि निग्रह उसी प्रकार करते हैं, जैसे जाल लिए शिकारी पक्षियों का और धनुघारी शत्रुओं का ।।४।।

हे प्रिय पुरुष ! तू इस प्रकार स्तुति कर कि—हेइन्द्र (हे परमेश्वर) आपसे भिन्न मनुष्य का सुखदायी कोई नहीं है। हे अनन्त बलवान् ! आपके लिए स्तुति का उच्चारण करता हूं।।५।।

हे इन्द्र ! (हे परमेश्वर) ! आप यशस्वी, समृद्धबल के पति एवं मनुष्यों के धारक हैं और बहुत से कठिन कामादि शत्रुओं को स्वयमेव नष्ट करने में समर्थ हैं।। ६।।

हम यज्ञ के लिए इन्द्र (परमेश्वर) की ही पुकार करें। यज्ञारम्भ में परमेश्वर को पुकारें। यज्ञ-समाप्ति में भी उसी की सहायता मांगें। संविभाग पूर्वक धन-दान प्राप्ति के लिए भी परमेश्वर की सहायता मांगें।। ७।।

हे परमात्मा ! मेरी वाणियां आपको ही प्राप्त करें। वे वृद्धि को प्राप्त हों। जो अग्नि सम तेजस्वी, पवित्र विद्वान् स्तोता स्तोत्रों से स्तुति करते हैं, वे भी वृद्धि को प्राप्त हों।। ८।।

जिस प्रकार युद्ध में विजय तथा धन प्राप्त कराने वाले रथ वेग से चलते हैं, उसी प्रकार काम-क्रोधादि पर विजय और ईश्वर से धन का लाभ कराने वाले हमारे स्तोत्र अति मधुर वाणी और उच्च भाव से चलते हैं।। ९।।

हे इन्द्र (जीवात्मा) ! जिस प्रकार प्यासा मृग जलाशय के जल को प्राप्त करता है, उसी प्रकार तू भी ईश्वर भक्तों से मित्रता प्राप्त करके उससे प्राप्त आनन्दामृत का पान कर।। १०।।

तृतीया दशति

हे शचीपति इन्द्र (परमेश्वर) ! हमें समस्त रक्षाएं, ऐश्वर्य और यश दीजिए। हे विद्या-धन के ज्ञाता ! हम आपके अनुकूल चलें, यह कृपा कीजिए।। १।।

हे मघवा इन्द्र (परमेश्वर) ! तू जिन अन्नादि भोगों को असुरों से लाता है, उनसे अपने इस स्तोता यजमान को समृद्ध कर और जो तेरे लिए यज्ञ करते हैं, उन्हें भी समृद्ध कर और जो तेरे लिए यज्ञ करते हैं, उन्हें भी समृद्ध कर ।। २।।

हे यज्ञकर्ता ! यदि तू (पूर्वमन्त्रानुसार) समृद्धि चाहता है, तो मित्र, अर्यमा, वरुण इन तीनों प्रकाशमान देवताओं की वेदमन्त्रों से स्तुति कर।। ३।।

हे इन्द्र ! (परमेश्वर) ! सज्जन अपनी पूर्ण तृप्ति के लिए सनातन आपका स्त्रतों से वर्णन करते हैं और गुणगान करते हैं।। ४।।

हे स्तोत्राओं ! तुम अपने महान् ईश्वर के लिए सामवेद के मन्त्र अर्पित करो। बहुकर्मा पापनाशक वह बहुत-सी धारों वाले वज्र से पाप को नष्ट करता है ।। ५।।

हे मितभाषी ऋत्विजो ! तुम इन्द्र (परमेश्वर) के लिए वह वृहद्राग गाओ, जिससे उपासक दिव्य एवं पापनाशक जागृत-ज्योति अपने हृदय में प्राप्त करते हैं ।। ६।।

हे इन्द्र ! (हे परमेश्वर) ! आप हमें सुकर्म अथवा अपना ज्ञान दीजिए, उसी प्रकार दीजिए, जैसे पिता पुत्रों को अपना धन देता है। हे बहुस्तुत! हम आपकी ज्योति के सर्वत्र दर्शन करें।। ७।।

हे इन्द्र ! (हे परमेश्वर) ! आप हमें मत छोड़िए। हमारे इस यज्ञ में हमारे बनिए। आप ही हमारे बन्धु हैं अतः आप हमको मत त्यागिए।। ८।।

हे वृत्रहन्ता इन्द्र ! (हे परमेश्वर) ! जिन्होंने सोम तैयार कर लिया है, जिन्होंने यज्ञ विस्तीर्ण किया है, ऐसे हम स्तुतिकर्ता शान्तचित्त हो उसी प्रकार उपासना कर रहे हैं, जैसे शुद्ध झरनों में जल सब ओर से शान्त स्थित होते हैं।। ९।।

हे इन्द्र (हे परमेश्वर) ! मानुषी प्रजाओं में जो आत्मिक और शारीरिक बल है अथवा जो उभयविध बल है, ऐसा पुरुषार्थ हमें दीजिए।। १०।।

चतुर्थी दशति

हे तेजस्वी इन्द्र ! (हे परमेश्वर) ! यह सत्य है कि आप हमारे रक्षक हैं और आप धर्मार्थ काम, मोक्ष अथवा वर्षा को सर्वत्र बरसाने वाले हैं। इसीलिए वेदों में आपका नाम 'वृषा' है।। १।।

हे शक्तिमान् ! हे वृत्रहन्ता इन्द्र ! (हे परमात्मा) ! आप समीप और दूर सर्वत्र हैं, अतः सोम तैयार करने वाला यजमान ऋत्विजों के सहित वेदमन्त्रों से आपकी स्तुति कर रहा है।। २।।

हे उद्गाताओ ! सोम का अभिषेक करते हुए, तुम शत्रुओं को भयद, शत्रु तिरस्कारक, स्तुति योग्य, शक्तिमान, विशेष ज्ञानयुक्त इन्द्र (परमेश्वर) की स्तुति करो।। ३।।

हे इन्द्र ! (हे परमेश्वर) ! वात, पित्त, कफ इन त्रिधातुओं वाले इस शरीर रूपी गृह के प्रति मेरी आसक्ति हटाइए और मुझे तथा आपको इन उपासकों को

दैहिक,दैविक, भौतिक तीन दुःखों को हरने वाला अपना प्रकाशमय आश्रय कल्याणार्थ दीजिए।। ४।।

हे मनुष्यो ! जो उत्पन्न हुए हैं या जो उत्पन्न होंगे, वे सभी धन और सामर्थ्य ईश्वर के ही हैं, जैसे सूर्य की किरणें सूर्य से प्रकाश ग्रहण करती हैं अथवा पुत्र पिता से धन ग्रहण करता है ।। ५।।

हे दीर्घायु इन्द्र (परमात्मा) ! आप ही जिनके स्वामी हैं, ऐसे अन्नधनों को आपसे विमुख नहीं पा सकता। जैसे रथ के स्वामी के घोड़े ही रथ में जुतते हैं, अन्य के नहीं । जैसे सूर्य के बिना स्वतन्त्र किरणें किसी पदार्थ से नहीं जुड़ सकतीं ।।६।।

उद्भट शत्रुओं का दमन करने वाले स्तुत्य, वृत्रहन्ता, हे परमेश्वर ! हमारी समस्त बाधाओं में सहायतार्थ हमारे स्तोत्र और यज्ञ हम आपको प्राप्त करायें ।।७।।

हे इन्द्र (परमेश्वर) नीचे का पृथिवीलोक आपका धन है। मध्यस्थ अन्तरिक्ष लोक को आप ही पालते हैं। परमद्यलोक के आप ही राजा हैं। इस प्रकार इस सम्पूर्ण विश्व के आप ही एक साथ राजा हैं । आपको पृथिवी आदि लोकों में कोई नहीं रोक सकते क्योंकि आप सर्वव्यापक हैं।। ८।।

हे सर्वत्र गमनशील, हे आकाशराज ब्रह्माण्डों के कर्त्ता ! हे देह बन्धनों को छुड़ाने वाले इन्द्र (परमेश्वर) आप कहां व्याप्त हैं और कहां हैं? आपका ज्ञानस्वरूप सर्वत्र ही है, सर्वत्र ही आप व्याप रहे हैं । स्तोता आपका ही स्तुतिगान करते हैं ।।६।।

हे मित्रो ! हम ब्रह्मज्ञानी इन वज्रधारी इन्द्र (परमेश्वर) को भूतकाल में सोम से प्रसन्न करते रहे हैं। निश्चय ही आप इस यज्ञ में उसी को प्रसन्न कीजिए और उसको स्तुतियों से भूषित कीजिए।। १०।।

पंचमी दशति

जो मनुष्यों का स्वामी है, जो रमणीय योग मार्गों से प्राप्त होता है, जो अपने रूप में स्थिर व अचल है, दुष्टों का नाशक है, जो सेनाओं को पार लगाने वाला है, उस महान् इन्द्र (परमेश्वर) की मैं स्तुति करता हूं।। १।।

हे इन्द्र (हे परमेश्वर) ! हम जिससे भयभीत हैं, उससे हमें अभय देने में समर्थ हैं। शत्रुओं को नष्ट कीजिए और संग्रामों को जीतिए।।२।।

हे गृहपति (हे परमेश्वर) ! आप सौभ्य स्वभाव वालों के अचल गृहस्तम्भ हैं। कवचतुल्य रक्षक हैं। शीघ्रगति वाले व ज्ञान सम्पन्न हैं, शत्रु-दुर्गों के नाशक हैं, परम ऐश्वर्यवान हैं, मुनियों के मित्र हैं।।३।।

हे सूर्य ! आप कामों की प्रेरणा देने वाले हैं महान् हैं। रसों के खींचने वाले आप महान् हैं आपकी महिमा और बड़ाई महान् है। हे प्रशंसा योग्य ! हे दिव्य गुण ! बड़प्पन से तू महान् है।। ४।।

हे इन्द्र ! जो मनुष्य तुम्हारा सखा हो जाता है, वह अश्वों, रथों और गौओं वाला होकर श्रेष्ठ रूप और अन्नधन से सम्पन्न हो जाता है । सर्वदा आह्लाददायक सहचरों के साथ सभा में जाने वाला हो जाता है।। ५।।

हे इन्द्र (हे परमेश्वर) ! सैकड़ों द्युलोक और सैकड़ों पृथिवीलोक आप से बड़े नहीं हो सकते। हे वज्रधारी ! सैकड़ों सूर्य और द्यावापृथिवी भी आपसे बड़े नहीं हो सकते। उत्पन्न जगत् मात्र भी आपसे बड़ा नहीं है क्योंकि आप सबसे बड़े हैं ।। ६ ।।

हे व्यापक इन्द्र (हे परमात्मा) सर्वव्यापक आपको कौन ललकार सकता है, कोई नहीं। आपके लिए श्रद्धाभक्त हवि सम्पन्न यजमान सोम की पारी के दिन आपको हवि देने की इच्छा करता है।। ७ ।।

हे इन्द्राग्ने ! आपके प्रताप से ही बिना पांव वाली वह उषा पांव वाले मनुष्यों से पहले आ जाती है और चलती है। मुख न होते हुए भी वाणी से बहुत बोलती है। दिन-रात में तुम्हारे प्रताप से ही यह तीस मुहूर्तों को पार करती है।। ८ ।।

हे इन्द्र ! हे अति समीपस्थ ! हमारी यज्ञशाला में श्रेष्ठ मति और श्रेष्ठ रक्षाओं के सहित पधारिए। हे सुखद ! अपनी अति सुखदायिनी प्राप्तियों के सहित हमें प्राप्त होइए। हे अपने रूप को प्राप्त कराने वाले सुखदात्री, उपलब्धियों सहित यहां आइए।। ९ ।।

षष्ठी दशति

हे मनुष्यो ! तुम अपनी रक्षा के लिए अजर, सर्वप्रेरक, अचल, व्यापक, सर्वोत्कृष्ट सर्वग, अतिरमणीय पदार्थों वाले, अमर जल वर्षक इन्द्र (परमेश्वर) को प्राप्त होओ।।१।।

हे इन्द्र (हे परमेश्वर) ! विद्वान् ऋत्विज तुम्हें हमसे दूर न रमाये रहें। तुम दूर रहते हुए भी हमारे यज्ञ में शीघ्रता से आओ और हमारी स्तुतियों का श्रवण करो।।२।।

हे मनुष्यों ! तुम सोमपायी, वज्रधारी इन्द्र के लिए सोम-अभिषव करो। रक्षा के निमित्त पुरोडाशादि पकाओ। सुखदाता इन्द्र सुख देता ही है।। ३ ।।

हे अनन्त वाण ! हे बहुबल ! हे सज्जन-रक्षक ! आप अच्छा बूरा देखने वाले हैं शत्रुओं के नाशक हैं, ऐसे आप संग्रामों में हमें विजय दीजिए। हे इन्द्र ! हम स्तुतियों के द्वारा आपको आहूत करते हैं।। ४ ।।

हे अश्विनी कुमारो ! तुम बुद्धि और धन हमारे लिए दिन-रात दो। कर्मों सहित तुम्हारा दान कभी क्षीण न हो और हमारा हव्य दान भी कभी क्षीण न हो।। ५ ।।

स्तोता मनुष्य धर्म, अर्थ, काम और मोक्ष के वर्षक परमेश्वर के लिए जब कभी स्तुति करे, तब ही विविध कर्मों के धर्ता, वरण करने योग्य परमेश्वर अथवा वरुण देव की वाणी से वन्दना भी करे।। ६ ।।

हे मेध्यातिथि ! हे इन्द्र !हमारे दिये हुए सोम से आप तृप्त हों। हमारी गौओं की रक्षा करें। जो इन्द्र अपने रथ में ह्यश्वों को जोतते हैं, वे वज्रधारी सुवर्ण रथ वाले हैं।। ७ ।।

हे इन्द्र ! (हे परमेश्वर) ! हमारी स्तुति और वन्दना के वचनों को हमारे सामने आकर सुनिए। हमारे यज्ञ को सम्पन्न करने वाली बुद्धि से युक्त ऐश्वर्यवान इन्द्र सोम पीने के लिए यहां आगमन करें ।। ८ ।।

हे मेघों के धारक ! हे वज्रधारी ! प्रभूत धन वाले हे इन्द्र ! (परमेश्वर) ! महान् मूल्य के लिए भी आप हमसे नहीं त्यागे जाते—न सहस्र, न दस इससे भी बड़े मूल्य के लिए ।। ९ ।।

हे इन्द्र ! (हे परमेश्वर) ! आप मेरे पिता और माता से भी अधिक हैं। मेरी माता और आप समान मन वाले होकर मुझे अन्न-धन में स्थापित करो।। १० ।।

<h1 style="text-align:center">चतुर्थ प्रपाठक</h1>

सप्तमी दशति

हे वज्रहस्त इन्द्र ! दधिमिश्रित यह सोम तुम्हारे लिए ही प्रस्तुत किये हैं। उन सोमों को तृप्ति के लिए पीने को अश्वों के द्वारा हमारे यज्ञ-स्थान में आइए।। १।।

हे इन्द्र ! यह सोम तुम्हारी तृप्ति के लिए ही है। तुम इन्हें पीते हुए हमारे स्तोत्र सुनो। तुम स्तुत्य होकर मुझ स्तोता को अभीष्ट फल प्रदान करो।। २ ।।

मैं अब तुझ परम ऐश्वर्य वाले, कामनाओं की पूर्ति करने वाले इन्द्र को अधिक दुग्धवती, सुखपूर्वक दोहन-योग्य, उत्तम चेष्टा वाली, चाहने योग्य, बहुत धारवाली गौ को आहूत करता हूं।। ३ ।।

हे इन्द्र ! बड़े सुदृढ़ पर्वत भी तुम्हारी गति को नहीं रोक सकते। मुझ जैसे स्तोता को तुम जो धन देते हो, उस धनदान को कोई नहीं रोक सकता ।। ४ ।।

अभियुक्त सोम को ऋत्विजों के साथ पान करने वाले इन्द्र को कौन जान सकता है ? यह कितनी आयु धारण करता है, यह भी कोई नहीं जान सकता। सोम से तृप्त बल, यह अपने मेघ-दुर्गों को तोड़ता है।। ५ ।।

हे इन्द्र ! यज्ञ में विघ्न करने वालों को तुम दण्ड देते हो। अतः हमारे यज्ञ-विघ्नकर्ताओं को दूर करो और हमारे सोम की वृद्धि करो।। ६ ।।

त्वष्टा, पर्जन्य, सूर्य और इन्द्र हमारे पुत्रों और भाइयों सहित विरोधियों से हमारी स्तुतिरूप वाणी की रक्षा करें।। ७ ।।

हे इन्द्र ! तुम हिंसक कदापि नहीं हो। विद्या—धनदान करने वाले के समीप शीघ्र कर्मफल पहुंचाते हो। प्रकाश युक्त आपका दान पुनर्जन्म से भी निश्चित रूप में सम्बद्ध होता है ।। ८ ।।

हे वृत्रहन्ता इन्द्र ! अपने हर्यश्वों को रथ में योजित करो। तुम अत्यन्त पराक्रमी हो। दर्शनीय मरुद्गण सहित स्वर्ग से हमारे सामने आओ ।। ९ ।।

हे वज्रिन् ! तुम्हें हविदाता यजमानों ने आज प्रथम सोमपान कराया था। तुम हमारे यज्ञ में आकर हमारे स्तोता के स्तोत्र सुनो ।। १० ।।

अष्टमी दशति

हे इन्द्र ! सूर्य की पुत्री, आती हुई अन्धकारों को हटाने वाली उषा दर्शन से अज्ञानान्धकार को निवृत्त करती है। मनुष्यों को सुमार्ग से ले जाने वाली उषा अत्यन्त प्रकाश करने वाली है ।। १ ।।

हे अश्विनीकुमारो ! (हे सूर्य, चन्द्रमा) ! प्रकाश चाहती हुई ये प्रजाएं तुमको ही प्राप्त करना चाहती हैं। मैं भी तुम्हें रक्षार्थ प्राप्त करना चाहता हूं। क्योंकि तुम प्रत्येक को प्राप्त होते हो ।। २ ।।

हे अश्वनीकुमारो ! देवो ! प्रकाशको ! पृथ्वी पर स्थित कौन तुमको प्रकाशित करने वाला है ? अर्थात् कोई नहीं। तुम्हारे लिए सोम तैयार करने से थका हुआ यजमान राजा के समान ऐश्वर्यवान हो जाता है ।। ३ ।।

हे अश्विनीकुमारो ! तुम्हारे यज्ञार्थ यह मधुर सोम प्रस्तुत हुआ है। प्रथम दिन निष्पन्न हुए इस सोम का पान करो और हविदाता को श्रेष्ठ धन प्रदान करो ।। ४ ।।

हे इन्द्र ! सोम रस के साथ स्तुति करता हुआ मैं आपसे याचना करता हूं कि मैं किसी प्राणी पर क्रोध न करूं। अपने स्वामी से कौन नहीं मांगता अर्थात् सभी मांगते हैं ।। ५ ।।

हे अध्वर्यु ! तुम सोमरस को द्रवित करो। इन्द्र सोमपान की कामना करते हैं। सारथि द्वारा योजित रथ में वृत्रहन्ता इन्द्र यहां आ गये ।। ६ ।।

हे परमधन, हे महान् इन्द्र ! सब ओर से याचना करने वाले अत्यन्त छोटे उस जीव के अभीष्ट को प्रदान करो। आप बहुत धन वाले हो और विपत्काल में पुकारने योग्य हो ।। ७ ।।

हे इन्द्र तुम जितने धन के स्वामी हो, वह मेरा ही होगा। अतः मुझे इतना दीजिए कि मैं सामगायक को धन देने में समर्थ होऊं। मैं व्यर्थ नष्ट करने में धन का उपयोग न करूं ।। ८ ।।

हे इन्द्र (हे परमेश्वर) ! आप सब शत्रुओं की सेना को तिरस्कृत करने वाले हो। आप सबके उत्पादक, पापनाशक और अकीर्ति के नाश करने वाले हो। अतः दुष्टों का नाश करो ।। ९ ।।

हे इन्द्र ! तुम स्वर्ग से भी श्रेष्ठ स्थान को प्राप्त हो। पृथिवी लोक भी तुमसे बड़ा नहीं है। इसलिए हमें संसार से पार करो ।। १० ।।

नवमी दशति

गव्य-आदि से सुसंस्कृत सोम हमने अभिषव किया है। इसके प्रति इन्द्र स्वभाव से ही आकृष्ट होते हैं। हे इन्द्र ! तुम्हें हम हवियों से प्रसन्न करते हैं। तुम सोम से तृप्त होकर हमारी स्तुतियां स्वीकार करो ।। १ ।।

हे इन्द्र ! तुम्हारे बैठने के लिए यह स्थान बनाया है। हे बहुतों से पुकारे हुए मरुद्गण-सहित उस स्थान पर विराजिए। हमारे रक्षक और वर्धक होइए। हमें धन दीजिए और सोमों से तुष्ट होइए ।। २ ।।

हे इन्द्र ! तुम जल वाले मेघ को विदीर्ण करते हो। मेघ में जल निकलने के स्थान को बनाते हो। जल वाले समुद्रों को स्थिर जल वाले बनाते हो। जलदायक मेघों को नष्ट करते हो और उनसे जल प्रवाहों को बरसाते हो और जल को रोकने वाले बड़े पर्वतों को नष्ट करते हो।। ३।।

हे इन्द्र ! सोम निष्पन्नकर्ता ! हम तुम्हारी स्तुति करते हैं। धनदाता तुमको पुरोडाश देते हैं। अतः तुम हमें श्रेष्ठ, कमनीय धन प्रदान करो। तुम्हारे बहुत-से धनों को तो हम तुम्हारी कृपा मात्र से प्राप्त कर लेते हैं ।। ४।।

हे धन के स्वामी ! हम तुम्हारे दक्षिण हाथ को कामना से पकड़ते हैं। हे पराक्रमी इन्द्र ! हम तुम्हें गौओं का स्वामी जानते हैं। हमें अभीष्ट फल का दान प्रदान कीजिए ।। ५।।

हम संग्राम में रक्षा करने वाले कर्म को प्रयुक्त करते हैं, रक्षार्थ इन्द्र को आहूत करते हैं। ऐसे इन्द्र हमारे द्वारा याचना करने पर हमें पशुओं से सम्पन्न गोष्ठ वाला बनाएं ।।६।।

सूर्य किरण जैसे सूर्य का आश्रय लेती हैं, उसी प्रकार यज्ञप्रिय ऋषि इन्द्र से याचना करते हैं कि अन्यायान्धकार को दूर कीजिए। न्याय का प्रकाश कीजिए। बन्धन से बंधे हमें छुड़ाइए ।। ७।।

जिस प्रकार द्युलोक में प्रकाश करने वाले, ज्योतिर्मय पंखवाले, वृष्टिकारक वायु के लाने वाले, विद्युत-अग्नि के स्थान में वर्तमान, पक्षि तुल्य, सूर्य को हृदय से चाहते हुए देखते हैं, उसी प्रकार हे इन्द्र ! हम आपको देखते हैं ।। ८।।

इन्द्र (परमेश्वर) ने सृष्टि के आरम्भ में प्रथम उत्पन्न हुए सूर्य मंडल को विस्तृत किया है। उसी से उत्पन्न हुए और भविष्य में उत्पन्न होने वाले प्राणियों के स्थान को बनाया ।। ९।।

महान्, पराक्रमी, वीर, शीघ्रकर्मा, स्तुत्य, प्रबुद्ध और वज्रधारी इन्द्र के लिए स्तोता अति सुखदायक एवं नवीन स्तोत्रों का उच्चारण करते हैं ।। १०।।

दशमी दशति

यदि सामने से भागा तामसी शत्रु नदी आदि की शरण में ठहरे, तो दस हजार सेना (बहुत-सी सेना) सहित बुद्धि और पुरुषार्थ से इन्द्र उस शत्रु को जीवित बचाये तथा शत्रु सेना को भगाये और नष्ट करे ।। १।।

हे इन्द्र ! विश्वेदेवा तुम्हारे सहायक मित्र थे। वे सब वृत्र के भय से भाग गये और तुम्हारा साथ छोड़ दिया; किन्तु मरुद्गण ने साथ न छोड़ा। तुम उन मरुतों से मित्रता रखो। इस प्रकार शत्रुओं पर विजय प्राप्त करो ।। २।।

शीघ्रगामी, नक्षत्रों के बीच रहने वाले नवीन तेजस्वी चन्द्रमा को वृद्ध सूर्य निगल जाता है। अगले दिन उस चन्द्रमा की कलाएं पूर्ण हो जाती हैं। इसी प्रकार जो वीर आज संग्राम में मृत्यु को प्राप्त हुए हैं, वे कल जन्म लेकर अर्पण किए शुभ धर्म का फल प्राप्त करेंगे। इन्द्र (परमेश्वर) के इस चातुर्य को गहरे भाव से देख ।। ३।।

हे इन्द्र ! तुम पराक्रमी होकर ही प्रकट होते हो। तुमने ही सात राक्षसों की सात पुरियों को नष्ट किया और अन्धकार से ढके द्यूलोक और पृथ्वी लोक को सूर्य से प्रकाशित किया ।। ४।।

हे इन्द्र ! तुम हमारे शत्रुओं को नष्ट करने वाले हो। तुम मेघों के प्रेरक, जलों के धारक, कामनाओं के वर्धक, दृढ़ वज्रधारी हो। मेरी स्तुतियां तुम तक पहुंचें ।। ५।।

हे ऋत्विजो ! धन-वृद्धि करने वाले इन्द्र को सोम अर्पित करो। अत्यन्त ज्ञानी इन्द्र की स्तुति करो। हे इन्द्र ! तुम अभीष्ट पूरक हो। अतः छविदाता मनुष्यों के समक्ष आओ ।। ६।।

अन्नदान देने वाले, युद्ध में विजय दिलाने वाले विश्व के स्वामी इन्द्र का हम आह्वान करते हैं। इन्द्र शत्रुभयकारी, राक्षसहन्ता, शत्रु-धन विजेता हैं, हम ऐसे तुम्हें रक्षा के लिए आहूत करते हैं ।। ७।।

हे ऋषियो ! इन्द्र के लिए स्तोत्रा और हवि अर्पित करो। अपने यज्ञ में इनका पूजन करो। जो इन्द्र सब लोकों को अपनी महिमा से बढ़ाते हैं, वे हमारे स्तोत्र को सुनें ।। ८।।

इन्द्र का शस्त्र मेघ-हनन के लिए अन्तरिक्ष में स्थित हुआ। उसने इन्द्र के निमित्त जल को वश में किया। पृथिवी में सिंचित जल और ओषधियों में व्याप्त हुआ ।। ९।।

एकादशी दशति

उन धान्यादि के दाता सोम को लाने के लिए देवताओं के द्वारा प्रेरित रथों को युद्ध-क्षेत्र में लाने वाले शत्रु-विजेता, द्रुतगामी तार्क्ष्य को हम कल्याण के निमित्त आहुति देते हैं ।। १।।

रक्षक इन्द्र को मैं पुकारता हूं। अभीष्ट-पूरक इन्द्र का मैं आह्वान करता हूं। वे इन्द्र हमारे हव्य का सेवन करें ।। २।।

दक्षिण हाथ में व्रज धारण करने वाले, कर्म वाले, हर्यश्वों को रथ में जोड़ने वाले इन्द्र की हम उपासना करते हैं। सोमपान के पश्चात् आनन्द में दाढ़ी-मूछों को हिलाते हुए, वे इन्द्र हमें विभिन्न धनों को प्रदान करने वाले हैं ।। ३।।

शत्रु-हन्ता, शत्रु-तिरस्कारक, काम्यवर्षक, शत्रुओं को दूर करने वाले वज्रधारी इन्द्र की हम स्तोता स्तुति करते हैं। वे वृत्रहन्ता, अन्नदाता और श्रेष्ठ धनों के दाता हैं ।। ४।।

हमें हिंसित करने की इच्छा वाला, हम पर आक्रमण करने वाला, अपने को महान् समझने वाला, जो शत्रु हमें क्षीण करने वाले शस्त्रों को लेकर हम पर चढ़ाई करे, उसे हम भली प्रकार तिरस्कृत करें ।। ५।।

क्रुद्ध मनुष्य जिन्हें पुकारते हैं, परस्पर हिंसा करने वाले जन, जिन्हें पुकारते हैं, जल की इच्छा करने वाले जन जिन्हें पुकारते हैं तथा मेधावीजन जिन्हें हवि भेंट करते हैं, वे इन्द्र ही हैं ।। ६।।

हे इन्द्र ! तुम विशाल रथ के द्वारा आकर हमें प्रार्थित अन्न प्रदान करो। हमारे यज्ञों में आकर हवि का भक्षण करो तथा उस हवि से तृप्त होते हुए हमारी स्तुतियों से प्रवृद्ध हो ।। ७ ।।

इन्द्र के निमित्त जो स्तुतियां निरंतर उच्चरित होती हैं, उनसे प्रसन्न होकर वे जलों को प्रेरित करते हैं और द्युलोक तथा पृथिवी लोक को रथ के चक्रों के समान स्थिर रखते हैं ।। ८ ।।

स्तोताजन, हे इन्द्र ! तुम्हें स्तुतियों से अभिमुख करते हैं। तुम अन्तरिक्ष में व्याप रहे हो। हमारे यज्ञ में तेज से दीप्त इन्द्र हमें सुसन्तान दें ।। ९ ।।

मेघस्थजल रूपी रथ में जल को ले जाने वाले पुरुषार्थी अश्व कौन जोड़ता है। अतः जो यजमान इन्द्र के मुख में पोषक हव्य भरे, वह चिरजीवी हो ।। १० ।।

द्वादशी दशति

हे बहुकर्मा इन्द्र ! ज्ञान में कुशल आपका हम यश गाते हैं। पूजा में कुशल आपको पूजते हैं। यज्ञ के ब्रह्मा आपकी स्तुति करते हैं ।। १ ।।

सब वाणियां आकाशव्यापी, रथ वालों में महारथी, बलरक्षक, पदार्थों के स्वामी इन्द्र के गुणों का वर्णन करें ।। २ ।।

हे इन्द्र (परमेश्वर) ! इस तरह सिद्ध दिव्य सोम को स्वीकारिए। मुझ पवित्र के हृदय में आपको सत्य की धाराएं प्राप्त हों ।। ३ ।।

दुष्टों के दण्डदाता, विपुल धन से धनी, विचित्र गुण-कर्म-स्वभाव वाले हे इन्द्र ! जो धन मुझे प्राप्त नहीं है, उसे आप दोनों हाथों से दें ।। ४ ।।

हे इन्द्र ! (परमेश्वर) ! आप महान् हैं। आपकी जो उपासना करता और जो आपकी आज्ञानुसार चलता है, इसकी पुकार सुनकर उसे धन दीजिए ।। ५ ।।

हे अति बलवान् ! पापियों के घर्षक इन्द्र (परमेश्वर) ! रक्षार्थ आप हमें प्राप्त हों। आपकी प्रसन्नता के लिए हमने शान्त-भाव उत्पन्न किया है। हमारा मन आपमें ऐसे लगे, जैसे सूर्य-किरणों से पृथिवी के पदार्थों में धूलि लगती है ।। ६ ।।

हे सुख में वास करने वाले इन्द्र ! हमें सुख प्रदान कराइए और हमारे द्वारा की गई सुप्रशंसा को प्राप्त कीजिए ।। ७ ।।

पुत्रतुल्य हमारी प्रशंसा-वाणी आप तक उसी प्रकार शीघ्र पहुंचती हैं, जैसे रथी शीघ्र चलता है, जैसे गाय बछड़े को देखकर रंभाती है ।। ८ ।।

हे मित्रो ! आओ, आओ। पवित्र साम-गान तथा पवित्र स्तोत्रों से अति महान् एवं पवित्र इन्द्र की स्तुति करो। वह आशीर्वाद देता हुआ हम पर शीघ्र प्रसन्न हो ।। ९ ।।

हे अन्नदाता इन्द्र ! (परमेश्वर) धनों से धनी और यशों से यशस्वी जनों को देखकर आपका शांत स्वभाव उसी प्रकार प्रसन्न हो, जैसे पुत्रों को समृद्ध देख पिता प्रसन्न होता है ।। १० ।।

चतुर्थाध्याय

प्रथमा दशति

हे अध्वर्युओ ! सोमपान की कामना वाले, ऐश्वर्यवान् ज्ञानवान्, विद्यापारंगत, यज्ञों में गमनशील, अग्रगामी इन्द्र के लिए सब वस्तुएं अर्पित करो ।। १।।

हे इन्द्र ! हमारी आयु बढ़े । अन्तःस्थित आत्मा बढ़े और क्रमागत बुद्धित्व बढ़े । हमारे उग्र वचनों को दूर कीजिए ।। २।।

जैसे रथ को रक्षा के लिए भ्रमण कराते हैं, उसी प्रकार अपनी रक्षा और सुख के लिए आत्मिक बलयुक्त, बहुकर्मा, दुष्टदमनकारी, सत्पुरुष पालक, ऐश्वर्य युक्त हे इन्द्र ! हम आपको भ्रमण कराते हैं ।। ३।।

हे विद्वान् इन्द्र ! अपने मेधावी कर्मों से आप पूज्यों में पहचाने जाते हैं । आपके द्वारा मनुष्य बुद्धियों को प्राप्त करता है और विद्वानों में पितृतुल्य पूज्य हो जाता है ।। ४।।

जहां रथादि विभिन्न मार्गों में विराजमान और हर्षकारक, मधुर-सोमपायी शीघ्रगामी मरुत् और इन्द्र को सहचर वर्ग पहुंचाते हैं, वहीं अन्न-धन और यश आ जाते हैं ।। ५।।

उस अहिंसक, बली, ऐश्वर्यवान, सब पर प्रभावी, नेता, अति बुद्धिमान्, सर्वधनों वाले इन्द्र और उनके सहचरों की मैं स्तुति करता हूं ।। ६।।

हे ऐश्वर्यमान् ! आपके उपदेश से जयशील, शीघ्रगामी, बलवान दधिक्रावा नामक अग्नि की परिचर्या करूं, जिससे वह हमारे मुखादि अंगों को सुगन्धियुक्त करे और हमारी आयुओं को बढ़ाये ।। ७।।

उस दीर्घक्रावा अग्नि में प्रयोग करने से मेघरूपी नगरों का भेदक, युवा, गर्जनशील, असीमबल युक्त, सब कार्यों को धारक, वज्रधारक, वेदों में अधिकता से वीरगति इन्द्र प्रकट होते हैं ।। ८।।

द्वितीया दशति

हे यजमानो और ऋत्विजो ! तुम वीरवन्दित वर्षा से पृथिवी को भिगोने वाले इन्द्र के लिए त्रिष्टुप्-स्योम वाले साम का गान करो । और सोमादि अन्न की आहुति दो । वह कर्म से तुमको तथा आकाश और पृथिवी को यज्ञ-भाग बांटने के लिए सेवित करता है ।। १।।

स्वर्गलोक के जानने वाले ज्ञानवान् योगी योगयज्ञ को निश्चित करके यह कहते हैं कि इन्द्र के ये जो अश्व हैं, जिनमें सभी यश कर्म हैं, जिनमें सभी कर्म हैं, उन्हें तुम जानो ।। २।।

हे अध्वर्युओ ! इन्द्र का पूजन करो । यज्ञ-कर्म के प्रेमी उपासकों के अभीष्टपूरक शत्रु-तिरस्कारक इन्द्र का बारम्बार पूजन करो ।। ३।।

हे मित्रो ! जिस प्रकार पिता पुत्रों में और मित्र मित्रों में उपदेश करता है,

उसी प्रकार अत्यन्त व्याप्ति वाले, अपने लिए कहने योग्य, वृद्धिकारक पूर्णमन्त्र में कहे गए वचनों का हमें उपदेश करता है ।। ४।।

हे मनुष्यो ! सबके नेता, कभी न झुकने वाले बल में स्वामी इन्द्र को रथादि यानों और सैनिकों की गमनकाल में रक्षा के लिए आहूत करता हूं ।। ५।।

शांत भाव से अपने कर्म में लगा हुआ दिव्य गुण स्तोता इन्द्र की रक्षा रहित होकर शत्रुओं को पाप के समान लांघ जाता है ।। ६।।

हे शुभ दान के दाता बहुकर्मा, सबके देखने वाले इन्द्र ! तुम्हारा बहुत धन का बड़ा दान है अतः हमको धन दीजिए ।। ७।।

हे शुभ वर्ण वाली उषा ! तेरे आगमन को देखकर मनुष्य, पशु और पक्षी अनेक दिशाओं में गमन करते हैं ।। ८।।

ये जो आकाशगत प्रकाश में लोक हैं, क्या इनमें भी देव-वाणी है? क्या यज्ञ-सामग्री है ? क्या सनातनी यज्ञ-क्रिया है ? वेदमन्त्र और सामगान यज्ञ-मण्डप में विराजते हैं और वायु आदि देवताओं का यज्ञ-भाग पहुंचाते हैं ।। ९।।

तृतीया दशति

मनुष्य साथ मिलकर सब शत्रुओं को तिरस्कृत करने वाले, श्रेष्ठ और अतिस्थिर सिंहासन पर आरूढ़ शत्रुगणमारक, तेजस्वी, प्रतापी, बली, वेगवान् इन्द्र को (राजा को) बनाएं। उसको राज्य करने तथा यज्ञ करने के लिए शस्त्रादि से सज्जित करें ।। १।।

हे तेजस्वी राजा ! आपके मुख्य और विस्तृत तेज का मैं आदर करता हूं। जिस प्रताप से तुम मनुष्यों के कर्म में विघ्नकारक दुष्टजन को मारते हो, उस आपके बल से द्युलोक और पृथिवीलोक हमारे अनुकूल बनें ।। २।।

हे प्राणियों ! स्वर्ग के तथा शक्ति के स्वामी इन्द्र को स्तोत्र और हवि से प्राप्त करो। वे पुराण पुरुष इन्द्र, जो यजमानों के पूज्य हैं, शत्रु-जय की कामना वाले स्तोता को विजय-पथ पर अग्रसर करें ।। ३।।

अनेक द्वारा स्तुति और अति ऐश्वर्य वाले हे इन्द्र (परमेश्वर) ! प्रत्यक्ष और परोक्ष सब मनुष्य आपके ही हैं और आपका अवलम्बन लेकर ही चलते हैं। आपके अतिरिक्त कोई और हमारी वाणियों में नहीं व्याप सकता हैं। अतः हमारा स्तोत्र उसी प्रकार स्वीकार कीजिए जैसे पृथ्वी सब प्राणियों को स्वीकार करती है ।। ४।।

हमारी वाणी मनुष्यों के धारक, प्रशंसनीय, धन और बल में बड़े प्रसिद्ध अमर प्रतिदिन स्तुत किये जाने वाले इन्द्र (परमेश्वर) की स्तुति करें ।। ५।।

हे मनुष्यो ! तुम्हारी परमानन्द की इच्छुक, सरल, कामना करने वाली सम्पूर्ण बुद्धियां इन्द्र (परमेश्वर) की भली प्रकार स्तुति उसी प्रकार करें, जैसे धन-धान्य के लिए धनवान् की स्तुति की जाती है और जैसे स्त्रियां पति का आलिंगन करती हैं ।। ६।।

हे मनुष्यो ! प्रसिद्ध कामपूरक, धन के समुद्र, ऋचाओं से जानने योग्य उस

इन्द्र (परमात्मा) का भली-प्रकार स्तुति करो, जिसकी ज्योति मनुष्यों में व्यापक है। परमानन्द की प्राप्ति के लिए उस पूजनीय की पूजा करो ।। ७ ।।

जिसकी असंख्य भूमियां (लोक) परस्पर न टकराते हुए एक साथ घूम रही हैं और वे (लोक-लोकान्तर) इन्द्र (परमात्मा) में इस प्रकार वर्तमान हैं, जैसे रथ पर बैठे लोग अपने-अपने अभीष्ट स्थान को पहुंचते हैं और कोई किसी से टकराता नहीं है। उस कामना पूरक, आनन्ददाता इन्द्र (परमेश्वर) की भली प्रकार पूजा कर ।। ८ ।।

हे वरुण ! (परमेश्वर) उदक वाले, लोकों को धारण करने वाले, बड़े विस्तार वाले, जल को पूरित करने वाले, सुन्दर रूप वाले, द्युलोक और पृथिवी लोक आपके द्वारा धारण करने से ही ठहरे हुए हैं ।। ६ ।।

हे इन्द्र ! जैसे उषा अपने प्रकाश से सब संसार को भर देती है, वैसे द्यावा पृथिवी को आप अपने तेज से भरते हैं। इस प्रकार के महान् से भी महान् मनुष्यों के स्वामी तुम इन्द्र को अदिति ने उत्पन्न किया है, अतः वह जननियों में महान् हैं ।। १० ।।

हे ऋत्विजो ! इन्द्र के निमित्त हवियुक्त स्तुति का उच्चारण करो। जो इन्द्र काले मेघ के गर्भ में विद्यमान जल को अपनी सरल बुद्धि से गिराता है। वृष्टिकारक, वज्रहस्त इस इन्द्र को मरुद्गण सहित हम उनकी अनुकूलता के लिए और अपनी रक्षा के लिए आहूत करते हैं ।। ११ ।।

चतुर्थी दशति

हे इन्द्र ! (परमेश्वर) सोम तैयार होने पर स्तोत्रयुक्त यज्ञ को आप पवित्र करते हैं। वह यज्ञ महान् बल-प्राप्ति के लिए महान् है ।। १ ।।

हे उद्गाताओ ! प्रसिद्ध, बहुस्तुत महान् उस इन्द्र (परमेश्वर) की मुख्य रूप से स्तुति करो और वाणियों से सेवित करो ।। २ ।।

हे मेघों और पर्वतों के स्वामी इन्द्र (परमेश्वर) ! इसे आपके कामनापूरक, शत्रुनाशक, लोककर्ता, व्यापक शोभा वाले आनन्दमय स्वरूप की हम प्रशंसा करते हैं ।। ३ ।।

हे इन्द्र (परमेश्वर) ! सर्वव्यापक आपमें जो अमृत है, अप्रायोगियों को प्राप्त जो अमृत है, प्राणों में जो अमृत है अथवा अन्यत्र जहां-जहां भी अमृत है, वहां-वहां आप ही अपने अमृत से आनन्दित करते हैं ।। ४ ।।

हे अध्वर्यु ! हर्षदायक सोम के अति आनन्द दायक रस को इन्द्र के लिए ही सींचो। यह समर्थ इन्द्र स्तोत्रों से पूजित होते हैं ।। ५ ।।

हे ऋत्विजो ! इन्द्र के लिए सोमरस का हवन करो। वह सोमरस को पीता है और अपनी बुद्धि से धन-धान्य को वृद्धि के हेतु प्रेरित करता है ।। ६ ।।

हे मित्रो ! आइए, आइए । जो अकेला ही सबको तिरस्कृत करने में समर्थ है, उस स्तुति-योग्य, सबके नायक इन्द्र की शीघ्र स्तुति करें ।। ७ ।।

वेदकर्ता, ज्ञानदाता, मेधावी, सर्वज्ञ, महान्, पूजनीय इन्द्र के लिए वृहत्साम गान करें ।। ८ ।।

हविदाता यजमान को जो धन देते हैं वे अकेले इन्द्र (परमेश्वर) ही सम्पूर्ण विश्व के स्वामी हैं ।। ६ ।।

हे ऋत्विजो ! हम वज्रधारी इन्द्र की स्तुति करते हैं। तुम सबके लिए मैं शत्रु तिरस्कारक इन्द्र की स्तुति करता हूं ।। १० ।।

<h2 style="text-align:center">पंचम प्रपाठक</h2>

पंचमी दशति

हे कर्मों के पति इन्द्र (परमेश्वर) ! तेरे इस बल को योग-यज्ञ के लिए आकृष्टतापूर्वक वर्णन करता हूं। जिस बल से तू पाप अथवा मेघों का हनन करता है ।। १ ।।

हे इन्द्र ! जिसके हर्ष से पृथिवी से निकलने वाली उषा को शान्त करने के लिए तुम मेघ को गिराते हो वह सोम तेरे लिए खींचता है। इस हवन किए हुए को पान कर ।। २ ।।

हमारे प्रिय, सब मेघों को जीतने वाले, प्रकाशमय, मेघ के समान सब ओर फैले हुए अन्तरिक्ष पालक इन्द्र सब ओर व्याप्त हैं ।। ३ ।।

हे बलिष्ठ इन्द्र ! जो तेरा हर्ष तीव्र होता है और जिससे सोम को अत्यन्त पीने वाला तू मेघ को गिराता है उस तेरे हर्ष को हम चाहते हैं ।। ४ ।।

हे आदित्यो ! हमारे पुत्र-पौत्रादि के जीवन के निमित्त दीर्घायु प्रदान कीजिए ।। ५ ।।

हे वज्रहस्त आदित्य ! शोधक तुम प्रतिदिन अधिकार का वर्णन करना अवश्य जानते हो, जैसे प्रातःकाल चारों ओर जाने वाले पक्षी अपना घोंसला छोड़ना जानते हैं ।। ६ ।।

हे आदित्य ! हमारे रोगों को दूर करो। शत्रु को हमारे पास से भागओ। दुःखदाता को हमसे दूर करो। हमें पाप से मुक्त करो ।। ७ ।।

हे इन्द्र ! सोमाभिषव करने वाले बाहुओं से यह पाषाण उसी प्रकार सोम को अभियुत करता है जैसे सारथि से प्रेरित अश्व अभीष्ट स्थान को पहुंचाता है। उस सोम को ग्रहण करो। यह तुम्हें प्रसन्नता दे ।। ८ ।।

षष्टी दशति

हे इन्द्र, तुम जन्म से ही बान्धव-रहित, शत्रुरहित और अन्य के प्रभुत्व से रहित हो। जब तुम उपासक की रक्षा करना चाहते हो, तब उसके मित्र हो जाते हो ।।१।।

हे मित्रो ! जिस इन्द्र की तुम्हारे धन, लाभ और रक्षा के लिए स्तुति करता है ।। २ ।।

हे मरुद्गणो ! उलटे मत लौटो। युद्ध-विमुख न होओ। शत्रुओं को वश में लाने वाले तुम क्रोध सहित शत्रुओं को मारो ।। ३।।

अश्वों, गौओं और अन्नवती पृथिवी के स्वामी हे इन्द्र ! तुम्हारे निमित्त सोम प्रस्तुत है, यहां आकर उसका पान करो ।। ४।।

हे अभीष्टवर्षा इन्द्र ! तुम हमें ओज और धन प्रदान को। तुम बल से शत्रु-सेना को दबाते हो। हम तुम्हारा आह्वान करते हैं ।। ५।।

हे मरुद्गण ! आप सभी समान तेज वाले होने से परस्पर भाई-भाई के समान दिशाओं में व्यापते हो; उसी प्रकार, जैसे समान जाति वाली सूर्य की किरणें अथवा गायें समान जाति की होकर दिशाओं में व्यापती हैं ।। ६।।

हे बहुकर्मा इन्द्र (राजा) तुम हमें ओज और धन प्रदान करो। तुम अपने बल से शत्रु-सेना को दबाओ ।। ७।।

हे वाणी से सेवनीय इन्द्र ! आपसे जब हम याचना करते हैं, तभी अभीष्ट को पा जाते हैं, उसी प्रकार जैसे जल में जब प्रवेश करते हैं, तभी जल से भीग जाते हैं ।। ८।।

हे इन्द्र ! पृथिवी पर पके मधुर रस वाले, हर्षकारक धान्यादि पर जैसे पक्षिगण आते हैं उसी प्रकार सुखेच्छु हम लोग आप को प्राप्त करते हैं और प्रणाम करते हैं।। ६।।

हे वज्रधारी इन्द्र ! (हे राजन्) ! विविध कर्म वाले हम आपको सोम से पुष्ट करते हुए अपनी रक्षा के लिए आपको ही पुकारते हैं। जैसे धान्यादि रखने के कुठले को भरते हैं कि आवश्यकता के समय इससे प्राण-रक्षा करें ।। १०।।

सप्तमी दशति

श्वेत वर्ण वाली गौएं यज्ञों में निष्पन्न होने वाले मधुर सोम का पान करती हैं। वे गौएं अभीष्ट वर्धक इन्द्र का अनुगमन करती हुई सुखी होती हैं। और दूध देती हुई अपने स्वामी के राज्यों में निवास करती हैं ।। १।।

हे बलिष्ठ वज्रधारी इन्द्र ! (हे राजन्) जिस प्रकार सोमरस हर्ष देता है और अधिक वर्धन करता है, इसी प्रकार आप भी अपने बल से दस्युवर्ग को अपने राज्य से दूर भगाइए और अपने राज्य का अधिक वर्धन कीजिए ।। २।।

वृत्रहन्ता इन्द्र (उपद्रवियों का नाशक राजा) हर्ष और बल के लिए वीर पुरुषों के साथ आगे बढ़ता है। ऐसे ही राजा को बड़े संग्रामों और छोटे उपद्रवों में पुकारते हैं। वह बड़े संग्रामों में और छोटे उपद्रवों में हमारी रक्षा करे ।। ३।।

हे मेघतुल्य दुर्गों वाले, हे शंस्त्रास्त्र वाले इन्द्र ! (राजन्) ! आपका वह स्वाभाविक पुरुषार्थ आपके ही तुल्य है, जिससे मायावी शत्रु को आप बुद्धि-चातुर्य से मारते हैं ।। ४।।

हे इन्द्र (हे राजन्) ! उच्च भाव को प्राप्त होकर शत्रुओं का सामना और उनका तिरस्कार कीजिए। आपके वज्र-प्रहार का शत्रु उत्तर नहीं दे पाते। आपका बल

ही धन है, क्योंकि राज-बल से ही धन की वृद्धि और रक्षा होती है। अतः शत्रु का हनन कीजिए ॥ ५ ॥

हे इन्द्र ! (हे राजन्) युद्ध के उपस्थित होने पर जो शत्रु को जीतता है, उसे ही धन मिलता है। ऐसे संग्रामों में शत्रु के अहंकार का नाश करने वाले अपने अश्वों को योजित कीजिए। अपने विरोधी को मारिए और उपासक को धन दीजिए ॥ ६ ॥

हे इन्द्र ! (हे राजन्) ! आप अपने अश्वों को विजयार्थ शीघ्र छोड़िए, जिससे प्रिय, स्वयं प्रकाश करने वाले, मेधावी विद्वान् भोगों को प्राप्त हों, प्रसन्न हों और अत्यन्त नूतन-वृद्धि को प्राप्त करते हुए आपकी प्रशंसा करें ॥ ७ ॥

हे इन्द्र ! (हे राजन्) ! हमारी प्रार्थनाएं भली प्रकार श्रवण कीजिए तथा कभी प्रतिकूल मत होइए। हमको सत्य एवं प्रिय वाणी वाला ही कर दीजिए। यही प्रार्थना हम आपसे करते हैं ॥ ८ ॥

जल-युक्त अन्तरिक्ष-मण्डल में वर्तमान सूर्य-रश्मियां चन्द्रलोक और स्वर्गलोक में समान रूप से गमन करती हैं। ऐसी रश्मियो ! तुम स्वर्ग की नोक के समान नोक वाली हो। तुम्हारे चरणरूप अग्र भाग को मेरी इन्द्रियां पकड़ नहीं सकतीं। हे द्यावा-पृथिवी ! तुम मेरी स्तुति को जानो ॥ ९ ॥

हे अश्विद्वय ! तुम्हारे फलस्वरूप और धनवाहक रथ को स्तोता ऋषि स्तोत्रों से सुशोभित करता है। अतः हे मधु विद्या के ज्ञाताओ ! इस बात को सुनो ॥ १० ॥

अष्टमी दशति

हे अग्नि ! तुम ज्योतिर्मान और अजर हो। हम तुम्हें भली प्रकार प्रज्वलित करते हैं। तुम्हारी स्तुतियोग्य ज्योति स्वर्ग में भी चमकती है तुम हम स्तोताओं को धन प्रदान करो ॥ १ ॥

हे अग्नि ! (परमेश्वर) ! आप महान् हैं। अतः व्यापक-शोधक प्रकाश वाले, उस अग्नि को, जिससे यज्ञ का विस्तार होता है, कर्मकाण्डी लोग वरण करते हैं, उसी प्रकार आनन्द निमित्त अपनी स्तुतियों से हम ज्ञानकाण्डी लोग भी आपका वरण करते हैं ॥ २ ॥

जिस उषा के आगमन पर यथार्थ श्रवणादि व्यवहार होने लगता है, जो शोभावती है, जिसके आने पर पक्षी-आदि के प्रिय शब्द होने लगते हैं, जो विस्तार वाली है, वह प्रकाशवती उषा जैसे हमको पहले जगाती रही है उसी प्रकार अब भी धन-धान्य प्राप्ति के लिए जगाये ॥ ३ ॥

हे सोम ! तुम महान् हो। विशिष्ट सुखदायी होकर तुम हमारे मन, अन्तरात्मा और कर्म को कल्याणमय करो। यह स्तोता तुम्हारे मित्र हों, उसी प्रकार जैसे गायें घास से मित्रता करती हैं ॥ ४ ॥

कर्म से महान्, शत्रुओं को भयप्रद इन्द्र सोमपान के पश्चात् अपने बल को प्रकट करते हैं। फिर वे श्रेष्ठ नासिका वाले हर्यश्वान् इन्द्र अपने हाथों में समृद्धि-लाभ के लिए लौह वज्र धारण करते हैं ॥ ५ ॥

हे अभीष्टवर्षक, पृथ्वी के राज्य के प्रापक इन्द्र ! तुम्हारा जो अधिकारी घोड़ों को

रथ में ठीक-ठीक जोड़ना जानता है, उससे अपने रथ में घोड़े जुड़वाइए ।। ६।।

अग्नि की मैं स्तुति करता हूं। अस्त्रों में प्रयुक्त जिस (अग्नि) को गौएं प्राप्त होती हैं, जिसको शीघ्रगामी, शिक्षित अश्व प्राप्त होते हैं, जिस अस्त्रादि में फेंके हुए को चिरस्थायी रत्नादि पदार्थ प्राप्त होते हैं। हे अग्नि ! स्तोताओं की अन्नादि की वृत्ति पूर्ण कीजिए ।। ७।।

हे देवगण ! शत्रुओं को दण्ड देने वाले अर्यमा, मित्र और वरुण शत्रुओं से रक्षा करके जिसकी उन्नति करते हैं, उस जन को न तो पाप और न पापजनित दुःख व्यापता है ।। ८।।

नवमी दशति

हे सोम ! (हे परमेश्वर) ! अकथनीय रस वाले आप मित्र, भग और पूषा के लिए सब पात्रों से स्रवित हो आनन्द बरसाओ ।। १।।

हे सोम ! (परमात्मा) ! हमारे ऋणों को दूर करने वाले, सहनशील ! आप हमारे बल-लाभ के लिए अवश्य उत्तम आनन्द सब ओर से बरसाइए और द्वेष करने वाले, विघ्न डालने वाले शत्रुओं को नष्ट कीजिए ।। २।।

हे सोम ! (हे परमात्मन) ! आप महान् प्रवाहमान् हैं। देवताओं के पिता आप सब धर्मों को सर्वतः पवित्र कीजिए ।। ३।।

हे सोम ! (हे परमात्मन) ! शुद्ध स्वरूप, विद्युत के समान बलिष्ठ आप विपुल-बल और धन के लिए, हमारे व्यवहारों को शुद्ध कीजिए ।। ४।।

चारु, परम ऐश्वर्यवान्, मेधावी हे सोम ! (हे परमात्मन) ! कर्मों के उपस्थान में आनन्द और धन आदि में ऐश्वर्य के लिए हमको पवित्र कीजिए ।। ५।।

हे सोम ! (हे परमात्मन) ! जहां सब मनुष्य समान हों, ऐसे हृदय-राज्य में साक्षात् किए आपको ही हर्ष और आनन्द के लिए हम प्राप्त करें। हे पवित्रकारक ! आप सर्वतः बलों को विलोकित करते हों ।। ६।।

हे सोम ! आप जैसा प्रभुत्व सम्पन्न, कान्तिमान्, समान स्थान वाला कौन है, जो दीन स्तोता के लिए अपने बन जाते हैं ।। ७।।

हे अग्नि ! (हे परमात्मन) ! अश्व के समान हविवाहक आपको प्राप्त कराने वाले आपके गुण-कीर्ति से आज यज्ञ के दिन हम हृदय के प्यारे आनन्द को बढ़ायें ।। ८।।

प्रकाशमान घूस्थान के भौतिक देवताओं के प्रेरक देव अग्नि के यज्ञ को हम वश-पुष्टि पर्यन्त करें। हे यजमानो ! (यज्ञ करके) सुख-विशेष एवं उच्चता को प्राप्त करो ।। ९।।

हे सोम ! तुम अन्नवान्, पुष्टिमान्, सुधारक, महान् और क्रमपूर्वक सम्पादित होने वाले हो ।। १०।।

दशमी दशति

हे सब ओर से दाता इन्द्र ! (हे परमात्मन) ! हमको सब ओर से पुष्ट करो। आप बलिष्ठ से हम याचना करते हैं ।। १।।

यह भक्त वृद्धिकारक, प्रत्येक ऋतु में हितकारी, जो इन्द्र नाम से विख्यात है, उसकी मैं स्तुति करता हूं ।। २ ।।

सबको मारने वाले पाप को नष्ट करने के लिए वेदवेत्ता लोग इन्द्र (परमेश्वर) की पूजा करते हैं ।। ३ ।।

मनुष्य शीघ्र मोक्ष प्राप्त्यर्थ आपको रथ (साधन) बनाते हैं । हे बहुतों से स्तुत्य इन्द्र (परमात्मन) विद्या से प्रदीप्त आपका वज्र तेजस्वी है ।। ४ ।।

हे इन्द्र ! (परमात्मन) ! यज्ञादि न करने वाला कृपण, धन को छूने भी नहीं पाता, अभीष्ट पदार्थों को नहीं पाता; परन्तु यज्ञादि कर्म में धन देने वाले के लिए कल्याण स्थान और धन प्राप्त होते हैं ।। ५ ।।

हे इन्द्र (परमेश्वर) ! जो विश्व का अन्नादि दान से पोषण करते हैं, पापाचरण नहीं करते, वे गुण युक्त सदा पवित्र रहते हैं, जैसे गौ सदा पवित्र रहती है ।। ६ ।।

हे परमेश्वर ! जब उषा देवता आयें, तभी हमारी गोरूप वाणियां दुग्ध भरे स्तनों रूपी स्तुतियों के मार्ग पर चलने लगे ।। ७ ।।

हे इन्द्र ! (हे परमात्मन) हम लोग आत्मिक आनन्दरूपी क्षेत्र में रहते हुए, विद्यादि धन की पुष्टि करें और आपका ध्यान करें ।। ८ ।।

यज्ञ के ऋत्विज स्तोताओं के द्वारा उच्चरित स्तोत्रों से पूजनीय इन्द्र (परमेश्वर) की स्तुति की जाती है और वह महाबली, वेदों में विख्यात इन्द्र (परमेश्वर) स्तुत किया जाता है ।। ६ ।।

शत्रुओं के विनाशक मेधावी इन्द्र (परमेश्वर) के लिए स्तोत्र को सुन्दरता से गाओ। वह तुम्हारे स्तोत्र से प्रसन्न होता है ।। १० ।।

एकादश दशति

जो रमणीय तेजरूप है, जो हव्य को स्थानान्तरों में पहुंचाता है, उस अग्नि के समान एक चेतन अग्नि (परमात्मा), है, जो उपासकों के द्वारा ज्ञात किया जाता है। वह ज्योति स्वरूप है और प्राणीमात्र के कर्मरूप हव्यों को पहुंचाने वाला है ।। १ ।।

हे अग्नि ! (हे परमात्मन) ! अन्तर्यामी होने से आप हमारे अत्यन्त समीप हैं। वरणीय, भजनीय आप हमारे रक्षक और सुखदायक होइए ।। २ ।।

सूर्य के समान तेजस्वी, महान् अग्नि (परमात्मा) अद्भुत स्वरूप वाला है और उपासकों को विद्यादि धन देता है ।। ३ ।।

जिसकी सर्वोत्तम स्तुति है, ऐसे हे इन्द्र ! (परमात्मन) ! तू यदि सबकी नगरी बसाता है, तो हमारी भी बसा ।। ४ ।।

हे परमेश्वर ! जिस प्रकार उषा अपनी बहन रात्रि के अन्धकार को दूर कर देती है, उसी प्रकार आप हमारे हृदय के अन्धकार को दूर कीजिए ।। ५ ।।

हे परमात्मन् ! अपने शोभन जन्म से इन्द्र, विश्वेदेवा और ये भुवन हमारे लिए सुख दें ।। ६ ।।

जिस प्रकार राजमार्ग से निकले छोटे-छोटे मार्ग हमें प्राप्त होते हैं, उसी प्रकार

आप से हमें विद्यादि का दान प्राप्त हो ।। ७।।

इस प्रार्थना से हम ईश्वर-दत्त बल को सम्मान पूर्वक लें और सुन्दर पुत्रादि युक्त हम सौ वर्ष पर्यन्त हर्ष को प्राप्त हों ।। ८।।

हे इन्द्र (हे परमेश्वर) ! आप तथा मित्र (सूर्य) और वरुण (वृष्टि-जल) रस से अन्नों को पुष्ट करो तथा हमारे लिए पुष्ट अन्न उत्पन्न करो ।। ९।।

इन्द्र (परमेश्वर) सब का राजा है ।। १०।।

द्वादश दशति

महान् बल और आकर्षण वाला सूर्य किससे तृप्त होता है ? ज्योति, गौ, आयु इन नामों वाले 'गवामयन' नामक यज्ञ के अभिप्लविक नामक तीन दिनों में सम्पादित किये गए सोमरस को, जिसमें यवधान्य के सत्तू मिले हुए होते हैं, सूर्य, विष्णु के साथ पीता है । वह सोम इसे तुष्ट करता है । वह दिव्य सोम इस सच्चे देव इन्द्र को सूर्य पहुंचाता है ।। १।।

सूर्य बहुत प्रकाश वाला है, और इसीलिए बुद्धिमानों की बुद्धि को जगाने वाला और धारक है । वह जब अपनी किरणों से जहां-जहां पृथ्वी, चन्द्र अथवा अन्य लोकों में प्रकाश करने वाली किरणें भेजता है, वहां-वहां तब-तब दिन होता है । इस प्रकार सूर्य से लोकों में प्रकाश संचित होता है ।। २।।

हे इन्द्र (परमेश्वर) ! जो तुमसे दूर हो गए हैं, ऐसे हमको आप उसी प्रकार प्राप्त हों, जैसे सूर्य, पृथ्वी को प्राप्त होता है; जैसे सज्जनों का पालक राजा न्याय के आसन को प्राप्त होता है । सोम उत्पन्न होने पर सोम को पिये हुए हम पूजनीयतम आपको उसी प्रकार पुकार रहे हैं, जैसे बालक बल अथवा अन्न-प्राप्ति के लिए पिता को पुकारते हैं ।। ३।।

अति धनवान, उग्र, अतिरस्कृत, सच्चे एवं बहुत यश के धारणकर्ता इन्द्र (परमेश्वर) को मैं बारम्बार पुकारता हूं । अतिदाता, वज्रधारी, पूजनीय, सब ओर वर्तमान वह इन्द्र (परमेश्वर) विद्यादि धनों की हमें प्राप्ति के लिए सब अच्छे मार्ग बताये ।। ४।।

हे इन्द्र ! बुद्धि से साक्षात् आह्नीय अग्नि मैं उत्तर वेदी के अग्रभाग में आधान करता हूं । हम उस अग्नि का वरण करते हैं । इन्द्र और वायु की स्तुति करते हैं । यह सब देव यज्ञस्थान में एकत्र हों, यजमान का अभीष्ट पूर्ण करते हैं । हमारे सभी कर्म तुम्हें प्राप्त होते हैं ।। ५।।

हे ज्ञानप्रापक, वेदज्ञाता ! बड़ाई के लिए, ऋत्विजों वाले यज्ञ के लिए, उत्तम बल के लिए, जिसमें यज्ञ करते हैं, उसके लिए, सुखभोग के लिए, स्फूर्ति-कल्याण, सुख-सम्पत्ति के लिए, चलने-फिरने के काम के लिए और मानव-बल के लिए तुम्हारी प्रार्थना में लगी बुद्धियां उच्च भाव को प्राप्त हों ।। ६।।

हे मनुष्य ! जैसे सूर्य अपनी रसाकर्षक द्युतिवाली किरणों से सब अन्धकारों को दूर करता है, ऐसे ही पवित्रात्मा द्वेषादि दुर्गुणों को ज्ञान से दूर करता है ।

जैसे रूपवान सूर्य की ज्योतिधारा चमकती है और सब रूप वाली वस्तुओं को सात रंगों के तेज से व्याप्त करती है, ऐसे ही पवित्रात्मा पुरुष की प्रशंसाएं सर्वत्र व्यापती हैं ।। ७ ।।

मनुष्य परमात्मा से निवेदन करता है—हे पिता ! सुखदायक, द्युलोक-पृथिवी-लोक के उत्पादक, सर्वज्ञ, सत्य-ऐश्वर्यवान्, रमणीय ज्ञान वाले, सबको प्यारे, विद्वानों के द्वारा मान्य, वेदोपदेष्टा आपको मैं सर्वतः पूजता हूं। आपके प्रकाश से प्रकृति उत्पत्ति-समय पर प्रकाशित हो जाती है। आप तेजःस्वरूप, सुकर्मा अपनी सामर्थ्य से फिर अन्य लोकों को रचते हैं ।। ८ ।।

हे इन्द्र ! (परमेश्वर) ! मैं अग्नि को होमसाधक, धनदाता, बल का पुत्र, ज्ञान का उत्पन्नकर्ता उसी प्रकार मानता हूं, जैसे विद्या का उत्पन्नकर्ता विद्वान होता है। वह प्रकाशमान एवं यज्ञ-सुधारक अग्नि देवताओं को हवन किए जाते हुए श्वेत घृत के पड़ते ही चमक के साथ ऊपर को जाता है ।। ६ ।।

हे सूर्यादि को नचाने वाले इन्द्र ! परमेश्वर ! आपको वह मनुष्य-हितकारी, प्रशंसनीय सनातन कर्म है, कि आपके बल से जीवित जो ईश्वरोपासक कर्मों को प्रारम्भ करे, तो वह देवविरोधी नामक पुरुषार्थ से तिरस्कार करता है, पराक्रम को पाता है और अन्नादि को प्राप्त करता है ।। १० ।।

अथ पंचमाध्याय

पावमान अथवा सौम्य पर्व (काण्ड)

प्रथमा दशति

हे सोम ! पृथिवी के जो मनुष्य सोम का पान करते हैं, वे स्वार्गिक सुख और यश को प्राप्त होते हैं ।। १ ।।

हे सोम ! तुम इन्द्र के पीने के लिए सम्पन्न किये गये हो, स्वादिष्ट और अति हर्षदायक धारसहित क्षरित हो ।। २ ।।

ओज-सहित सब गुणों को धारक किए हुये और हर्षकारक एव बल वृद्धिकारक हे सोम ! इन्द्र के लिए धार से प्राप्त हो ।। ३ ।।

हे सोम ! तुम्हारा रस देवताओं के द्वारा कामना किया हुआ, राक्षस-हन्ता एवं अत्यन्त हर्षप्रद है। उस रस-सहित कलश में आओ ।। ४ ।।

सोम-यज्ञ का वर्णन—ऋत्विज लोग ऋक्, यजुः और साम तीनों प्रकार की ऋचाओं का पाठ करते हैं। प्रातःकाल गो-दोहन के लिए गौएं रंभाती हैं तथा जलमय सोमरस की धार चिटचिटाती अग्नि में पड़ती है ।। ५ ।।

हे सोम ! अतिमाधुर्य इन्द्र के लिए प्राप्त हो। मैं यज्ञ की वेदी के समीप बैठता हूं।। ६ ।।

हर्ष-वृद्धि के लिए सोम खींचा जाता है। सोम पर्वत पर उत्पन्न होता है और

अन्तरिक्ष जल से बलिष्ठ होता है। हवन किया हुआ वह मेघ द्वारा पुनः पर्वतों पर ही पहुंचा दिया जाता है ।। ७।।

हे सोम ! तुम बल दायक हो, हर्ष के साधन हो। इन्द्र आदि देवताओं के पानार्थ तथा मरुद्गण के निमित्त कलश में स्थित होओ ।। ८।।

यह सोम पवित्र कलश में स्थित हुआ है। हे सोम ! तुम पर्वत पर उत्पन्न होते हो। अभिषव होने पर सब कामनाओं को पूर्ण करने वाले हो ।। ६।।

बुद्धिवर्धक सोम अभिषवण-फलक में स्थित होकर स्वर्ग-गमन में प्रीति करने वालों को प्राप्त होता है ।। १०।।

द्वितीया दशति

हे सोम ! तुम्हारा रस उत्पन्न होता है और हम यज्ञ वालों के यज्ञ में अन्न अथवा यश देने के लिए प्राप्त होता है ।। १।।

हे सोम ! तुम इन्द्र के पानार्थ संस्कृत हुए हो। अतः अत्यन्त स्वाद वाली हर्ष-प्रदायक धार के समान क्षरित होओ ।। २।।

हे सोम (परमेश्वर) ! वीर्य वर्धक, कामनापूरक, खींचा हुआ (हृदय कमल में साक्षात् किया हुआ) तू प्राप्त हो और हमको मनुष्यों में यशस्वी कर तथा सब शत्रुओं को नष्ट कर ।। ३।।

हे पवित्र करने वाले सोम (परमेश्वर) ! प्रकाश से प्रकाशित सुख दिलाने वाले तुझको हम हवन करते हैं (पुकारते हैं) निश्चय तू बलवर्धक एवं कामना पूरक है ।। ४।।

मन को बढ़ाने वाला, बुद्धि को जगाने वाला, बुद्धिमानों का प्यारा सोम हमें प्राप्त हो, जैसे रथी को अश्व प्राप्त होता है ।। ५।।

गौओं की प्राप्ति की इच्छा से, अश्व प्राप्तभिलाषा से पुत्रों की कामना से बलिष्ठ, वीर्यवर्धक, वेग वाले सोम अग्नि में छोड़े जाते हैं ।। ६।।

हे दिव्य गुणवाले सोम ! तुम वायु को प्राप्त हो और तुम्हारा हर्ष-कारक प्रभाव इन्द्र को प्राप्त हो ।। ७।।

हवन किया हुआ सोम आकाश की विचित्र विद्युत्-ज्योति को उत्पन्न करता है ।। ८।।

अभिषव किये हुए सोम महती वेदवाणी के साथ मधुर-धार से वायु, विद्युत आदि देवों की प्रसन्नता के लिए सब ओर जाते हैं ।। ६।।

बुद्धिमान, एकाग्रचित्त, यजमान बहुतों से चाहे हुए सोम को ऋत्विज के साथ यज्ञ में हवन करता है ।। १०।।

षष्ठ प्रपाठक

तृतीया दशति

भली प्रकार उत्पन्न हुए, पत्थरों से कूटे गये, जलों के द्वारा प्रेरित सोम को

वायु, इन्द्र आदि देवता प्राप्त करते हैं ।। १।।

विविध प्रकार का सोम समस्त शत्रु-सेनाओं को अभिभूत करता है । बुद्धि तत्त्व को जगाने वाले उस सोम को, अंगुलियों को संस्कृत करते हैं ।। २।।

सम्पन्न किया हुआ, सब सम्पदाओं को सर्वत्र फैलाता हुआ द्रोण-कलश में रखा हुआ सोम इन्द्र के लिए उपस्थित होता है ।। ३।।

जैसे रथ में जोड़ा गया घोड़ा इधर-उधर दोनों ओर आकर्षण वाले संग्राम में छोड़ा जाता है, उसी प्रकार सम्पन्न किया गया सोम दशापवित्र सर छोड़ा जाता हैं ।। ४।।

त्वरायुक्त, प्रकाशयुक्त, गमनशील किरणें अंधियारी से ढंकने वाली रात्रि को नष्ट करती हुई उत्कृष्टता से चलती है. वैसे ही सोम भी प्रकाश करने वाले होते हैं ।। ५।।

हे सोम (परमेश्वर) ! हर्षदायक और बुद्धि लाभकारक तू शत्रुओं को विनष्ट करता है, अतः देवताओं का भजन न चाहने वालों को तू हमसे दूर भगा ।। ६।।

हे सोम (परमेश्वर) ! मनुष्यों के कर्मों को प्रेरित करता हुआ तू जिस तेजोरूप से सूर्य-लोक को प्रकाशित करता है, उसी धार से हमें प्राप्त हो ।। ७।।

हे सोम ! जो तू भारी जलों को न बरसाने वाले मेघ को हनन करने के लिए इन्द्र को तृप्त करता है, ऐसे तुझे हम अग्नि आहुति में करते हैं ।। ८।।

हे सोम ! उरा व्यप्ति से अग्नि में टपक कि जिससे तृप्त सूर्य तेरे उत्पादित हर्षों से आठ सौ दस मेघों को सब ओर से हनन करें और वर्षा करे ।। ९।।

सोम (परमेश्वर) ! हमारे लिए प्रकाशमान धनदायक बल को अन्न रहित सब ओर से प्राप्त कराये और दशापवित्र पर (पवित्र हृदय में) स्वतःव्याप्त हो ।। १०।।

चतुर्थी दशति

वृष्टि कारक अथवा वीर्यवर्धक, हरे रंग का, मित्र के समान सत्कार योग्य, दर्शनीय सोम सूर्य के साथ प्रकाश करता है और अग्नि में डाला हुआ चिट-अचिट शब्द करता है क्योंकि जलयुक्त होता है इसलिए ।। १।।

हे सोम (हे परमेश्वर) ! तेरे इस सुखकारक, सर्वतः रक्षक, बहुतों के द्वारा चाहे हुए बलरूप अग्नि को, जो प्रकाशक और प्रापक है; आज हम यज्ञ में भली प्रकार वरण करते हैं ।। २।।

हे अध्वर्यु ! पत्थर से कूटकर रस निकाले हुए सोम को दशापवित्र पर ला और इन्द्र को पीने के लिए स्वच्छ कर ।। ३।।

धार बांधकर निचोड़े हुए सोम रूप अन्न के उपभोग से वह इन्द्र हृष्ट-पुष्ट होकर तीव्रता प्राप्त करता है ।। ४।।

हे सोम (परमेश्वर) ! हमारे लिए बहुत संख्या वाले, शुभ बल युक्त, धन का लाभ करा और यशों को दे ।। ५।।

सोम के उपभोग और भजन से वृद्ध पुरुष क्रमशः नवयौवन को प्राप्त होते

हैं। इसीलिए सूर्यवत् प्रकाश करने वाले सोम को लोग उत्पन्न करते हैं ॥६॥

जब दशा पवित्र में से निकलता हुआ द्रोण कलश में धार बांधकर सोम रस को छोड़ा जाता है, तो 'धध' 'धध' शब्द करता हुआ सोम-सेवियों को आनन्द देता है ॥७॥

हे दिव्य गुण युक्त सोम (परमेश्वर) ! तू अमृत बरसाने वाला है। वीर्यदाता, वीर्यवान, प्रकाश वाला, श्रेष्ठ कर्म वाला तू धर्मयुक्त कर्मों का कर्ता है ॥८॥

हे सोम ! (परमेश्वर) ! यज्ञ के उपासकों से शोधा जाता हुआ तू अन्न के लिए धार से प्राप्त हो और प्रकाश से स्तुतिकर्ताओं को सर्वतः प्राप्त हो ॥९॥

हे सोम ! जल वर्णी देवों को चाहने वाला और हमको चाहने वाला तू अपने उत्तम गुणों से हमारी रक्षा कर और गम्भीर जलधारा से वृष्टि कर ॥१०॥

अमृत रूप हे सोम ! आनन्द देता हुआ, सत्कारयोग्य तू ही मेघ जैसा काम करता है, क्योंकि इस उत्तम धारा से अमृत की वर्षा करता है ॥११॥

यह सोम अमृत स्वरूप प्रकाशक और हितकारी और बुद्धिकारक है। वह बड़े जलोद्भव धाम को प्रेरित करता हुआ बढ़ाता है ॥१२॥

अमृत रूप हे सोम ! तू यज्ञिकों को सर्वतः प्राप्त होता है। हमारे धन-धान्य बढ़ाकर हर्ष उत्पन्न करता है ॥१३॥

हे मनुष्यो ! सेवन किया हुआ सोम, अदाता यज्ञविरोधियों को दूर करता और शत्रुओं का नाश करता हुआ, परमपद की प्राप्ति करता है ॥१४॥

पंचमी दशति

हे सोम ! अपनी धार से शुद्ध करता हुआ, जलों में बसा हुआ तू हमें प्राप्त होता है और रम्य पदार्थों को धारण कराने वाला, दिव्य गुण युक्त, प्रकाशमय, द्रवरूप, यज्ञ के स्थान में धूम रूप में सर्वतः फैल जाता है ॥१॥

यह जो सोम उत्तम हव्य-पदार्थ है, इसको जो अध्वर्यु जल डालकर सिल-बट्टे से कुचलते हुए रस खींचता है, वह जन हितकारी है। उस खींचे हुए सोम को तुम लोग संसार में फैलाओ ॥२॥

जब मनुष्य सिल-बट्टे से सोम का स्वरस निकालकर अग्नि में हवन करते हैं, तब ही रंग के धुएं-सा सोम आकाश और पृथिवी में चमकता हुआ मेघरथ जलों में स्थान पाता है, उसी प्रकार जैसे नगरी में प्राणि वर्ग स्थान पाता है ॥३॥

जैसे समुद्र जल से पूर्ण है, उसी प्रकार से हे सोम ! लता के जल से तू पूर्ण है। आलस्य-निवर्तक, दृष्टि पुष्टिकारक वह सोम देव भजन के लिए द्रोणकलश में रखकर व्यवहार में लाना चाहिए ॥४॥

जिस. प्रकार सोम अस्तित्व करने वाले अध्वर्युओं से सिल-बट्टे से कटकर रस निकालकर हवन करने पर ही धूम-धाम से ऊपर को जाता है, इसी प्रकार गम्भीर धारणा से उपासना और ध्यान करने वाले भक्तों को परमात्मा प्राप्त होता है ॥५॥

हे विश्वंभर परम ऐश्वर्यमान् सोम (परमेश्वर) ! मैं आपकी आज्ञा प्रतिदिन

रहता हूं। अनेक योनि-यातनाएं मुझे सताती हैं। कृपया उन बन्धनों का निवारण करके मुक्ति दीजिए ।। ६।।

हे पवित्र, सुप्रकाश परमेश्वर ! अन्वेषण किये गए आप हृदयान्तरिक्ष में वाणी को प्रेरित करते हैं और बहुतों से चाहे हुए सुवर्णादि बहुत धन हमें देते हैं ।। ७।।

जिन्होंने सोमामृत पाया है, आनन्द में मग्न और उपदेश से आनन्द को फैलाने वाले वे ज्ञानी लोग आनन्ददायक इसके रस को हृदय में अनुभूत करते हैं ।। ८।।

हे अमृत ! मेधावियों में उत्तम सोम (परमेश्वर) ! आप पवित्र, चेतन, सर्वहितैषी, सर्वज्ञ हैं। कृपया अपने वरणीय गुणों से हमारी सर्वतः रक्षा कीजिए तथा हमारे यज्ञ को आनन्द-रस में सींचिए ।। ९।।

हर्षदायक संस्कृत सोम मरुत्वान् इन्द्र के लिए प्राप्त होता है। ऋत्विज उसका शोधन करते हैं। रक्षा योग्य पुरुष को वह बहुतायत से प्राप्त होता है ।। १०।।

हे सोम ! तुम सब स्तोत्रों के द्वारा अन्नलाभ वाले होकर आओ और देवताओं के लिए हर्षप्रद एवं तिरस्कारक हो ।। ११।।

पवित्र हुए आनन्दमग्न प्राणी प्रेम अमृत-धारा के द्वारा पवित्र परमात्मा को सर्वतः प्राप्त होकर अश्व रूपी इन्द्रियों को, बुद्धि, मन, चित्त अहंकार को और संसार-सामग्री को लाभ देते हैं ।। १२।।

षष्ठी दशति

सोमरस को स्वच्छता से सम्पन्न करके द्रोण-कलश में स्थापित करके अध्चर्यु यज्ञ के लिए ले जाते हैं। वह सोम बलदायक होता है, उसी प्रकार, जैसे सुशिक्षित घोड़ों को युद्ध में ले जाते हैं और उनसे बल तथा विजय प्राप्त करते हैं ।। १।।

निष्काम होते हुए भी संसार पर कृपा करने की इच्छा से कामनावान्-सा प्रतीत होने वाला देवों का देव परमात्मा, प्रत्येक कल्प के आरंभ में ऋषियों को वेदवाणी का उपदेश देता हुआ सोमादि पदार्थों के गुणों का उपदेश करता है। वेदवाणी का प्रवर्तक होने से वह वाणी का कर्ता है और पवित्रों का हितकारी है ।। २।।

ईश्वरदत्त ज्ञान, जो ऋक्, यजु, साम ऋचाओं में वर्णित है उसका ज्यों-का-त्यों ऋषि विचार करते हैं, उसी प्रकार, जैसे दूत स्वामी का ज्यों सन्देश ले जाता है। अतः वेद-प्रतिपादित सोमादि पदार्थों की यथार्थ प्राप्ति वेदपाठी ऋषियों को ही होती है ।। ३।।

इस वेद की आज्ञानुसार शोधा और सम्पन्न किया गया सोम हवन करने पर 'चिट्-चिट्' शब्द करता हुआ धूम रूप में गगन-मण्डल में फैलकर मेघों से जल दुहता है, उसी प्रकार जैसे, गौओं को दुहने वाला पुकारता हुआ गोष्ठ में जाकर गौओं को दुहता है ।। ४।।

सोम (अमृत रूप परमात्मा) बुद्धियों द्युलोक, पृथिवी लोक, अग्नि, सूर्य, इंद्र, विष्णु का उत्पादक है। वह याज्ञिकों को प्राप्त होता है ।। ५।।

परमात्मा त्रिलोकी में व्याप्त, कामनापूरक, प्राणियों की आयु का धारक एवं प्रशंसनीय है। इसी प्रकार सोम पृथिवी पर उत्पन्न होता और हवन से द्यूलोक तथा अन्तरिक्ष में व्याप जाता है, अन्न उत्पन्न करता है। अन्न ही प्राण है अतः वह प्राण धारक भी है और प्रशंसनीय है। हम परमात्मा और सोम की प्राप्ति की कामना करें। वे उसी प्रकार प्राप्त होंगे, जैसे खोजने वाले को समुद्र में रत्न मिलते हैं ॥ ६॥

उत्पन्न एवं अभिषेचन किया जाता हुआ दशा पवित्र पर स्थापित सोमरस यज्ञ में आहूत होने पर मेघरूप में परिणत होकर बहुत बढ़ता है और पृथिवी लोक की प्रजाओं के लिए वर्षाकारक अन्नोत्पत्ति करके, पशुओं को तृणोत्पत्ति करके सर्वत्र फैल जाता है ॥ ७॥

सोम पवित्रकर्ता है, वह ऋत्विजों द्वारा यज्ञ में छोड़ा जाता है। ऐसे सोम को आहुति देते हुए वेदमंत्रों का उच्चारण अर्थ-विचार के साथ करते हुए, यज्ञ करो ॥ ८॥

हे इन्द्र ! मधुर रस-युक्त दशापवित्र पर स्थित सोमरस यज्ञ के द्वारा वर्षा कराने वाले सनातन यज्ञ में सर्वतः स्थित हो यह सोम वर्षा का हेतु शत-सहस्र का दाता तथा बलयुक्त है ॥ ९॥

जलों में मिला हुआ, मधुर रस-युक्त, यज्ञ वाला, दशापवित्र पर अभिषेचन किया हुआ, हृष्टि-पुष्टि युक्त, इन्द्र के पान योग्य सोमरस हमें प्राप्त हो और द्रोण कलशों में रखा जाये ॥ १०॥

सप्तमी दशति

शत्रु-बाधक, सोमसेवी सेनानायक, शत्रुओं के धन और भूमि की कामना करता हुआ आगे बढ़ता है। इसके अधीन सेना हर्षित होती है। इस प्रकार सोम (सोमपायी) इन्द्र के द्वारा की गयी प्रशंसा को सत्य करता हुआ मित्रों के हित और रक्षा के लिए घावों को ग्रहण करता है ॥ १॥

सोमरस को स्वच्छ करके दशापवित्र से लेकर अग्नि में होम करने से उसकी मधुर धारें छूटती और आकाश-मण्डल में अपने तेजयुक्त सूक्ष्म अवयवों से सूर्य-किरणों को आप्लावित करती हुई वृष्टि और शुद्धि करती हैं ॥ २॥

हे ऋत्विजो ! दिव्य-उत्तम सोमरस द्रोण कलश में रखा जाये। फिर स्वादिष्ट सोमरस दशापवित्र से उतारकर अग्नि में छोड़ा जाये। तुम सोमरस को अग्नि में हवन करो, वायु आदि देवताओं का सत्कार करो और विपुल धन की प्राप्ति के लिए वेदमंत्रों का उच्चारण करो ॥ ३॥

हे ऋत्विजो ! द्यूलोक और पृथिवीलोक का उत्पादक, अग्नि में हवन किया गया सोम, इंद्र के समीप पहुंचता हुआ मानो इन्द्र के शस्त्रास्त्रों को मेघहननार्थ पैदा करता है और सब धनों को हस्तगत करता हुआ आकाश को जाता है ॥ ४॥

यज्ञ में जब पवन का आरम्भ ही होता है, जब सोमरस द्रोण-कलश में ही

रखा होता है, याज्ञिक वेदमन्त्रों से उसकी प्रशंसा ही कर रहे होते हैं—तभी सूर्य की किरणें उसे अत्यन्त कामना-सी करती हुई इस प्रकार स्पर्श करती हैं, जैसे स्त्रियां पति का स्पर्श करती हैं ।। ५।।

सोम पहले द्रोण-कलश में ही रखा होता है। फिर होता की दश अंगुलियां (पांच होता की ओर पांच खुवा में बनी) उसे स्पर्श करती हैं। फिर अग्नि में हवन किया जाता है। तब वह हरे धुएं के रूप में सब दिशाओं में फैलता है ।। ६।।

जब सूर्य की (बलवान अश्व के समान) शुभ किरणें सोम को स्पर्श करती हैं, तब वह हवन किया गया सोम मेघस्थ जलों को आच्छादित करता हुआ वर्षा से पशु-पक्षी आदि के वृद्धि के लिए इस प्रकार आकाश में जाता है, जैसे चतुर गोपालक पशुओं की वृद्धि के लिए खरक में जाता है ।। ७।।

सोमरस के हवन से इन्द्र वृष्टि करता और मेघों का हनन करके धान्यादि को उत्पन्न करता है और सोमरस-सेवन से शरीर और मन बली होते हैं तथा शत्रुओं को जीतकर ऐश्वर्य प्राप्त होता है ।। ८।।

यज्ञ में अभिषव किया हुआ सोम अग्नि में हवन किया जाता है। इससे देवों की तृप्ति होती है। सोमपान से यज्ञकर्ता तृप्त होते हैं। सोम तरल स्वभावी, बुद्धि उत्पाद है और गति वालों की गति का सहायक है ।। ९।।

सोम जलों का ग्राहक, देवताओं का वरणकर्ता और गुणों में महान् है। शुद्धि का हेतु सोम इंद्र की आत्मा में बल संचार करने वाला है। आकाश मंडल में प्रकाश को उत्पन्न करने वाला है ।। १०।।

जिस प्रकार संग्राम में उस नायक के अश्व-रथादि चलवाये जाते हैं, जिसकी वाणी प्रशस्य हो, जिसकी मन की चलाने वाली बुद्धि सावधान हो; उसी प्रकार सोमोत्पत्ति के पर्वतीय स्थानों में सोम सम्पन्नकर्ता की दश अंगुलियां भली प्रकार ले चलने वाले सोम को शुद्ध करें और अग्नि में छोड़ें ।। ११।।

सौम्य स्वभाव वाले पुरुष को तरंगों के समान स्फूर्ति धारिणी बुद्धि सोम पान से प्राप्त होती है। मानो उसको नमस्कार करती हुई और चाहती हुई-सी उसके समीप जाती हों ।। १२।।

अष्टमी दशति

हे ऋत्विजो ! तुम्हारे लिए हर्षदायक, आगे जय कराने वाले सम्पादित सोमान्न की रक्षा के लिए तुम यज्ञ-स्थान से लम्बी जीभ वाले जीव, कुत्ते को भगाओ ।। १।।

यह सोम (परमात्मा) पुष्टिकर्ता, सबको सेवनीय, धनदायक, पवित्रता दायक है और द्रोण-कलश (हृदय) से प्राप्त होता है। यह सब प्राणी वर्ग का पालक और पृथिवीलोक तथा द्यूलोक का प्रकाशक है ।। २।।

हे ऋत्विजो ! तुम्हारे हर्षदायक, मधु-मिश्रित, इन्द्र के लिए अभिषिक्त, दशापवित्र पर स्थित सोम अग्नि में छिड़के जाएं और देवताओं को प्राप्त हों ।। ३।।

दीप्तिमान्, उचित मार्ग पर चलने और ले जाने वाले, सर्व हितकारी, जीवनदाता,

पाप रहित, भली प्रकार ध्यान करने वाले सोमपायी हमें प्राप्त हों ।। ४ ।।

हे प्रकाश रूप सोम (परमात्मा) ! अन्न-बल के दाता, बहुतों से चाहे हुए, अनेक प्रकार से भरण-पोषण करने वाले, यशस्वी, बड़े-बड़ों के प्रकाश को दबाने वाले विद्यादि को हमें प्राप्त कराइए ।। ५ ।।

सोमसेवी किसी से द्रोह नहीं करते और उत्तम कर्म करते हैं तथा परमेश्वर को उसी प्रकार प्यार करते हैं, जैसे पूर्व आयु में उत्पन्न पुत्र को उनकी मातायें प्यार करती हैं ।। ६ ।।

सोमसेवी सबसे प्रिय आचरण करते हैं तथा विद्वानों के आगे अपनी रक्षा और दुष्टों का दमन करते हैं ।। ७ ।।

सबसे चाहने योग्य, हरे और श्वेत वर्ण वाले उस सोम को दशापवित्र से सब प्रकार शोधते हैं, जो सोमरस के साथ सभी देवताओं को प्राप्त होता है ।। ८ ।।

हे मनुष्यो ! सोम के निष्पादन करने वाले त्रि॒त्विजों को बिना मांगे दक्षिणा दो। बिना दक्षिणा के यज्ञ को नष्ट न करो। यज्ञ से कुत्ता आदि विघ्नकारी जीवों को हटाओ ।। ६ ।।

नवमी दशति

अन्न-उत्पादन के लिए हितकारी, महान् नमनशील सोम जगत् को सुखी करने वाले जल बरसाता है। फिर यह वृद्धि को प्राप्त हुआ सोम विचरण करने वाले सूर्य के रथ पर आरूढ़ होता है ।। १ ।।

अप्रेरित, पापनाशक, सिद्ध सोम, हरित धूम्र रूप में परिणत सोम हमारे वायु आदि देवताओं को प्राप्त हो। हमारे अदानशील शत्रु इच्छा रखते हुए भी भोजन न प्राप्त करें। हमारी बुद्धियां संविभाग को प्राप्त हों ।। २ ।।

इन्द्र के वज्र के समान बीज-वपनकर्ता सोम द्रोण-कलश में जाते हुए शब्द करता है। इसकी फल-वृष्टि करने वाली जलवती धाराएं दुधारू गौओं के समान शब्द करती हुई प्राप्त होती हैं ।। ३ ।।

सोम उन्नत होकर इन्द्र के हृदय अन्तरिक्ष में प्रवेश करता है। अनुकूल के अनुकूल रहता हुआ शब्द करता है, उसी प्रकार, जैसे पुरुष युवतियों को प्राप्त करता है ।। ४ ।।

सत्त्ववान् ऋत्विजों से सिद्ध किया हुआ देवताओं को हर्ष देने वाला, द्युलोक का धारक, सिद्ध हरित वर्ण का सोम अश्व सदृश वेग से जाता और जलाशयों के बल को बढ़ाता है ।। ५ ।।

बुद्धि वर्धक, विशेष प्रकाशक, दिनों प्रभातों और द्युलोक को जगाने वाला वर्षा से नदियों को पूर्ण करने वाला सोम द्रोण-कलशों में शब्द करता है और बुद्धिमान् याज्ञिकों के द्वारा हवन किया जाता हुआ इंद्र के हृदय आकाश को जाता है ।। ६ ।।

जब सोम यज्ञों से बढ़ता है, तब सात वाणियां इस सोम को आशीष देती

हैं। यह सोम फिर आकाश में स्थित चार भुवनों—द्युलोक, पृथिवी लोक, अन्तरिक्ष और दिशाओं को शुद्ध करता है ।। ७।।

हे सोम ! भली प्रकार सिद्ध किया हुआ तू इन्द्र के लिए वृष्टि की शक्ति-सम्पादन करा रोग-विकार के साथ दूर हो। तेरे रस से पापी प्रसन्न न हों। उस यज्ञ में तेरे रस से हमारे धन-धान्यादि बढ़ें ।। ८।।

कामनावर्षक हरे रंग के धुए वाला सोम सर्व सिद्ध होकर राजा के समान तेजस्वी हो जाता है। वह रस निकलने के समय शब्द करता हुआ पवित्र होता है ।। ९।।

मधुमय सोम देवताओं के लिए पात्र में जाता है। सूर्य की किरणें जो कि यज्ञ में स्थित हैं, वे सोम का आधान करती हैं, जैसे दुधारू गौएं अपने ऐन में दूध का आधान करती हैं ।। १०।।

ऋत्विज सोम में दूध मिलाते हैं। देवता मिश्रित सोम का आस्वादन करते हैं। सोम में शहद मिलाया जाता है। वही सोम आहूत होकर अन्तरिक्ष में जाता है और स्वर्ण-सा वह पवित्र एवं ग्रहणीय हो जाता है ।। ११।।

हे ब्रह्मणस्पते सोम ! तुम्हारी पवित्रता विस्तृत है। तुम पान करने वालो के देह में व्याप्त होते हो। व्रतादि से जिनका शरीर तेजस्वी नहीं हुआ है, वह सोमपान में समर्थ नहीं होता, परिपक्व देह वाला तेजस्वी ही सोमपान में समर्थ होता है ।। १२।।

दशमी दशति

ये सिद्ध किये गए सुखदायक हरे रंग के धुएं वाले सोम वृष्टि कारक इन्द्र को शीघ्र प्राप्त हों ।। १।।

हे गीले सोमरस ! शरीर को चेताने वाला तू इन्द्र को प्राप्त हो, वृष्टि कर तथा प्रकाश युक्त सुखदायक बल दे ।। २।।

हे मित्र ! आओ, बैठो और शुद्धिकारक पवित्र सोम के गुण-वर्णन करो तथा शोभा के लिए सुशोभित करो ।। ३।।

हे मित्रो ! तुम हर्ष और आनन्द के लिए सोम की प्रशंसा करो। और मधु आदि द्रव्यों के मिलाने से उसे स्वादिष्ट बनाओ—जैसे बालक को योग्य बनाते हैं ।। ४।।

भूमि-निवासियों का प्राणाधार सोम यज्ञ की दीप्ति को प्राप्त कराने वाला सर्वोपरि हव्य है और पृथिवी तथा अन्तरिक्ष में स्थित होने वाला है ।। ५।।

हे सोम ! वायु आदि देवों के भोजन के लिए धारा रूप में बल-पूर्वक जा, तथा हे सोम ! माधुर्ययुक्त हमारे कलश में स्थित हो ।। ६।।

स्वयं पवित्र एवं अन्यों को पवित्र करने वाला सोम लहराता हुआ दशापवित्र पर जाता है तथा वेदमंत्रों के उच्चारण के साथ स्वयं शब्द करता है।। ७।।

पवित्र, बुद्धितत्त्व युक्त सोम से कहा जाता है कि बुद्धिमान् के वशीभूत हो ।। ८।।

हे सुन्दर, बलवान, सिद्ध किए हुए सोम ! हमारे लिए धन–बल प्राप्त कराइए। गवादि पशुओं में शुचि वर्ण धारित कराइए ।। ६।।

हमारे हित के लिए तथा धान्यादि आदि के लिए धन के प्रापक तुम्हारी स्तुति वेदवाणी करती है। हम वेदवाणियों से तुम्हारे स्वरूप को जानते हैं ।। १०।।

धूम–बल सोम कुटिल गति से इधर–उधर जाते हुए पदार्थों का उल्लंघन करके वेग से जाता है तथा स्तोताओं की कीर्ति प्राप्त करता है ।। ११।।

पवित्र करता हुआ सोम मीठा जल बरसाने वाले मेघ को सब ओर से प्राप्त करता है। इस बात का यश वेदमंत्रों की सात वाणियां सर्वत्र वर्णित करती हैं ।। १२।।

एकादश दशति

हे सोम ! अत्यंत मधुरता से युक्त, अतिशय कर्म को प्राप्त कराने वाला, हर्षदायक सत्कारणीय, आनन्दस्वरूप तू इन्द्र के लिए प्राप्त हो ।। १।।

दिव्य प्रकाशादि गुणवान् हे सोम ! सर्वतः प्रकाशित कीर्ति प्रकाशित कीजिए। हे वायु आदि देवों को चाहने वाले ! मेघ–मण्डल को खोल दीजिए ।। २।।

हे ऋत्विजो ! अश्व के समान वेगवान् प्रशंसनीय जलों के प्रेरक, तेज के प्रेरक, जल से मिले हुए और जल में तैरने वाले सोम को सिद्ध करो और सब ओर फैलाओ ।। ३।।

जो सोम आठ वस्तुओं को प्राप्त कराने वाला है, जो धान्यादि धनों का प्रापक है, जो भूमियों का प्रापक है, जो सुन्दर मनुष्यों का प्रापक है, वह सोम सिद्ध किया जाय ।। ४।।

हे प्रिय सोम ! तू ही अत्यन्त प्रकाशमान् विद्वानों के जन्मों को मोक्ष भाव के लिए विख्यात करता है। वह यह अभिषव करके निकाला गया (सिद्ध किया गया) सोम अनी दशापवित्र के बालों से जल की लहर–सा उभरता हुआ अति हर्षकारक धारा से चलता है ।। ५।।

घर्षणशील जो सोम अन्तरिक्ष में स्थित गीली किरणों को बरसाता है, वह गौओं और घोड़ों को वर्षा से पुष्ट करता है। मेघों के भीतर विद्यमान तथा कवचधारी वीर पुरुष सा शत्रु दल को नष्ट करता है।

।। पांचवां अध्याय पावमान पर्व समाप्त ।।

षष्ठाध्याय

आरण्यक काण्डम्

प्रथमा दशति

वृत्रहन्ता शोभन नासिका युक्त हे इन्द्र ! जिस अन्न से द्युलोक और पृथिवीलोक दोनों को पूरित करते हो, वही बहुत बलिष्ठ और तृप्ति कारक अन्न तथा जो हम कामना करते हैं वह सब हमें प्राप्त करो ।। १।।

जंगम पशु तथा मनुष्यों के राजा इन्द्र का ही सब धन है। उस धन में से

वह पुण्यात्मा पुरुष के लिए धन देता है। वह हमारे सामने हमारे वांछित धन को प्रेरित करे ।। २ ।।

जिस तेजस्वी इन्द्र का वृहद् और संभजनीय एवं रमणीय सुख सब ओर है, वह हमें धन दे ।। ३ ।।

हे प्रकाशमान् वरुण ! हमारे उत्तम, मध्यम और अधम तीनों बंधन शिथिल कीजिए। हम आपके नियम में दुःखरहित होने के लिए अपराध रहित हों ।। ४ ।।

हे शांत स्वरूप सोम ! (परमेश्वर) हम पवित्र करने वाले आपकी सहायता से भरण-पोषण करने योग्य गृहस्थाश्रम में कर्म करें। उस कर्म को मित्र, वरुण, बुद्धि अन्तरिक्ष, द्युलोक और भूमि बढ़ाएं ।। ५ ।।

मित्र-वरुणादि देव, मुझे असहाय को कामना-पूर्ण करने वाला करें। वे हमारे अनुकूल हों ।। ६ ।।

यह पवित्र परमेश्वर, हमारे धन दिलाने वाले और भजन करने योग्य, इन्द्र-वरुण तथा मरुत् को वृष्टि करने की योग्यता दें ।। ७ ।।

हे परमेश्वर ! हम मनुष्यों के इन सब अन्नों को प्राप्त करते और बांटना चाहते हुए न्यायपूर्वक बांटते हैं ।। ८ ।।

अन्न कहता है कि हे मनुष्यो ! मैं वायु आदि देवताओं का पूर्वज हूं और सच्चा अमृत देने वाला हूं । जो मेरा दान करता है, वह ऐसे मनुष्यों की रक्षा करता है, जो किसी को न देकर आप ही खाते हैं । उस अन्न को खाते हुए को मैं स्वयं खा जाता हूं ।। ६ ।।

द्वितीया दशति

हे परमेश्वर ! काली, लाल और पर्वों वाली नदी या गौओं में इस चमकते हुए जल अथवा दूध को आपने ही दिया है ।। १ ।।

उषाकाल और आदित्य से सम्बन्धित सोम स्वयं प्रकाशित होता है और वृष्टि कारक मेघ के रूप में बल तथा अन्न के दान के लिए गर्जता है। देवताओं ने अपनी श्रेष्ठ बुद्धि से इसे उत्पन्न किया है ।। २ ।।

इन्द्र ही रथ में योजित किए जाने वाले हर्यश्वों को एकत्र करने वाले, वज्रधारी हैं और स्वर्णभूषणों से शोभित हैं ।। ३ ।।

हे इन्द्र ! तुम अत्यन्त बलवान् होने के कारण किसी का प्रभुत्व नहीं मानते। अपनी श्रेष्ठ रक्षाओं से हमें छोटे-बड़े संग्रामों से बचाइए ।। ४ ।।

अनुष्टुप आदि छंदों से युक्त ग्रहणीय वाणी रूप हवि का 'प्रथ' और 'अप्रथ' नाम विख्यात है। वही वाणी जगत के विधाता और उत्पादक विष्णु से रथन्तरादि सामों को लाता है ।। ५ ।।

हे सामर्थ्य-युक्त ! हमें प्राप्त होइए। यह श्वेत सोम आपके लिए है। सोम के सिद्ध करने वाले के घर आप जाते हैं ।। ६ ।।

हे अनादि परमेश्वर ! जब आप हृदय में साक्षात् आते हैं, तब पृथिवी और द्युलोक के सुख को बढ़ाते हैं ।। ७।।

तृतीया दशति

हे परमेष्ठी प्रजापति ! यज्ञ का जल मेरे ब्राह्म-तेज और कीर्ति को बढ़ायें। उसी प्रकार जैसे आकाश में द्युलोक को बढ़ाता है ।। १।।

हे गर्व दूर करने वाले सोम (परमेश्वर) ! आपके दिये हुए जल संगत हों। महानतम आप अमृत के लिए आकाश में उत्तम यशों की पुष्टि कीजिए ।। २।।

हे सोम ! (परमेश्वर) आपने ही औषधियों, जलों और पशुओं को उत्पन्न किया है। आपने ही अन्तरिक्ष लोक और उसके पदार्थों का विस्तार किया है, आपने ही ज्योति से अन्धकार को नष्ट किया है ।। ३।।

हे प्रकाश रूप अग्नि (परमेश्वर) ! आप ही यज्ञाग्नि, पुरोहित, देवता ऋत्विज, होता सब हैं और सर्व कार्य साधक हैं ।। ४।।

हे प्रकाश रूप अग्नि ! (परमेश्वर) पृथिवीरथ प्रजाएं आपके 'ओम' नाम को वेद में मुख्य जानती हैं, और तीन गुणा सात बराबर इक्कीस वेदवाणियों के नाम को मुख्य मानती हैं। वे आपकी स्तुति करती हैं, जिससे आपकी कीर्ति से प्रकाशित वाणियां प्रकट होती हैं ।। ५।।

जिस प्रकार कोई जल तो समुद्र में गिरते और बड़वानल में मिल जाते हैं, कोई समुद्र के समीप पहुंच जाते हैं और कोई नदी बनकर एक साथ अपने को समुद्र को दे देते हैं इसी प्रकार हे परम प्रकाशमान् परमात्मा ! वेद की कुछ वाणियां आपके समीप तक पहुंचती हैं, कुछ साक्षात् आपका वर्णन करती हैं, और कुछ आपका परम्परा से वर्णन करती हैं ।। ६।।

हे अग्नि (परमात्मा) ! क्षणिक सुख देने वाली, सब जगत् को सुलाने वाली रात्रि अथवा मोहावस्था, जो आपके ध्यान से पराङ्मुख करने वाली हम पर चढ़ी आती है, वही दिन अथवा ज्ञान-प्रकाश को हमसे दूर करना चाहती है, उससे हमें बचाइए ।। ७।।

हे अग्नि (परमेश्वर) ! सबके स्पर्श्य, कामनावर्षौं, प्रकाशमान आपकी पूजा के हमारे वचन समर्थ हों। ज्ञान स्वरूप जगन्नियन्ता आपके प्रति पवित्र बुद्धि हममें उसी प्रकार आये, जैसे नए-नए उत्पन्न अग्नि के लिए यज्ञ में सोम प्राप्त होता है ।। ८।।

हे अग्नि (परमेश्वर) ! सब देवता, द्युलोक और पृथिवी लोक और अग्नि मेरे माननीय यज्ञ को ग्रहण करें। आपकी निन्दा वाले वचनों को मैं न बोलूं। आपके समीप हुआ मैं सुख से रहूं ।। ९।।

मुझे पृथिवी लोक और द्युलोक में व्याप्त कीर्ति दें। मुझे इन्द्र वह स्पति यश प्राप्त करायें। ऐश्वर्य का यश मुझे मिले। मुझे यश कभी न छोड़े। कीर्तियुक्त मैं विद्वानों की सभा का अच्छा वक्ता होऊं ।। १०।।

मैं इन्द्र के महान् पराक्रमी को वर्णन करता हूं। उन्होंने मेघों को विदीर्ण कर, जलों को गिराया और बहने वाली नदियों के तटों को बनाया ।।११।।

हे अग्नि-जन्म से ही ज्ञान के साधन प्रकाशक होकर द्युलोक का, उत्पन्न कर्ता हूं। घृत मेरा प्रकाशक है और अमृत मेरे मुख में है। मैं प्राण रूप होकर अन्तरिक्ष का, सूर्य तथा यज्ञाग्नि होकर हव्य का अधिष्ठाता हूं ।। १२।।

चतुर्थी दशति

हे प्रकाशमान, सर्वोपरि विराजमान अग्नि (परमेश्वर) ! आपकी कृपा से जीभ भीतर मुख में चलती है। धन-धान्य के प्रापक हे अग्नि! आप बाल्यावस्था से ही दुग्ध और धन तथा देखने के लिए मुझे तेज देते हैं ।। १।।

हे अग्नि (परमेश्वर) ! आपकी कृपा से बसन्त ऋतु रमणीय हो, और ग्रीष्म रमणीय हो, वर्षा, शरद, हेमन्त और शिशिर ऋतु रमणीय हों ।। २।।

हे अग्नि (परमेश्वर) ! आप अनन्त सिरों, अनन्त आंखों, अनन्त पांवों वाले पुरुष हो। ब्रह्माण्ड की भूमि के बाहर-भीतर व्याप्त होकर आप हृदय-देश को भी पार करके स्थित हैं ।। ३।।

हे अग्नि ! (परमेश्वर) आपका एक देश ही इस जगत् में बार-बार होता है और शेष संसार के स्पर्श से रहित है और संसार से बाहर उच्च भाव से विद्यमान है। जगत् में आया हुआ एक देश है, वह खान-पानादि व्यवहार युक्त चेतन और अचेतन दोनों पदार्थों में व्याप्त है ।। ४।।

जो यह वर्तमान जगत् है और जो होने वाला है, यह सब पुरुष (परमात्मा) ही है। इसके एक पाद में सब प्राणी हैं और इसके तीन पाद अमृत आकाश में हैं ।। ५।।

भूत, भविष्य, वर्तमान जगत् का आधार जितना है, उतना सब इस परमात्मा की सामर्थ्य विशेष है। परमात्मा केवल इतना ही नहीं है; परमात्मा तो इस महिमा से भी अत्यन्त महान् है। जो कुछ अन्न से उपजता है, उसका और मोक्ष का स्वामी परमात्मा ही है ।। ६।।

उस निमित्त कारणरूप पुरुष से ब्रह्माण्ड रूपी उसकी देह उत्पन्न हुई। ब्रह्माण्ड देह का स्वामी परमात्मा है। वह ब्रह्माण्ड देह पृथिवी, ग्राम नगरादि को लांघकर वर्तमान है। यानी ग्रामनगरादि सब उसके भीतर हैं, वह इन सबसे बड़ा है ।। ७।।

हे द्युलोक, हे पृथिवी लोक ! तुम्हारे पालनकर्ता को मैं जानता हूं। तुम हमें दुःख से छुड़ाओ और सुखदायक होओ ।। ८।।

हे इन्द्र (सूर्य) ! तुम्हारी किरणरूपी मूंछे हरी हैं। तुम्हारे अश्व हरे रंग के हैं। मेधावी जन तुम्हारी स्तुति करते हैं ।। ९।।

जो तेज सुवर्ण में है, किरणों-गौओं में जो तेज है, वह त्रिकाल सत्य ही है। उसी तेज सम्पन्न होने की हम कामना करते हैं ।। १०।।

हमें शत्रु नाशक बल दीजिए। क्योंकि आप इस विपुल बल के स्वामी हैं। कर्मानुसार

स्थिर धन-धान्य दीजिए। हम शत्रुओं और पापियों के घातक हों ।। ११।।

गौओ ! तुम सब रूपों वाली, प्रातः-सायं दूध देने वाली, सांड़ों और बछड़ों के सहित उच्च भाव को प्रकट होओ। तुम्हारे लिए यह स्थान लम्बा-चौड़ा हो। यह जल सुन्दर तथा पीने के योग्य हो। इस लोक में सुखयुक्त होओ ।। १२।।

पंचमी दशति

हे अग्नि ! (परमेश्वर) ! हमारी आयु को तू पवित्र करता है। तू हमारे लिए रस अन्न को प्रेरित करके प्राप्त करा। दुष्ट कुत्ते के समान राक्षसों को दूर कर ।। १।।

प्रकाशमान् सूर्यलोक वृहत् सोमरस को पिये। वह सूर्य यज्ञपति के लिए निर्विघ्न आयु और अन्न देता है और वायु का चलाने वाला है, स्वयं प्रजाओं को पालता है। सब ओर से रक्षा करता एवं प्रकाशित करता है ।। २।।

सूर्य, देवताओं के समूह से अधिक प्रकाशमान है। वरुण, अग्नि, चक्षु का प्रेरक है। जड़-जंगम-जगत् की आत्मा है। द्युलोक, भूलोक, अन्तरिक्ष लोक तीनों को पालित-पोषित और प्रकाशित करता है ।। ३।।

अपनी कथा में गमशनील सूर्यलोक स्वस्थान में घूमता हुआ, पृथ्वी रूपिणी माता, द्युलोक रूपी पिता और अंतरिक्ष लोक तीनों को प्रकाशित करता है ।। ४।।

इस सूर्य की ज्योति द्युलोक और भूलोक के बीच वायु ऊर्ध्व एवं अधोगमन कराती हुई, उदय-अस्त करती है। ऐसा पृथ्वी से बड़ा सूर्य अन्तरिक्ष को प्रकाशित करता है ।। ५।।

सूर्य के लिए वेद का वचन यह है कि प्रतिदिन सूर्य तीस घड़ी (बारह घंटे) पर्यन्त प्रकाशित होता है ।। ६।।

जैसे नक्षत्र रात्रि के साथ सूर्य के आने पर भाग जाते हैं, वैसे ही जो चोर हैं, वे भी भाग जाते हैं ।। ७।।

इस सूर्य की प्रकाशक किरणें प्राणियों को इसी तरह विविध प्रकार की दिखती हैं जैसे अंगारे विविध प्रकार के दीखते हैं ।। ८।।

हे सूर्य ! तू अन्धकारादि को नष्ट करने वाला है और सबको दिखाने वाला है तथा प्रकाश करने वाला है। सब चमकते हुए पदार्थों को तू ही चमकाता है ।। ९।।

हे सूर्य ! आप सबको सब कुछ को देखने-दिखाने के लिए मरुत के स्थान अन्तरिक्षस्थ लोकों के सामने प्रकाशित रहते हैं तथा मनुष्यलोकस्थ और द्युलोकस्थों के भी सामने उदय होते हैं ।। १०।।

पवित्र करने वाले, वरणीय, अनिष्ट के रोकने वाले हे सूर्य ! प्राणियों का धारण-पोषण करते हुए लोकत्रय को जिस प्रकाश से प्रकाशित करते हैं, उसी की हम प्रशंसा करते हैं ।। ११।।

हे सूर्य ! तू दिनों और रात्रियों को नापता हुआ, प्राणियों को देखता-दिखलाता हुआ, विस्तृत आकाश लोक में उदय हो रहा है ।। १२।।

सूर्य अपने रमणीय स्वरूप अर्थात् रथ में शुद्ध करने वाली सात रंग की किरणें

रूपी सात घोड़ों को जोड़ता है और उन किरणों (अक्षों) से अपने स्थान में ही घूमता है ।। १३ ।।

षष्ठ प्रपाठकः छठा अध्याय एवं अरण्य काण्ड समाप्त छन्द आर्चिक समाप्त ।।

महानाम्नी आर्चिक

प्रथम तीन महानाम्नी

हे परमेश्वर ! आप सब जानते हैं । यजमान—उपासक के गन्तव्य देश को जानते हैं । इसलिए गन्तव्य-मार्ग का उपदेश दीजिए । हे विपुल विद्यादि धन देने वाले ! हे सनातन बुद्धियों के स्वामी ! इन स्तुतियों से आप हमें विद्यादि धन दीजिए, क्योंकि आप सब धनों के स्वामी हैं ।। १ ।।

आप सूर्य के समान व्यापक हैं । हे प्रकाशकारक ! हमें चेताइए । क्योंकि आप हमें अन्न और यश देने में समर्थ हैं ।। २ ।।

हे दुष्टों के लिए दण्डधारक ! हमें धन एवं आत्मिक बल देने के लिए प्रसन्न होइए । हे वज्रधारी ! आपको प्रसन्न किया जाता है । हे पूजनीय वज्रिन ! आपको प्रसन्न किया जाता है । (इस प्रार्थना को सुनकर परमात्मा आशीर्वाद देते हैं कि) आ, अमृत पी और आनन्दित हो ।। ३ ।।

द्वितीय तीन महानाम्नी

सेनाओं के पति को स्वाधीन व अनुकूल बनाइए तथा धन प्राप्ति के लिए सुन्दर पुरुषार्थ दीजिए । हे अति सत्कार योग्य ! हे शस्त्रों-अस्त्रों के धर्ता ! आप शूरवीरों में बलिष्ठ और धनवानों में अति दानी हैं, आपको प्रसन्न किया जाता है ।। ४ ।।

हे ज्ञानवान ! सूर्यवत् प्रकाशवान आप हमको सब ओर ले चलिए । आप से परम-ऐश्वर्य प्राप्त होता है, उसकी ही हम स्तुति करते हैं क्योंकि शक्तिमान वह सबको दबा सकता है ।। ५ ।।

उस न हारने वाले, किन्तु जीतने वाले को रक्षार्थ हम पुकारते हैं । वह शत्रु को तिरस्कृत करके हमको पार ले जाये, जिससे यज्ञ, वेद और सत्य बढ़े ।। ६ ।।

तृतीय तीन महानाम्नी

हम उपासक धन के लाभार्थ सदा जीतने वाले परम ऐश्वर्यवान् को पुकारते हैं । वह परमात्मा हमारे शत्रुओं को दूर करे ।। ७ ।।

हे वज्र धारी ! शाश्वत आपके हम उपासक हैं । आपके ध्यान-आनन्द का लेश अति आनन्ददायक है । आप हमें सुख दें । आपके द्वारा किया गया भरण-पोषण प्रशंसनीय है । आप सर्वशक्तिमान और तीनों लोकों के वशकर्ता हैं ।। ८ ।।

हे प्रभो ! हे दुष्ट नाशक ! इस क्षण-भंगुर संसार-सुख को त्याग, मैं संन्यास लेता हूं । जिससे मैं संन्यासियों के साथ ज्ञानी सबके मित्र, आनन्द रूप, अच्छी

अद्वितीय, सर्वव्यापक परमात्मा के विषय में संवाद कर सकूं ।। ६।।

पंच पुरीष पद

परमेश्वर ऐसा ही है, जैसा वर्णित है ।। १।।

इन्द्र ऐसा ही है, जैसा वर्णित है ।। २।।

अग्नि ऐसा ही है.... ।। ३।।

पूषा ऐसा ही है, जैसा.... ।। ४।।

देवता ऐसे ही हैं, जैसे.... ।। ५।।

उत्तरार्चिक

प्रथम अध्यायः प्रथम प्रपाठक

प्रथम खण्ड

हे मनुष्यो ! पवित्र करने वाले परम-ऐश्वर्यवान् देवताओं के लिए यज्ञ करो, परमात्मा के लिए स्तोत्र-गान करो ।। १।।

हे अध्वर्यु ऋत्विज आदि वायु आदि देवगण के लिए दिव्य-सोमरस को मधु-मिश्रित करते हैं ।। २।।

हे सोम ! (परमेश्वर) ! तुम हमारे गौ आदि पशुओं के लिए, पुत्रादि वर्ग के लिए, प्राण के लिए और गेहूं आदि अन्नों (औषधियों) के लिए सुख बरसाओ ।। ३।।

श्वेत, गौ दुग्ध-मिश्रित सोम समर्थ-दीप्ति से प्रकाशित होता है ।। १।।

जिस प्रकार प्रेरकों से प्रेरित, वीर (अश्वारोही) के कहने में चलने वाला बलवान अश्व शक्ति-भार दौड़ता है; उसी प्रकार तीव्रगति वाले सोम गतिशील हैं ।। २।।

हे बुद्धिवर्धक सोम ! जैसे ऊपर चढ़ता हुआ सूर्य आकाश में दृष्टि की सहायता के लिए चढ़ता है, वैसे आहूत तू भी आकाश में चढ़ ।। ३।।

हे बुद्धिवर्धक, बलदायक सोम ! जैसे अश्वशाला से अश्व छोड़े जाते हैं, वैसे ही वायु शुद्धिकारक तेरी धाराएं यजमान के हित के लिए छोड़ी जाती हैं ।। १।।

ऋत्विज अपनी अंगुलियों से ऊर्णमय दशा पवित्र पर रखे मिठास टपकाने वाले सोमघट को उघाड़ते हैं और उसे भली प्रकार चाहते हैं ।। २।।

सोम; यज्ञ के स्थान अन्तरिक्ष को सब ओर से उसी प्रकार प्राप्त होते हैं, जैसे दूध देने वाली गौएं दूध देने को घर को आती हैं ।। ३।।

द्वितीय खण्ड

हे अग्नि ! तुम अज्ञान का भक्षण और ज्ञान का प्रकाश करने के लिए यज्ञ में आओ। दिव्य गुण दाता तुम मेरे हृदयासन पर विराजो ।। १।।

प्रकाशमान, बलिष्ठ, समिधाओं और घृत से प्रज्वलित हे अग्नि ! हम आपका साक्षात्कार करें। आप बहुत प्रकाश कीजिए ।। २।।

हे अग्नि देव ! आप हमें विपुल, प्रशंसनीय, अत्यधिक शोभनीय बल को प्राप्त कराते हैं ।। ३।।

हे इन्द्र ! शोभनीय कर्मवाले मित्रावरुण जलों से गव्यूति-पर्यन्त भूभाग हमारे लिए मधुर रसों से सीचें ।। ४।।

प्रशंसनीय गुण-स्वभाव वाले, हव्यान्न से बढ़ने वाले, शुद्धिदाता मित्रावरुण प्रशंसित बल-सहित इन्द्र के साथ विराजते हैं ।। ५।।

वेदमन्त्रों से स्तुति किए जाते हुए मित्र वरुण देव आकाश मण्डल में स्थित हों तथा प्रज्वलित आहूत सोमरस को पियें एवं वर्षा जल को बढ़ायें ।। ६।।

हे इन्द्र ! आ, हमने तेरे लिए सोम रस प्रस्तुत किया है। इस यज्ञ-स्थल को आ और इसे पी ।। ७।।

हे इन्द्र ! किरण रूपी केशों वाले हर्यश्व तुझे प्राप्त हों। हमारे बड़े हवियों को ग्रहण कर ।। ८।।

हे इन्द्र ! सोम प्रस्तुत करने वाले हम ऋत्विज सोमपायी तेरी स्तुति करते हैं ।। ६।।

आकाश में वर्तमान, यज्ञकर्म से प्रेरित किये हुए इन्द्र और अग्नि दोनों हमें प्राप्त हों तथा वेदमन्त्रों के पाठ करते हुए निचोड़े गये इस सोग का पान करें ।। १०।।

सबको चेताने वाला परमात्मा उपदेश करता है—इन्द्र और अग्नि प्राण सहायक हैं, इस वेद वचन के साथ इस निचोड़े गये सोम को वे ग्रहण करें ।। ११।।

मनीषियों के अनुकूल इन्द्र-अग्नि का मैं वरण करता हूं। वे दोनों इस यज्ञ में सोमपान से तृप्त हों ।। १२।।

तृतीय खण्ड

हे स्वर्ग में विद्यमान सोम ! (परमात्मा) तेरे दिए भोजन से उत्पन्न सुख को और महान् यश को भूमिस्थ पुरुष ग्रहण करता है ।। १।।

हमारा धन-धान्य दाता वह परमात्मा भजन करने योग्य इन्द्र, वरुण और मरुतों को वृष्टि करने की योग्यता दे ।। २।।

परमात्मा मनुष्यों के इन सब अन्नों को प्राप्त करते और बांटना चाहते हुए सर्वतः न्यायपूर्वक बांटते हैं ।। ३।।

हे शुद्ध किये जाते हुए सोम ! तू अपनी तरल धारा से पात्र में जाता है। तू ऐश्वर्यदाता, तरल, स्वच्छ, स्वर्ण के समान दमकता हुआ, यज्ञ स्थान में स्थित हो ।। ४।।

हर्ष-प्रदायक, आह्लादायक, स्वर्गीय आनन्द रस का टपकता हुआ सोम हृदय रूपी अन्तरिक्ष को प्राप्त होता है। फिर यजमानों को आनन्द प्राप्त कराता है ।। ५।।

हे सोम ! हमारे यज्ञ में शीघ्र आकर द्रोण कलश में विराजो। होताओं के द्वारा शोधित हविरूप को प्राप्त हो। स्नान से स्वच्छ ऋत्विज अश्व के समान लम्बी अंगुलियों से तुम्हें स्वच्छ करते हैं ।। ६।।

उत्तम अस्म-युक्त, दानव नाशक, विघ्नभक्षक, बलवान और द्युलोक-पृथ्वी लोक का धारक सोम सिद्ध किया जाता है ।। ७।।

बुद्धिमान अनुष्ठानकर्ता, परमज्ञानी, साधक ऋषि ही इन इन्द्रियों में स्थित जो परम आनन्द रूप दुग्ध है, उसे यत्नपूर्वक प्राप्त करता है ।। ८।।

चतुर्थ खण्ड

हे वीर इन्द्र ! जैसे बिना दुही गायें बछड़े की ओर रंभाती हैं, वैसे ही हम विश्व के स्वामी सर्वज्ञ आपको पुनः-पुनः प्रणाम करते हैं ।। १।।

हे इन्द्र ! तुम्हारे समान और कोई द्युलोक, पृथिवी लोक में नहीं है, न हुआ और न होगा। प्राण, बल और इन्द्रियों की कामना करते हुए हम तुम्हारी स्तुति करते हैं ।। २।।

सतत बुद्धि को प्राप्त, वीर इन्द्र किस तृप्ति कारक पदार्थ, यत्न अथवा अनुष्ठान के द्वारा हमारे सखा होवें ।। ३।।

हे इन्द्र ! शत्रु के वास दृढ़ दुर्ग को तोड़ने के लिए तुझे कौन-सा पदार्थ इष्टतम है ? सोमरस इन्द्र को इष्टतम है ।। ४।।

हमारे बूढ़े, निर्बल और हमसे मित्रभाव रखने वालों को सर्वतः रक्षा के लिए हे इन्द्र ! तू रक्षक बन ।। ५।।

हे उपासको ! शत्रुओं के तिरस्कारक, शत्रुनाशक इन्द्र की हम वेदमन्त्रों से इसी प्रकार स्तुति करते हैं—पुकारते हैं, जैसे—गौएं गौगृह में मोदमान बछड़े को पुकारती हैं ।। ६।।

हे इन्द्र ! हमें ऐसा राजा दो, जो दानी, बली सेनाओं वाला, मेघ के समान सर्वपालक, बहु अन्न-बलयुक्त और सुपालक हो ।। ७।।

हे मनुष्यो ! ऋत्विज सोमयज्ञ में यज्ञरक्षार्थ वृहत्साम को उच्च स्वर से गाते हुए धनदाता इन्द्र को उसी प्रकार पुकारें, जैसे—हितकारी, कुटुम्ब पोषक पिता को पुत्र पुकारते हैं ।। ८।।

जैसे नासिका सुगन्ध-दुर्गन्ध का बोध कराती है, वैसे ही इष्ट-अनिष्ट का ज्ञान कराने वाले स्तुत्य इन्द्र को अस्थिर और दुर्धर मनुष्य स्वीकार नहीं करते। मैं जो अन्नादि का दाता है, उसकी स्तुति करता हूं ।। ९।।

पञ्चम खण्ड

हे सोम ! इन्द्र के पीने के लिए प्रस्तुत तू स्वादिष्ट और हर्षदायक धारा से प्राप्त हो ।। १।।

राक्षसों का नाशक, विश्व में फैलाने वाला सोम स्वर्णिम द्रोण कलश में यज्ञस्थल में व्याप्त हो ।। २।।

हे सोम ! तू आदरणीय और दुष्टनिवारक है तथा यज्ञ करने वालों को ऐश्वर्य से पूर्ण करता है ।। ३।

हे सोम ! तू मधुर, हर्षप्रद, पूज्य, प्रकाशमय और बुद्धि प्रदाता है। इन्द्र के लिए प्राप्त हो ।। ४।।

शक्तिमान इन्द्र सोम पीकर वृष-तुल्य पौरुष प्राप्त करता है। सुखदायी इस सोम को पीकर प्रकाशयुक्त इन्द्र अन्नों को इस प्रकार पुष्ट करता है, जैसे अश्व पुष्ट होता है ।।५।।

प्रस्तुत किये गए सुखदायक, हरे धुएं के रंग के सोम इन्द्र को भली प्रकार प्राप्त हों ।।६।।

तैयार किया गया, सेवनीय यह सोम मेघों पर विजय दिलाने के लिए इन्द्र को प्राप्त होता है और उसे उत्तेजित करता है ।।७।।

इन्द्र सेवनीय सोमपान से प्रसन्न होकर आकाश में दीखने वाले तथा शत्रुओं पर प्रहारों की वर्षा करने वाले, सतरंगी इंद्रधनुष को धारण करता है ।।८।।

हे मित्रो ! अपने आनन्ददायक, जय देने वाले सम्पादित सोम की रक्षा के लिए लम्बी जीभ वाले कुत्ते को यज्ञ-भूमि से दूर करो ।।६।।

सम्पादित किया सोम पवित्र धारा से सब ओर वेग से उसी प्रकार जाता है, जैसे—सुशिक्षित घोड़ा वेग से सब ओर जाता है ।।१०।।

यज्ञार्थ कठिनाई से सम्पादित सोमरस को ऋत्विज विश्वव्यापिनी बुद्धि से सब ओर फैलायें, जिससे कि वर्षा हो ।।११।।

अन्नोत्पत्ति के लिए हितकर, नम्र सोम आकाश में बढ़ता है और प्रियकर जल सर्वतः बरसाता है ।।१२।।

जिस प्रकार माता, पिता, पुत्र का नाम विख्याति से पूर्व सबको ज्ञात नहीं होता। किन्तु बाद में पुत्र अपने गुणों को जब प्रकट करता है, तब प्रसिद्ध होता है, उसी प्रकार पृथिवी लोक, द्युलोक के पुत्र इस सोम का नाम सोम यज्ञ से पूर्व अज्ञात होता है, किन्तु यज्ञ से उसकी महिमा दोनों लोकों में प्रकट होती है। अग्नि में आहूत सोम का 'चट्-चट्' शब्द ऐसा प्रिय लगता है, जैसे शिशु के बोले गये शब्द ।।१३।।

प्रकाशमान, कलशों में पलटा जाता हुआ, उनसे निकाला जाता हुआ, स्रुवा में विद्यमान प्रातः अग्नि में छोड़ा जाता हुआ सोम उषा की किरणों को शोभित करता है। ऋत्विज उसकी प्रशंसा करते हैं ।।३।।

षष्ठ खण्ड

परमात्मा उपदेश करते हैं कि हम तुम्हारे प्रत्येक यज्ञ में वेद मन्त्रों से अपना उपदेश करते हैं ।।१।।

जो अग्नि का सदुपयोग करते हैं और उससे हवन करते हैं, उनका बल क्षीण नहीं होता और उनके खाये अन्न का पाचन एवं शरीर वृद्धि होती है ।।२।।

हे अग्नि ! आओ। तुम्हारे द्वारा सत्य तथा अन्य लौकिक वाणियां उच्चारूं। तुम यज्ञों से बढ़ते हो ।।३।।

हे अग्नि ! कर्मानुसार जीव को जिस योनि में भेजने का मन करते हैं, उसी में वह जाता है। उसे बल आदि भी आपकी इच्छा से ही मिलते हैं ।।४।।

हे अग्नि ! आपका तेज हमारी ज्ञानेन्द्रियों का पतन नहीं, उन्नयन कराने वाला हो । हे हमारे पालक ! इसके लिए आप हमारी की गयी भक्ति को स्वीकारिए ।। ५।।

हे वज्रिन् ! अपनी रक्षा चाहते हुए हम लोग विविध कर्म वाले आपको ही कर देकर भरने के लिए पुकारते हैं, जैसे अन्न के कुठले में अन्न भरा जाता है ।। ६।।

हे इन्द्र ! व्यवहार में हम सब आपकी शरण में हैं, जो अन्यायी को दण्ड देते हैं । तेजस्वी वीर हमारी रक्षा के लिए गतिशील हैं अतः हम परस्पर मित्र बनते हुए रक्षक आपका ही वरण करते हैं ।। २।।

हे वाणी से सेवनीय इन्द्र ! आपसे याचना करके ही हम अभीष्ट फल को प्राप्त हैं, जैसे जल के साथ चलने वाले, जल को प्राप्त करते हैं ।। ७।।

हे वज्रधारी ! जैसे नदियां, नहरों से जल को बढ़ाती हैं, उसी प्रकार वेदोक्त कर्म आपको बढ़ाते हैं ।। ८।।

जाने के इच्छुक राजा के बड़े रथ में जुतने वाले घोड़ों को राजा की प्रशंसा के साथ सारथि जोड़ते हैं ।। ६।।

अथ द्वितीयाध्याय

प्रथम खण्ड

हे मनुष्यो ! तुम्हारे भोजनादि की रक्षा करने वाले, सर्वोपरि, शतकर्मा, सर्वपूजनीय इन्द्र की स्तुति करो ।। १।।

हे ऋत्विजो ! बहुतों से पुकारे गये, बहुस्तुत, कीर्तनीय सनातन परमेश्वर की इन्द्र रूप में स्तुति करो ।। २।।

इन्द्र (परमात्मा) ही विपुल बलदाता, कर्मफलदाता, महान और कर्मबन्धन में बंधने वाला है ।। ३।।

द्वितीय खण्ड

हे मित्रों ! अंपने आनन्ददाता, गुणखान, सौम्य, भक्त रक्षक इन्द्र (परमेश्वर) की स्तुति करो ।। १।।

जैसे हम (ऋत्विज) सत्य के धन से धनी, सु-दानी इन्द्र (परमेश्वर) का स्तोत्र पढ़ते हैं, वैसे तू भी स्त्रोत पढ़ ।। २।।

अनन्त ज्ञान, वास प्रदाता, हे इन्द्र (परमेश्वर) ! आप हमारे लिए अन्न, पशु और धन देने की इच्छा वाले हों ।। ३।।

हे इन्द्र (परमेश्वर) ! मेधावी मित्र तुम्हारा मन्त्रों से पूजन करते हैं । भक्त हम लोग भी आपकी स्तुति करते हैं ।। ४।।

हे वज्रिन् ! इस यज्ञ में मैं आपकी ही स्तुति करता हूं क्योंकि आपके स्त्रोतों से ही धन पाता हूं ।। ५।।

हे परमेश्वर ! विद्वान आपका ही साक्षात्कार चाहते हैं उनके आलस्य को आप दूर करते हैं वे आत्मानन्द पाते हैं ।। ६।।

स्त्रोत पूजनीय परमेश्वर की स्तुति करें। हमारी वाणी हर्षित इन्द्र के लिए सम्पादित सोम की प्रशंसा करे।। ७।।

सात ऋत्विज सोम में सौभाग्य लक्ष्मी है, ऐसा कहते हैं। उस सोम के सम्पन्न हो जाने पर, हम उसे इन्द्र को हव्य रूप में दें।। ८।।

विद्वान् मिकद्रुक नामक यज्ञ के तीन दिनों में चेतन यज्ञ करते हैं। उसी यज्ञ में अपनी वाणी से हम मन्त्र बोलें।। ९।।

तृतीय खण्ड

हे इन्द्र! सुसम्पादित सोम इस यज्ञ में तेरे लिए भेंट है। इसे आकर पी।। १।।

मेघों को विदीर्ण करने वाले अपनी किरणों के समर्थक हे सूर्य! तेरी विजय के लिए सम्पादित सोम प्रस्तुत है। हम तेरा आह्वान करते हैं।। २।।

जो रक्षा करने वाला तेरा कुण्डपाय्य यज्ञ है, हे इन्द्र! उसमें हम अपना मन लगाते हैं।। ३।।

हे इन्द्र! अजानुबाहु तू अपने लम्बे हाथों से हमारे भोज्य-अन्न और विविध धनों का सर्वतः संग्रह कर।। ४।।

हे इन्द्र! आपके द्वारा की गई हमारी रक्षाओं से हम आपको पुरुषार्थी, बहुदानी, बहुधनधनी, और महान् रूप में जानते हैं।। ३।।

हे पराक्रमी राजन्! शुभ शिरच्छेद के इच्छुक अतिबली आपके कार्य में मनुष्य और देवता विघ्न नहीं डाल सकते।। ३।।

हे इन्द्र! सम्पादित सोम की पीने के लिए मैं आपके लिए हवन करता हूं। आप तृप्ति और हर्ष को प्राप्त कीजिए।। ५।।

हे इन्द्र! जो हंसी उड़ाने वाले मोहग्रस्त हैं, वे तुझको हिंसित न करें और जो वेद द्वेषी हैं, उन पर तू भी कृपा न कर।। ६।।

हे इन्द्र! इस यज्ञ में वृष्टि के द्वारा प्राप्तव्य अन्न-आदि धन प्राप्ति हेतु हम तुम्हें अनुकूल करें और तुम सोमरस को इसी प्रकार ग्रहण करो, जैसे मृग जल को ग्रहण करता है।। ७।।

हे भय रहित इन्द्र! यह सोम तेरे लिए हम देते हैं, उसे तू सम्पन्न पान कर।। ८।।

हे इन्द्र! ऋत्विजों के द्वारा धोये गए, फिर पत्थरों से कूटकर निचोड़े गए तथा दशापवित्र से पवित्र किये गए उस सोमरस को, जो नदी स्नात अश्व के समान हैं, हम दुग्ध-आदि में मिलाकर पकाकर स्वादिष्ट बनाकर तुम्हें उसी प्रकार देते हैं, जैसे गौओं के लिए यव आदि का दलिया स्वादिष्ट बनाकर दिया जाता है।। ९।।

धनों के स्वामी, वाणी से प्रशंसनीय हे इन्द्र! (राजन्) श्रम से सम्पन्न इस सोम को पीजिए।। १०।।

हे सौम्य इन्द्र ! सम्पन्न करने पर जो सोम आपके लिए भेंट किया जाय यह आपको प्रसन्न करे ।। ११ ।।

हे वीर इन्द्र ! वह स्तोत्र आपके उदर में व्याप जाय, सिर तथा भुजाओं में व्याप जाय ।। १२ ।।

हे मित्रो ! स्तुति करते हुए आओ, बैठो और प्रभु-कीर्तन करो ।। १२ ।।

हे मित्रो ! बहुस्तुत, शत्रुनाशक, धन-स्वामी परमात्मा को सोमसम्पन्न करके स्तुति करो ।। १३ ।।

हे मित्रो ! वह परमात्मा हमारे भोग-साधन में सहायक हो, धन प्राप्ति के लिए अनुकूल हो, वह हमें प्राप्त हो ।। १४ ।।

चतुर्थ खण्ड

प्रत्येक संघर्ष में, प्रत्येक ऐसे भोग में हम मित्र, अतिबलिष्ठ इन्द्र (परमात्मा) को रक्षा हेतु पुकारें ।। १ ।।

सनातन, मोक्षप्रद हे परमात्मा ! मैं आपकी स्तुति करता हूं। पूर्व मेरे गुरु ने भी आपकी स्तुति की है ।। २ ।।

यदि परमात्मा हमारी पुकार को सुन लें, तत्क्षण हमें बल, धन एवं रक्षा प्राप्त हो जाय ।। ३ ।।

हे परमेश्वर (इन्द्र) ! सम्पन्न सोम एवं स्तोत्रों से युक्त यज्ञ को आप पवित्र करते हैं वह यज्ञ विपुल बल प्राप्त कराता है ।। ४ ।।

सूर्य के स्थान-आकाश में अपनी महिमा सहित स्थित वह परमेश्वर भक्त मार्ग साधक, यशस्वी और कर्मानुकूल फल देने वाला है ।। ५ ।।

शत्रुओं को संग्राम में जीतने के लिए बल प्राप्त करने को, मैं महाबली परमेश्वर को पुकारता हूं। हे परमात्मा ! आप हमारी वृद्धि एवं सुख के लिए हमारे मित्र हों ।। ६ ।।

हे यज्ञ कर्ताओ ! मैं तुम्हारे लिए अग्नि के गुण वर्णन करता हूं। अग्नि, अन्नबल का रक्षक, सचेतनादायक, गमनशील, यज्ञ सुधारक, सम्पूर्ण संसार के पदार्थों का इतस्ततः पहुंचाने वाला, और अमर है ।। ७ ।।

विद्वान ब्रह्मा और शमी वृक्ष की सुन्दर सुविधाओं से युक्त, भली प्रकार से हवन किया गया अग्नि यजमानों को उत्तम धनों एवं उत्तम तेज को देता है ।। ८ ।।

हे इन्द्र ! अन्धकारों को दूर करने वाली सूर्य की पुत्री उषा अपने दर्शन से अंधकार को निवृत्त करती है। मनुष्यों को सुमार्ग पर ले जाने वाली उषा प्रकाश देती और प्रतिदिन आपकी कृपा से प्राप्त होती है ।। ९ ।।

सूर्यलोक प्रकाशित नक्षत्रों वाला है। वह प्रकाश प्रदान करता है। हे उषा ! हम तेरे और सूर्य के प्रकाश में ही अन्न ग्रहण करें ।। १० ।।

हे सूर्य और चन्द्रमा ! प्रकाश की इच्छुक प्रजाएं आपको ही प्राप्त करना चाहती हैं। मैं भी अपनी रक्षार्थ आपकी प्राप्त करना चाहता हूं। आप बुद्धि और धन देने

वाले हैं और आप सबको प्राप्त होते है ।। ११।।

हे समान मन वाले सूर्य और चन्द्रमा तुम दोनों वेदमंत्रों से यज्ञानुष्ठान करने वाले पुरुष को अनेक प्रकार का भोजन देते हो, कर्मों में प्रवृत्त करते हो, नियमपूर्वक सबको दर्शन देते हो, तुम सोम-पान करो।। १२।।

पंचम खण्ड

इस सोम के पुरातन प्रकाश को जानकर विद्वान् ऋत्विज दुग्ध समान श्वेत वर्ण वाले, बहुतों से सेवनीय, बुद्धिवर्धक इसको ग्रहण करते हैं।।१।।

यह सोम सूर्य के समान नेत्र-ज्योति दायक है। यह तीस उक्थ पात्रों और 'द्यू' लोक आदि सात लोकों को जाता है।। २।।

यह सोम सब भुवनों को शुद्ध करता हुआ आकाश में उसी प्रकार स्थित होता है, जैसे सूर्य सब भुवनों को शुद्ध करता हुआ आकाश में स्थित है।। ३।।

हरे रंगवाला, सम्पन्न किया हुआ तथा दशपवित्र पर रखा हुआ प्रकाशित सोम वायु-आदि देवों को प्राप्त होता है।। ४।।

ज्ञान साधन से प्रकाशित, बुद्धि-तत्त्व वर्धक यह सोम विद्वान् ऋत्विजों के द्वारा वायु आदि देवों को भेंट किया जाता है।। ५।।

रस को पूर्ण करता हुआ सोम दशापवित्र पर सर्वतः सेचन किया जाता है। अग्नि में पड़ने पर 'चट्'-'चट्' का शब्द करता हुआ वायु आदि देवों को पहुंचाता है।।६।।

हे सोम ! विरोधियों को दण्ड दे। शत्रुओं को भयभीत कर और धन प्राप्त करा।।७।।

हे देवताओं ! स्वच्छ, पत्थरों से कूटे हुए, भली प्रकार सम्पन्न होने वाले, मेघों को जाने वाले, सोम को तुम अपनी किरणों से प्राप्त करते है।। ७।।

हे मनुष्यो ! शुद्धिकारक, परम ऐश्वर्यवान्, देवताओं को लक्ष्य करके भजन करना चाहते हुए परमात्मा के लिए स्तोत्र गान करो।। ३।।

षष्ठ खण्ड

बुद्धिवर्धक सोम जल की लहरों के समान मेघस्थ जलों में मिलने को जाते हैं।।१।।

यज्ञ में हवन किए जाते हुए सोम यज्ञ के परिणामस्वरूप होने वाली वर्षा से प्रभूत अन्न बरसाते हैं।।२।।

सम्पन्न किये गए सोम इन्द्र, वायु, वरुण और विष्णु के लिए यज्ञ के द्वारा जायें।।३।।

हे सोम ! जैसे समुद्र जल से सर्वतः पूर्ण है, ऐसे ही आप अमृतरूपी जल से पूर्ण हैं। अतः आलस्य निवारक देव-भजन के लिए मधु टपकाने वाले द्रोण कलश में आ।।४।।

चाहने योग्य शिशु के समान श्वेत वर्ण के सोम को सिद्ध करने के लिए जलों

में दोनों भुजाओं की अंगुलियां, ऐसे चलती हैं, जैसे वीर रथ को संग्राम में चलाते हैं।।५।।

पके, खींचे हुए सोम हम हवि देने वालों के यज्ञ में अन्न के लिए आते हैं।।६।।

हे सोम ! जैसे सूर्यादि लोक को वश में करता है, वैसे हंस के समान गति से सबकी बुद्धि को वश में करता है। यह सोम गो–घृतादि से युक्त किया जाता है।।७।।

विद्या, शिक्षा, ब्रह्मचर्य से युक्त ऋत्विज को मिलाने वाली अंगुलियां वृष्टिकारक इन्द्र के पीने के लिए इस हरे रंग के सोम को सम्पन्न करती हैं।।८।।

वायु आदि देवों को प्राप्त होने वाला सोम हवन में डाली जाती हुई धारा से गिरता है, फिर शब्द करता हुआ सब ओर फैलता है, फिर वर्षा करता है।।६।।

धूम बना हुआ सोम इधर–उधर जाता हुआ, पदार्थों का उल्लंघन करता हुआ स्तोताओं के लिए कीर्ति प्राप्त करता है, जैसे वीर यश प्राप्त करता है।। १०।।

हे ज्ञानी पुरुषो ! सोम–सम्पादन करने वाले ऋत्विजों को बिना मांगे दक्षिणा दो, उनकी भावना की इच्छा मत करो। बिना दक्षिणा दिए यज्ञ को नष्ट मत करो। यज्ञ स्थल से कुत्ता आदि विघ्न कर्ता जीवों को हटाओ।। ११।।

अथ तृतीयाध्याय
द्वितीय प्रपाठक

प्रथम खण्ड

हे सोम (परमात्मन्) ! सर्वमुख्य आप सब स्तोत्रों और प्रार्थनाओं को अनेक रक्षाओं से पवित्र कीजिए।। १।।

हे सबके साक्षी परमात्मा ! सर्वमुख आप हमें पवित्र कीजिए। आप दावाग्नियों और मेघस्थ जलों को प्रेरित करने वाले हैं।। २।।

हे कवि (परमेश्वर) ! वीर्यवर्धक, कामनापूरक सम्पन्न हे सोम ! तू हमें प्राप्त हो और हमें यशस्वी कर तथा शत्रुओं को नष्ट कर।। ३।।

आपकी महिमा के लिए भुवन उपस्थित हैं। आपके प्रति वेदवाणी अर्पित होती है।। ४।।

हे परमेश्वर ! हम पर ऐसी कृपा कीजिए कि आपके सख्यभाव में विद्यमान हम आपके यश से शत्रुओं को अपमानित करें।। ५।।

हे परमेश्वर ! विद्युत–आदि तो आपके तीक्ष्ण शस्त्र शत्रुनाश के लिए हैं, उससे दुष्टों का नाश करके हमारी रक्षा कीजिए।। ६।।

हे देव सोम (परमेश्वर) ! अमृत वर्षी, वीर्यवान्, वीर्यदाता, प्रकाशमान, श्रेष्ठकर्ता तू यज्ञों को धारण करता है।। ७।।

हे वीर्यकारक सोम ! तेरा बल शक्तिदाता है। तेरा सेवन वीर्यकारक है। तेरा रस वीर्यकारक है। वू वीर्यकारक ही है।। ८।।

हे सोम ! तू विद्युत–इव शब्द करता है। तू गौ आदि पशुओं और अश्वादि

को देता है। हमारे द्वार ऐश्वर्य के लिए खोल।। ६ ।।

हे सोम ! प्रकाशित, सुखद तुझको हम हवन करते हैं। तू निश्चय ही कामनापूरक है।। ६ ।।

जब शोधित सोम जलों के साथ छिड़का जाता है, तब द्रोणकलश में स्थित होता है।। १० ।।

यज्ञपात्र रूपी सुन्दर आयुधों वाले हे सोम ! इस यज्ञ में आ और हर्ष देता हुआ सुन्दर शक्ति को हमें प्राप्त करा।। ११ ।।

हे परमेश्वर ! प्राण को पवित्र करने वाले शुद्धि सम्पादक आपके मित्र भाव को हम प्राप्त करते हैं।। १२ ।।

हे सोम ! आपकी अमृत-तरंगें प्राण का अभिषेक करती हैं। इन तरंगों से हमें आनन्दित कीजिए।। १३ ।।

हे सोम (परमेश्वर) ! सबके स्वामी, पवित्र करने वाले आप हमें पुत्र, धन अन्न प्राप्त कराइए।। १४ ।।

द्वितीय खण्ड

सबको प्रबुद्ध करने वाले, देवों को बुलाने वाले, यज्ञ सुधारक दूत अग्नि को हम वरण करते हैं।। १ ।।

प्रजापालक, हव्यवाहक, सर्वप्रिय अग्नि को हम सदा मन्त्रों से होम करते हैं।।२।।

हे अग्नि ! देवों को इस यज्ञ में ला । यजमान के लिए अरणियों में प्रकट हुआ, हवन पूर्ण करने वाला अग्नि प्रशंसनीय है।।३।।

हम याज्ञिक सोमपान के लिए मित्र, वरुण को पुकारते हैं, जो दोनों पवित्र बल युक्त हैं।। ४ ।।

जो मित्र, वरुण यज्ञ से ही यज्ञ बढ़ाने वाले और सज्ज्योति पालक हैं, उनको हम पुकारते हैं।। ५ ।।

समर्थ वरुण रक्षक हों। मित्र सब रक्षा करें। दोनों हमें बहुत धन दें।।६।।

उद्गाता इन्द्र की स्तुति साम मंत्रों से करते हैं। होता मंत्र की स्तुति ऋक्-मन्त्रों से करते हैं। शेष अध्वर्यु इन्द्र की स्तुति यजुर्वेद के मन्त्रों से करते हैं।।७।।

वेद-वचन से बंधे परमेश्वर शुभाशुभ कर्मों के फलदाता रूप में सर्वत्र हैं। वे ज्योति स्वरूप और दुष्टों के दण्डदाता हैं।। ८ ।।

हे सर्वोपरि इन्द्र ! संग्रामों और महायुद्धों में हमारी सर्वतः रक्षा कीजिए।।६।।

इन्द्र ने द्युलोक में को चढ़ाया है। सूर्य किरणों से मेघों को विदीर्ण करता है।।१०।।

इन्द्र के लिए विपुल हव्य का हम होम करते हैं और अपनी रक्षा चाहते हुए हम यज्ञ कर्म के साथ वेदमंत्रों का उच्चारण करते हैं तथा ऋत्विजों का वरण करते हैं।।११।।

इन्द्र और अग्नि की अन्न-प्राप्ति के लिए और रक्षा के लिए बुद्धिमान् अनेक ऋत्विज प्रशंसा करते हैं।।१२।।

यज्ञ सेवन के लिए हव्यान्न के साथ इन्द्र और अग्नि की प्रशंसा करते हैं।।१३।।

तृतीय खण्ड

हे शक्तिवर्धक सोम ! तुम बल एवं सब गुणों के सहित इन्द्र को धारों से प्राप्त हो।।१।।

हे पवित्रतादायक सोम ! तुम द्युलोक एवं पृथिवीलोक के धारक, सूर्य के समान दृष्टि देनेवाले एवं बलदायक हो। बल के लिए मैं तुम्हें प्रसन्न करता हूं।।२।।

विद्वान ऋत्विजों के द्वारा हवन किया गया, हरित वर्ण वाले हे सोम ! तू फैल और इन्द्र को मेघों के साथ युद्ध में प्रवृत्त कर।।३।।

जैसे सांड, गौओं को देखकर शब्द करता है, ऐसे ही शब्द करता हुआ तू पृथिवी एवं द्युलोक को शब्दपूरित करता है और आकाश में स्थित होता है। तब वह शब्द मेघ-सूर्य-संग्राम में सुना जाता है। इस प्रकार 'चट्', 'चट्' शब्द बोलता हुआ सोम सब ओर जाता है।।४।।

हे सिद्ध किए जाते हुए सोम ! तू रस से प्राण तथा बुद्धि को तृप्त करता हुआ आकाश को जाता है और मेघस्थ जलकण में मिलकर उन्हें सर्वत्र: बरसाता है।।५।।

इस प्रकार हर्षदायक प्रकाशयुक्त श्वेत रंग को धारण करता हुआ, अग्नि में हवन किया जाता हुआ, सूर्य को प्राप्त करता हुआ और मेघ को बरसने के लिए झुकाता हुआ, तू हमारे लिए सब ओर फैलता है।।३।।

चतुर्थ खण्ड

हे इन्द्र ! अश्वारूढ़ वीर शत्रुओं से घिर जाने पर आपका ही सहारा लेते हैं। सर्वत्र सज्जन-रक्षक आपको ही भजते हैं। हम स्तोता बल-प्राप्ति के लिए आपको ही पुकारते हैं।।१।।

जो विद्यादि धन वाला इन्द्र तुम स्तोताओं के लिए अनेक रूप में देता है, उस इन्द्र को मैं जिस रूप में जानता हूं, उस रूप में पूजता हूं।।२।।

जैसे वीर शत्रु सेनाओं को, उसी प्रकार परमेश्वर पापों को जीतता और नष्ट करता है। यह परमेश्वर को दान-यज्ञ करने वाले की ओर सप्रवाह प्रवाहित होते हैं।।३।।

हे दुष्टों का दमन करने वाले परमेश्वर ! मनुष्य हवि धारण करते हुए आपको भूतकाल में प्रसन्न करते हैं। वह आप हमारी पुकार बनकर हमें प्राप्त हों।।४।।

उत्तम व्याप्ति वाले, कर्मफल दाता, स्तुति योग्य, वाणियों से भजनीय हे इन्द्र (परमेश्वर) ! आपकी सहायता से ज्ञानी उपासक शोभित हों, यह हम आपसे मांगते हैं। आपके समान आप ही हैं। आप भक्तों पर प्रसन्न हों।।५।।

पचम खण्ड

हे सोम ! जो तेरा स्वीकार्य, देव-रक्षक, असुर नाशक मद है, वह हमें प्राप्त हो ।।१।।

सोम शत्रुघातक, बलदायक, इन्द्रिय बलप्रदायक और प्राणप्रद है।। २।।

हे सोम ! तुम सुन्दर गौ-दुग्ध से मिश्रित होकर वेदमन्त्रों से वेदी में हवन किए जाते हुए बाज पक्षी के समान तीव्रगति से आकाशगामी होते हो।। ३।।

हे मित्रो ! यह सोम पुष्टिकर्ता, सर्व-सेवनीय, धनदाता, पावन करने वाला द्रोण-कलश में जाता है। यह सबका पालनकर्ता है। द्यूलोक और पृथिवीलोक को स्वप्रभाव से प्रकाशित करता है।। ४।।

प्रीतिकर, प्रकाशित वाणियां मद के लिए सोम का वर्णन करती है, और दीप्तिमान्, सोम शुद्ध करते हुए आकाश गमन करते हैं ।। ५।।

हे सोम ! जो तेरा ओजस्वी रस है, जो पांच ऋत्विजों को व्याप्त कर वर्तमान है, जिससे ऐश्वर्य प्राप्त होता है, यह आनन्द-रस हमें प्राप्त कराइए।। ६।।

बुद्धिवर्द्धक, प्रकाशित, दिनों, प्रभातों और द्यूलोक को चेतनता देने वाला, नदियों का भरने वाला सोम द्रोण-कलश में जाता हुआ शब्द करता है और याज्ञिकों से हवन किया जाता हुआ इन्द्र के हृदय में प्रविष्ट होता हुआसा आकाश में जाता है ।।७।।

यह सोम मनीषियों द्वारा शुद्ध किया जाता है, याज्ञिकों द्वारा प्रयोग में लाया जाता है। द्रोण-कलशों को छोड़कर तीनों लोकों में फैले हुए इन्द्र के झुके हुए मेघों में स्थित जल को उत्पन्न करके बरसा हुआ इन्द्र को बढ़ाता है ।। ८।।

यह सोम पवित्र करता हुआ उषा को प्रकाशित करता है। यह सोम लोककर्ता है। यह एक मन, दश इंद्रियों और दश प्राण—इन इक्कीसों को रस से मथता है और हृदय को पवित्र एवं हर्षित करने वाला है ।। ६।।

षष्ट खण्ड

हे इन्द्र ! आप वीरों को चाहने वाले हैं। आप शूरवीर हैं। आपका हृदय प्रशंसा योग्य है ।। १।।

हे बहुधनी इंद्र (राजन्) ! सब कर्मचारी राजपुरुषों से आपके सभी कर्म किए जाते हैं। आप हमारे धन आदि देने के कार्य में सहायक हों ।। २।।

हे सेना-बल रक्षक राजन् ! तू इंद्रियोत्तेजक सोमपान से प्रसन्न हो और निरालस्य हो धन आदि दे। इसी प्रकार जैसे ब्राह्मण लोग धन आदि भोग साधनों में रत न होकर प्रमादी नहीं होते ।। ३।।

हमारी वाणी, समुद्र में अपनी नौकाएं चलाने वाले, रथादि में अत्यंत उत्तम, रमणीय रथों वाले, बल वाले राजा के गुणों का वर्णन करें ।। ४।।

हे राजन् ! तेरी मित्रता के कारण किसी से न डरें। हे बलपति ! किसी से भी न डरने वाले तुम्हारी हम सर्वदा स्तुति करते हैं ।। ५।।

जब अन्न सहित किसी याचक को धन दान देता है। यजमान श्रद्धा से दान करता है। परमात्मा की रक्षा उस यजमान पर क्षीण नहीं होती ।। ६।।

अथ चतुर्थाध्याय

प्रथम खण्ड

दशापवित्र (छन्ना) की ओर शीघ्रता से जाने वाले ये सोम सौभाग्य प्राप्ति के लिए अग्नि में हवन किये जाते हैं ।। १।।

अन्न-बल दाता सोम, दोष दूर करने वाला और हमारी संतानों और प्राणों तथा आत्मा का सुखदायक है। अतः सेवनीय है ।। २।।

हमारी गौओं और हमारे लिए अन्न-धन दाता सोम हमारी सुंदर प्रार्थनाएं सुनते हैं ।। ३।।

शुद्धि करता हुआ सोम आकाश मार्ग से जाने के लिए यज्ञ में वृद्धि तत्त्वों के सहित प्राप्त होता है ।। ४।।

हवन के लिए सिद्ध (तैयार) किया हुआ देवताओं को देने योग्य सोम हमें शत्रुओं के दमन करने योग्य बल तथा सौन्दर्य देता है ।। ५।।

हे सोम ! हमारे लिए बहुत-सी गौएं और ऐश्वर्य के देने वाले बनो ।। ६।।

हे सोम ! अनंत आकाशस्य घनों को हमारे लिए धारण करने वाले तुझ कल्याण रूप को हम उत्तम कर्मों से ही प्राप्त करते हैं ।। ७।।

शत्रु विनाशक, स्तुतियोग्य, प्रशंसनीय अनेक कर्मों के कर्ता सैकड़ों की उन्नति करने वाला सोम हमको सुखी करे ।। ८।।

हे उत्तम कर्मों के कर्ता सोम ! सुंदर पालनादि गुणों वाले, दुःखरहित आप त्रिलोकी का पोषण करते हैं। इसलिए ऐश्वर्य प्राप्त करना चाहने वाला पुरुष द्युलोकादि के राजा आपकी शरण लेता है ।। ६।।

कर्म-द्रष्टा, अभीष्टदायक सोम, फल को प्रेरित करता हुआ उत्तम महिमा को प्राप्त करता है ।। १०।।

सूर्यादि लोकों को घुमाने वाले, यज्ञ रक्षक, सर्वानन्ददायक सोम (परमात्मा) का जीवात्मा ध्यान करे ।। ११।।

यज्ञ के उपासकों के द्वारा शोधा हुआ तू हे सोम ! हमारे अन्नों के लिए धार से प्राप्त हो और प्रकाश के साथ स्तुतिकर्ताओं को प्राप्त हो ।। १२।।

हे सोम ! वाणियों से प्रशंसनीय, हरित वर्ण वाले तुम शुद्धि करते हुए प्राणों को सुख देते हुए यजमान का धन-बल सम्पादन करो ।। १३।।

पवित्रता और प्रकाश करता हुआ, होता से धारण किया जाता हुआ, सोम देवों को प्राप्त होने के लिए इंद्र के स्थान अंतरिक्ष को प्राप्त हो ।। १४।।

द्वितीय खण्ड

मेधावी गृहस्थ का रक्षक, हयवाहक युवा-अग्नि, आहनीय अग्नि से मिलकर उत्तम प्रकार से प्रज्ज्वलित होता है ।। १।।

हे अग्नि ! देवताओं को हवि प्राप्त कराने वाले तुम्हारी उपासना जो हविदात करता है, तुम उसके निश्चय की रक्षक हो ।। २।।

हे अग्नि ! जो देव-यजन करने वाला यजमान तुम्हारे पास आकर यज्ञकर्म करता है, उसे सुखी करो ।। ३।।

बलिष्ठ मित्र तथा हिंसकों के भक्षक वरुण का मैं इस यज्ञ में हवि देने के लिए आह्वान करता हूं । वे दोनों पृथ्वी पर जल पहुंचाने वाले कर्म में सिद्धहस्त हैं ।। ४।।

हे मित्र और वरुण ! तुम सत्य एवं यज्ञ को पुष्ट करते हो। इस सांगोपांग सोम यज्ञ को तुम सत्य से पूर्ण करते हो ।। ५।।

मेधावी तथा उपकार के लिए ही उत्पन्न यजमान के यहां स्थित मित्र और वरुण हमारे कर्म एवं बल को दृढ़ करने वाले हैं ।। ३।।

सदा प्रसन्न, तेजस्वी मरुद्गण, निर्मम इंद्र के साथ सबको दर्शन दें ।। ६।।

वर्षा होने वाले अन्न-जल के लिए यज्ञ-धारक मरुद्गण, मेघों को पुनः प्रेरित करते हैं ।। ७।।

इंद्र के साथ मरुद्गण जब प्रकाशित होते हैं, तब इंद्र और मरुद्गण दोनों समतेज जान पड़ते हैं ।। ८।।

इन इंद्र और अग्नि का मैं आह्वान करता हूं जिनका पूर्व-काल में किया हुआ पराक्रम ऋषियों के द्वारा स्तुत्य है। वे दोनों साधकों के हिंसक नहीं, अतः हमारी रक्षा करें ।। ६।।

महाबली, शत्रुनाशक इंद्र और अग्नि को उद्दिष्ट करके हम यज्ञ करें। ऐसा यज्ञ करने पर वे दोनों हमें सुखदायक हों ।। १०।।

हे इंद्र और अग्नि ! तुम कर्मवानों के संकट दूर करते हो। सत्पुरुषों के तुम रक्षक हो। उपद्रवों और शत्रुओं को नष्ट करते हो ।। ३।।

तृतीय खण्ड

मनीषियों के हर्षप्रदायक तरल सोम कलश के ऊपर छन्ने पर गिरकर रस सुवर्ण करते हैं ।। १।।

शुद्ध हुआ दिव्य-सोम धार बनकर कलश में जाता है और प्रेरित हुआ वह मित्र और वरुण के लिए निकलता है ।। २।।

ऋत्विजों के द्वारा शोधित, इच्छा करने योग्य, विशेष इष्ट, दिव्य अंतरिक्षस्थ सोम, इंद्र के लिए प्राप्त होता है ।। ३।।

ईश्वर प्रदत्त ज्ञान के वाहक ऋषि ऋक्, यजुः, साम—इन तीन प्रकार की वाणियों, सत्य की धारणा और सत्यप्रज्ञा को लोक में प्रचारित करते हैं। अतः वे ज्यों की त्यों प्रकाशित होती हैं। अतः वेदवाही ऋषियों को सोमादि पदार्थों की यथार्थ प्राप्ति होती है ।। १।।

प्रसन्न करने वाली वेदवाणियां परमात्मा को प्राप्त करने वाली हैं। विद्वान अपनी बुद्धि से परमात्मा को खोजते हैं। हृदय को शुद्ध करने वाला ध्यान किया हुआ परमात्मा मन्त्रों से स्तुत किया जाता है; किन्तु त्रिष्टुप् आदि छन्दों वाली वेदवाणियां परमात्मा का सम्पूर्ण वर्णन नहीं कर पातीं क्योंकि परमात्मा वाणी का विषय नहीं है ।। २।।

हे परमात्मा ! आप सब ओर अमृत-वर्षा करते हुए, पवित्र करते हुए हम उपासकों को पवित्र कीजिए। हमारा कल्याण हो। आप आत्मा में व्याप्त हैं। महान् आनन्द से अपनी स्तुति को बढ़ाइए और विज्ञान को हमें दीजिए ।। ३।।

चतुर्थ खण्ड

हे इन्द्र ! (परमेश्वर) सैकड़ों द्युलोक और सैकड़ों पृथिवीलोक से भी आप बड़े हैं। हे वज्रिन ! असंख्य सूर्यलोक से भी आप बड़े हैं। द्यावा पृथिवी से भी आप बड़े हैं। उत्पन्न जगत-मात्र से भी आप बड़े हैं। आप अनन्त और सबसे महान् हैं ।।१।।

यथेष्ट कामनावेषी हे बलिष्ठ इन्द्र ! (परमात्मन) आप बड़प्पन और बल में सब वीर्यवानों से बड़े हैं। अतः आप इस इन्द्रियों वाली देह को विचित्र रक्षाओं से रक्षित कीजिएगा। हे वृत्रहन्ता इन्द्र (परमेश्वर) ! जैसे शुद्ध देश के झरनों में शुद्ध शान्त जल नम्रतापूर्वक नीचे को फैलता है, वैसे सोमसिद्ध किए हुए हम भी शुद्ध मन से यज्ञ का विस्तार करते हुए स्तोत्र-पाठ करते और आपकी स्तुति करते हैं ।।२।।

हे निर्धनों के धन इन्द्र (परमेश्वर) ! अनेक स्तोता अन्नादि की प्राप्ति के लिए निरन्तर आपको उसी प्रकार पुकारते हैं, जैसे प्यासा स्वच्छ जल के लिए पुकारता है कि कब सदाचारी जलदाता आए और जल पिलाए ।। ३।।

हे इन्द्र (परमेश्वर) ! सर्वोपरि विराजमान और सर्वतः अभय आप विपुल, गौ आदि पशु तथा धान्य बुद्धिमानों को शीघ्र देते हैं। हे साक्षी ! हम भी याचना करते हैं ।।४।।

सूर्य सोम को शीघ्र सेवन करता है। मैं तुम याज्ञिकों की वाणी को नम्र कराता हुआ इन्द्र (परमेश्वर) को उसी प्रकार नमस्कार करता हूं, जैसे बढ़ई अच्छी ढुलकने वाली पहिए की नेमि को झुकाता है ।। ५।।

हे धनपति ! धनदाताओं की बनावटी स्तुति नहीं की जाती। परोपकार करने वालों को ऐश्वर्य नहीं मिलता। जो दिया हुआ दान है, हे धनपति ! वह आपका ही उत्तम दान है, अन्य कोई क्या देगा ? ।। ६।।

पंचम खंड

प्रातःकाल ऋक्, यजुः और साम तीन वाणियों का ऋत्विज उच्चारण करते हैं। गोदोहन होता है और सोमरस की धार अग्नि में पड़ती हुई 'चिट-चिट' का शब्द करती है ।। १।।

महती, यज्ञ को मान करने वाली, पवित्र करने वाली परमेश्वर की वेदवाणियां द्युलोक के प्रशस्त पुत्र सोम की सर्वतः प्रशंसा करती हैं ।। २।।

हे सोम (परमेश्वर) ! बहुसंख्यक मणिमुक्तादि से भरे-पूरे चारों समुद्रों को हमें प्राप्त कराइए ।। ३।।

हे मित्रो ! हर्षदायक, मधुमिश्रित इन्द्र के लिए सम्पन्न किये गए दशापवित्र वाले तुम्हारे सोम अग्नि में हवन किये जाएं और देवताओं को प्राप्त हों ।। ४।।

वाणी का पालक, बल-पराक्रम के उत्पन्न करने में समर्थ, यज्ञ को चाहने वाला सोम इन्द्र के लिए जाता है । सोम के गुण जानने वाले विद्वान् ऐसा उपदेश करें ।।५।।

अनेक धारों वाला, रसपूर्ण, वाणी-संस्कार कर्ता, हव्यरूपी धन वाले यजमानों का पोषक, प्रतिदिन का इन्द्र का सखा सोम आकाश को जाता है ।। ६।।

हे वेदपति परमेश्वर (सोम) ! तेरी पवित्रता विस्तृत है। प्रभावशाली तू सर्वतः सर्वाङ्ग को लाभकर है; किन्तु व्रतादि का आचरण करने वाला कच्चा पुरुष तेरी उस पवित्रता को प्राप्त नहीं कर पाता; परिपक्व सदाचारी ही उसको प्राप्त करते हैं ।। ७।।

तेजस्वी सोम का पवित्र अंग द्यूलोक में फैला है। इस सोम के चमकते हुए तार वायु में स्थित होते हैं। इसके शीघ्रगामी रस यजमान की रक्षा करते हैं और द्यूलोक में तेज के साथ चढ़ जाते हैं ।। ८।।

इस सोम के बुद्धि-तत्त्व से ही मनुष्य बुद्धिमान बने हैं तथा वृष्टि करने में समर्थ सूर्य सोम से ही जल बरसाता है और उषा को प्रकाशित करता है। सोम से ही चन्द्रमा की किरणें पालन करती हैं ।। ६।।

षष्ठ खंड

हे अग्नि के समीपवर्तियो ! तुम महान्, यज्ञ वाले, तेजस्वी अग्नि (परमेश्वर) के गुणों का वर्णन करो ।।१।।

यज्ञवाला, यशस्वी, प्रदीप्त, आहूत, अग्नि वीर पुत्रादि तथा अन्न देता है। हमारे अग्नि का बुद्धित्व बहुत धनों के सहित हमें प्राप्त हो ।। २।।

हमारी सब वाणियां आकाशव्यापी, सूर्यादिलोक रूपी रथों वाले, बलरक्षक, सब पदार्थों के स्वामी परमेश्वर के गुणों का वर्णन करें ।। ३।।

हे इन्द्र (परमेश्वर) ! जिस कारण आप इस उपासक के योगयज्ञ में विराजे हैं, उसी कारण से आप मन, प्राण के लिए ज्योति प्रदान करते हैं ।। ४।।

हे इन्द्र (परमेश्वर) ! आप मेघों के जलों को स्वाधान करते हैं, अतः आपके यश को स्तोत्रों से प्रतिदिन मनुष्य पहले के समान आज भी पढ़ते हैं ।। ५।।

हे इन्द्र (परमेश्वर) ! आप महान् हैं। जो मनुष्य आपकी उपासना करता है, आपकी आज्ञानुसार चलता है; उस शुद्धवीर्य तथा गो आदि के स्वामी की पुकार सुनिए और धनादि उसे दीजिए ।। ६।।

हे इन्द्र (परमेश्वर) ! जो स्तोता आपके लिए स्तुति का उच्चारण करता है, उसको आप अज्ञानयुक्त, सनातन, यज्ञपोषक बुद्धि देते हैं ।। ७।।

जिसकी वेदवाणियां स्तुति करती हैं; हम उसी परमेश्वर की स्तुति करें। हम उस परमात्मा के अनन्त पुरुषार्थों का गान करते हुए; उसे भजते हैं ।। ८।।

<h1 style="text-align:center">पञ्चमाध्याय
तृतीया प्रपाठक</h1>

प्रथम खण्ड

शुद्धिकर्ता, ऋषिसेवित, चन्द्रकिरणस्थ हे सोम ! तेरी प्रसन्नतादायक अन्तरिक्षस्थ व्यापिनी किरणें जल-युक्त मेघ-मण्डल में प्रविष्ट हो जाती हैं। अत: जो ऋत्विज तुमको सम्पन्न करते हैं, वे स्थूल जल-धाराओं को अन्तरिक्ष से बरसा लेते हैं ।।१।।

जब सोम छन्ने पर डाला जाता है और फिर जब वह द्रोण कलश में पहुंचता है, तब स्थिर हुए सोम की किरणें सब ओर फैलती हैं ।। २।।

सबकी आंखों को हितकारी हे सोम ! प्रभावी और समर्थ तेरी किरणें सब स्थानों को प्राप्त होती हैं। व्यापक तू अपने प्रभाव से पवित्र करता है और सब जगत का राजा है।। ३।।

हवन किया हुआ सोम आकाश में विद्युत् की विचित्र-सी ज्योति उत्पन्न करता है।। ४।।

हे सोम ! तेरा दोषरहित प्रसन्नतादायक रस दशापवित्र पर गिरता है।। ५।।

हे सोम (परमात्मा) ! आपको तेजस्वी, बलवान आदि सब ज्योतियों और सुखों को दिखाने के लिए विराजित है।। ६।।

जैसे त्वरायुक्त, प्रकाशयुक्त, गमनशील किरणें अंधेरी रात्रि को दूर करती हुई चलती हैं, वैसे ही ये सोम भी प्रकाश करने वाले होते हैं।। ७।।

सम्पन्न उस सोम की हम प्रशंसा करते हैं, जिसके द्वारा हम अमर्यादित, दुराधर्ष, कर्म में विघ्न डालने वाले शत्रु को तिरस्कृत करते हैं।। ८।।

बलवान सोम का शब्द वर्षा के शब्द जैसा सुनाई देता है। विद्युत् आकाश में घूमती चमकती है।। ९।।

करुणा से गीले सोम ! आप हमें गौओं, अश्वों, सुवर्णादि धनों और पुत्रों के सहित बहुत अन्न प्राप्त कराएंगे।। १०।।

सबकी आंखों के हितकारक सोम ! जैसे सूर्य अपनी किरणों से उषा को भर देता है, वैसे ही बड़े द्युलोक एवं पृथिवी लोक को आप इसके प्रकाश से भर दीजिए।।५।।

द्वितीय खण्ड

हे बुद्धिवर्धक सोम ! तू अपने प्रिय, शीघ्रगामी और बोलते हुए-से तेज से, जहां वायु आदि देवता हैं, ऐसे अन्तरिक्ष में फैल जा।।१।।

हे सोम ! तू अपवित्र को पवित्र करता हुआ और मनुष्यों के लिए अन्न आदि धन प्राप्त कराता हुआ आकाश से वृद्धि कर।। २।।

यह सोम ! वह है—जो दशापवित्र (छन्ना) पर डाला जाता है और अन्तरिक्ष की तरंगों (वायु) में, द्युलोक में हलकी गति से विभिन्न प्रकार से पहुंचता है।।३।।

दशापवित्र (छन्ने) पर डाला गया सोम ध्वनि करता हुआ, प्रकाश करता हुआ, और लोकों को तेज से प्रकाशित करता हुआ बलपूर्वक द्यूलोक को जाता है।।४।।

अभिषुत (छाना हुआ) सोम दूर एवं समीप में स्थित वायु को मधुरता से भरता हुआ इन्द्र के लिए हवन किया जाता है।। ५।।

सज्जन ऋत्विज हरे रंग के गीले सोम को पत्थरों से कुचलकर सिद्ध करते हैं। फिर इन्द्र के पीने के लिए उसकी स्तोत्रों से प्रशंसा करते हैं।। ६।।

जैसे परस्पर बहिनों जैसी सूर्य-रश्मियां सूर्य को सेवित करती हैं, उसी प्रकार पृथिवी से छूटी हुई सोम-रश्मियां सूर्य को सेवित करती हैं।। ७।।

हे दिव्य, पावन सोम ! (परमेश्वर) तू अपने पूर्ण तेज से देवों के लिए अभिषुत किया जाता है (ध्यान किया जाता है) औ सबर धनों को प्राप्त करता है।। ८।।

हे सोम ! (हे परमेश्वर !) देव-भजन के लिए तथा अन्नोत्पादन के लिए नियमपूर्वक तथा समय से प्रशंसनीय वर्षा कर।। ६।।

तृतीय खण्ड

लोक-रक्षक, चेतनता देने वाला, सुन्दर, बलवान अग्नि नवीन कल्याण के लिए वेदी में उत्पन्न होता है और कल्याणकारक वह बड़े तेज के साथ ऋत्विजों के हित के लिए अन्तरिक्ष को प्रकाशित करता है।।१।।

हे अग्नि ! तेजस्वी, ज्ञानी पुरुष बनरुपी गुहा में छिपे हुए तुमको खोजकर ही पाते हैं। फिर (अरणियों से) बलपूर्वक रगड़कर उत्पन्न करते हैं। इसीलिए तू बल का पुत्र कहा जाता है।। २।।

यज्ञकर्ता लोग प्रातः माध्यन्दिन और सायं तीन सवनों वाले यज्ञ में कर्मयज्ञ की ध्वजारूप, मुख्य इन्द्र आदि देवों के समान स्थानीय अग्नि को प्रदीप्त करते हैं। वह यज्ञ-सुधारक, हव्यावाहक अग्नि यज्ञ के लिए प्रज्वलित होता है।। ३।।

यज्ञ से पुष्ट होने वाले मित्रावरुण के लिए यह सोम सिद्ध किया है अतः वे मेरे बुलावे को सुनें।। ४।।

द्रोह न करने वाले प्रकाशमान मित्रावरुण (प्राण-अपान) उत्तम—स्थिर सहस्रदल कमल नामक स्थान में व्याप्त हैं।। ५।।

वे मित्रावरुण सुप्रकाश से युक्त हैं, घृत ही उनका अन्न है, वे प्रकृतिपुत्र हैं और वे याज्ञिक की रक्षा करने वाले हैं तथा यज्ञ में भली प्रकार से प्राप्त होते हैं।।६।।

जिसके समक्ष कोई न ठहर सके, ऐसा वह इन्द्र लक्ष्य पर ही ले जाने वाले पदार्थ से रचित अपने किरण रूपी वाणों से दशों दिशाओं में संगठित मेघ-सेना पर प्रहार करके उसे मारता है।। ७।।

शीघ्रगामी शत्रु मेघों के जो सिर पर्वत रूपी दुर्ग में गिर गए हैं, उनको चाहता हुआ इन्द्र इन सिरों को अपने किरणरूपी बाणों की वर्षा वाले संग्राम में पा जाए।।८।।

हे मनुष्यो ! सूर्य की किरणें ही चंद्रमा को प्रकाशित करती हैं, यह जानो।।६।।

हे इन्द्राग्नि ! इस मन्त्र से यह तुम्हारी सनातनी प्रशंसा उसी प्रकार प्रकट

होती है, जिस प्रकार बादल से वर्षा प्रकट होती है।। १० ।।

हे इन्द्र, अग्नि ! प्रशंसा करने वाले मन्त्र की पुकार सुनो और वाणियों को विभागशः उच्चारण करो। समर्थ तुम प्रकाशरूप में बुद्धियों में व्याप्त हो जाओ।।११।।

हे इन्द्र, अग्नि ! तुम दोनों हमें पाप, निन्दा और विनाश के काम के लिए प्रेरित मत करो।। १२ ।।

चतुर्थ खण्ड

हे सोम ! तू बल-साधक, हर्षकारक ऋत्विजों तथा वायु एवं अन्य देवताओं के लिए प्राप्त हो।। १ ।।

स्वस्थान आकाश में स्थित, हितकर, वर्षाकारक, बुद्धि-उद्बोधक नष्ट न होनेवाला सोम, देवताओं के साथ आकाश में शोभित हो।। २ ।।

हे सोम ! यज्ञ से हितकारी होकर अपने स्थान अन्तरिक्ष में जाने के लिए स्वभाव से शब्द करता हुआ वायुमण्डल पर चढ़ जा।। ३ ।।

हे विश्व का भरण-पोषण करने वाले, परम ऐश्वर्य वाले सोम (हे परमेश्वर)! मैं आपकी आज्ञा में प्रतिदिन रहता हूं। अनेक योनि-यातनाएं मुझे सताती हैं। मुझे इनसे बचाकर मुक्ति दीजिए।। ४ ।।

हे विश्व का भरण-पोषण करने वाले सोम ! प्रातः गो-दोहन करते हुए, दिन में हम तेरी ही उपासना करें और सूर्य से भी अधिक दीप्तिमान आपकी ही शरण में जाएं, जैसे पक्षी आकाश की शरण में जाते हैं।। ५ ।।

विविध प्रकार का सोम समस्त शत्रु सेनाओं को विजित करता है। उस बुद्धि-तत्त्व-उद्दीपक सोम को हम अंगुलियों से संस्कृत करते हैं ।। ६ ।।

रक्तवर्ण सोम अपने स्थान आकाश में चढ़कर स्थिर हो। इस प्रकार सोम को इन्द्र प्राप्त करे ।। ७ ।।

गीला सोम सब ओर से हमारे लिए धन-धान्य की वर्षा करे ।। ४ ।।

पंचम खण्ड

हे हरणशील किरणों वाले इन्द्र ! सोम को सम्पन्न करने वाले की भुजाओं से यह पत्थर सोम को कुचलकर सोम को सिद्ध करता है, उसी प्रकार जैसे—सारथी के हाथों से प्रेरित दीक्षित अश्व अभीष्ट स्थान को पहुंचता है। हे इन्द्र ! उसे ग्रहण कर। यह सोम तुझे प्रसन्न करे ।।१।।

शीघ्रगामी सेना वाले, प्रभावशाली हे इन्द्र ! जो सोम तेरा प्रयोजनीय, शोभन और हर्षदायक है; जिससे तुम मेघों का नाश करते हो, वह सोम तुम्हें हर्ष दे ।।२।।

हे इन्द्र ! जिस प्रशंसारूपिणी तुम्हारी वाणी से विद्वान् तुम्हारी अर्चना करता है, उस मेरे द्वारा उच्चारित वाणी को सम्मुख होकर ग्रहण करो। इन वेदवचनों का यज्ञ में सेवन करो ।। ३ ।।

मनुष्य मिलकर सर्व-शत्रु तिरस्कारक, श्रेष्ठ, स्थिर, शत्रुमारक, तेजस्वी, प्रतापी, बली और वेगवान इन्द्र को (राजा को) बनाएं और उसे राज्य के लिए

नथा यज्ञ करने के लिए शास्त्रादि-सज्जित करें ।। ४।।

सुदीप्तिवाले, अद्रोही और बुद्धिमान ऋत्विज यज्ञ में कामपूरक मंत्रों और स्तोत्रों से इन्द्र (यजमान) को कान के समीप समझाकर तथा दूर से समझाते हुए भक्ति एवं श्रद्धा, जप आदि कराते हुए नम्र करते हैं ।। ५।।

यज्ञ में ऋत्विज सोम के पीने को इन्द्र (राजा) को बुलाते हैं, जिससे वह वृद्धि के लिए व्रत धारण करने वाला तथा बल और बल से उत्पन्न रक्षाओं से युक्त हो जाए ।। ६।।

जो मनुष्यों का राजा है, जो रथों से प्राप्त होता है, जो अपने स्थान पर दुष्टों का नाशक है, जो सम्पूर्ण सेनाओं के पार जाने वाला है, उस इन्द्र (राजा) की मैं प्रशंसा करता हूं ।। ७।।

हे बहुज्ञानी ! उस इंद्र (राजा) की रक्षा करने के लिए प्रयास कर, जिसने हाथों में शस्त्र धारण किए हैं, जो दर्शनीय है। इस प्रकार के महान् सूर्य के समान वर्तमान राजा का सत्कार कर ।। ८।।

षष्ट खण्ड

बुद्धिमान, मेधावी, आकाश-पृथिवी का हितकारी पुरुष सोम खींचने वाले अपने साथी अध्वर्युओं के सहित स्वार्गिक आयु को प्राप्त करता है ।। १।।

उत्पन्न हुआ शुद्ध महान् हव्य सोमरूपी पुत्र बड़ी और यज्ञ को बढ़ाने वाली, सर्व उत्पादिका अपनी माता द्युलोक एवं पृथिवी लोक को प्रकाशित करता है ।।२।।

उच्च व्यवहार करने वाले, द्रोहरहित स्तोता पुरुष को सोम भक्षणार्थ मिलता है।।३।।

हे प्रिय सोम (परमेश्वर) ! तू अत्यंत प्रकाशमान विद्वान के जन्मो को मोक्ष देता है ।। ४।।

उत्तम व्यक्तित्व वाले सोम से वाणी पुष्ट होती है, विद्वान् सुख पाते हैं और सुन्दर यश पाते हैं ।। ५।।

स्वयं पवित्र तथा अन्यों को पवित्र करने वाला सोम अपनी सुन्दर तरंगों के साथ दशा पवित्र (छन्ना) पर विविध प्रकार से जाता है तथा वेदमंत्रों से हवन किया जाता हुआ शब्द करता है ।। ६।।

बलदायक, जल में क्रीड़ा करते हुए, दशा पवित्र में से निकलते हुए सोम को ऋत्विज अंगुलियों से मार्जित करते हैं और तीन पात्रों को स्पर्श करने वाले सोम की वाणियां प्रशंसा करती हैं ।। ७।।

अश्ववत् बलिष्ठ पवित्र सोम द्रोण-कलशों में छोड़ा जाता है तब शब्द करता हुआ टपकता है ।। ८।।

सोम (परमात्मा) ! जो कि बुद्धि-उत्पादक, द्युलोक उत्पादक, पृथिवी उत्पादक, अग्नि का उत्पादक, सूर्य और विद्युत का उत्पादक तथा यज्ञ का उत्पादक है, विद्वान् याज्ञिकों को प्राप्त होता है ।। ९।।

सोम विद्वान् ऋत्विजों में राजा है तथा कवियों की कविता का संयोजक है, बुद्धिवर्धक है, वन्य पशुओं का वर्धक है और पक्षियों को गति देने वाला है। ऐसा

सोम शब्द करता हुआ दशापवित्र में छानता है ।। १० ।।

सोम, बुद्धियों, भोजन-शक्तियों, वक्रतृत्च-शक्तियों तथा वाणियों को प्रेरित करता है; उसी प्रकार जैसे—नदी तरंगों को प्रेरित करती है, सोम दृष्टि की सहायता करता हुआ उसे पुष्ट करता है, वृष्टिकर्त्ता सोम ज्ञानेन्द्रियों में बोध-शक्ति देता है।।३।।

सप्तम खण्ड

तुम्हारे यज्ञों को अत्यंत बढ़ाने वाले बन्धु तुल्य सहायक बलवान अग्नि की भली प्रकार से तुम उपासना करो ।। १ ।।

इस यशस्वी अग्नि के यजन से यह अग्नि ऐसा उपकारक होता है, जैसे बढ़ई काष्ठ को चीरकर उपकार करता है ।। २ ।।

यह यजन किया हुआ अग्नि देवों को सब सम्पदाओं को सर्वतः पहुंचाता है। यह अग्नि हमारे अन्नों की वृद्धि करता हुआ हमें प्राप्त हो ।। ३ ।।

हे इन्द्र (हे परमात्मा) ! इस सिद्ध किये गए उत्तम, दिव्य सोम को ग्रहण कीजिए। मुझ शुद्ध के हृदय में आपको सत्य की धाराएं प्राप्त हों ।। ४ ।।

हे इन्द्र ! (हे राजन) जो तुम दोनों शीघ्रगामी आंखों को प्राप्त होते हो, तुमसे उत्तम रथी कोई और न हो; तुम-सा बलवान कोई और न हो तथा उत्तम अश्वों वाला तुम-सा कोई और न हो ।। ५ ।।

हे प्रजाजनो ! इन्द्र (राजा) का सत्कार अवश्य करो। उसकी स्तुतियों का उच्चारण करो। सिद्धि सोम उसे प्रसन्न करें। बलवान महान राजा को नमस्कार करो। हे राजन् (इन्द्र) ! हे दुष्टनाशक ! शूरवीर ! आतृप्ति प्रसन्नतापूर्वक, आप सुन्दर सोम का सेवन पान करें और शत्रुओं पर चढ़ाई करें ।। ६ ।।

हे राजन् (इन्द्र) ! सम्पन्न सोम, जो कि स्वर्ग के सदृश है, उस सोम से सुन्दर वाणी और हर्ष आपको प्राप्त हो तथा देब-तुल्य आप उसको तृप्ति भर पियो ।।७।।

मित्र के सदृश सर्वहितकारी, संन्यासी के समान निष्पक्ष, सूर्य किरण-सा तेजस्वी, शीघ्र शत्रुओं का तिरस्कार करने वाला राजा सोम-पान के हर्ष में मार्ग रोकने वाले दस्यु को मारता, शत्रु सेना को नष्ट करता और शत्रुओं का तिरस्कार करता है ।। ८ ।।

षष्ठाध्याय

प्रथम खण्ड

हे परम ऐश्वर्यवान सोम ! (परमेश्वर) आप धनवान एवं धनदाता, तेजस्वी एवं तेजवान, बलवीर्यदाता, भुवनों में व्याप्त, अतिबली और सर्वज्ञ है। हम मनुष्यवाणी से आपकी स्तुति करते हैं, हमें पवित्र कीजिए ।। १ ।।

हे सोम (परमेश्वर) ! आप पवित्र करने वाले, कामनापूरक सर्वतः सर्वसाक्षी हैं और प्रजाओं को सर्वत्र प्राप्त हैं। आप हमारे शलिए धन-धान्य और ऐश्वर्य की वर्षा कीजिए, जिससे हम संसार में जीवित रहने में समर्थ हों ।। २ ।।

हे शांत स्वरूप परमेश्वर ! तू वश में करते हुए इन भुवनों को सम्यक् रूप से प्राप्त है। तू सूर्य-चंद्र की विभिन्न रंग की किरणों का स्वामी है। वे किरणें घृत के समान पुष्टिकारक मधुर जल को बरसाएं। मनुष्य तेरे नियम में स्थित हों ।। ३ ।।

जैसे सूर्य की किरणें मनुष्य के देखने में सहायता देती हैं, वैसे ही हे सर्वज्ञेश्वर तेरी वेद-वाणी मनुष्यों को सम्मार्ग में प्रवृत्त करती है ।। ४ ।।

हे सोम (परमेश्वर) ! आप समुद्र के समान गंभीर हैं तथा आकाश में स्थित अनन्त रूपों को पवित्र करते एवं ज्ञान देते तथा पोषण करते हैं ।। ५ ।।

जैसे उदित सूर्य प्रकाश देता है, वैसे ही हे पवित्र परमेश्वर ! आप (सृष्टि के आरम्भ में ऋषियों के हृदय में) वेद-वाणी का प्रकाश करते हैं ।। ६ ।।

पवित्र प्रकाशमान सोम आकाश को जाकर, सूर्य किरणों से पककर मेघस्थ जलों में मिल जाते हैं ।। ७ ।।

गीले सोम किरणों के द्वारा सब ओर फैलते हैं तथा मेघ-जल में मिल जाते हैं ।। ८ ।।

संस्कारित सोम ऋत्विजों के द्वारा, जब अग्नि में हवन किया जाता है, तब प्रसन्नतादायक होकर इन्द्र को प्राप्त होता है ।। ९ ।।

जब मेघों में पहुंचा हुआ और बरसाया जाता हुआ सोम सब ओर फैलता है, तब इन्द्र के धारणार्थ पर्याप्त होता है ।। १० ।।

हे सोम ! तू शुद्ध, प्रशंनीय, मनुष्यों का आनन्ददायक है। तू पवित्रता प्रदान कर ।। ११ ।।

मेघवर्षक, वेदमंत्रों से प्रशंसित, स्वयं शुद्ध एवं अन्यों का शुद्धिकर्ता अद्भुत सोम पवित्रता दे ।। १२ ।।

वह सोम स्वयं पवित्र एवं अन्यों का पवित्र कर्ता, मधुरतायुक्त, अभिषुत (सिद्ध), देवों को तृप्ति देने वाला और शत्रु विनाशक कहा गया है ।। १३ ।।

द्वितीय खण्ड

देवों के पान कराने के लिए बुद्धिवर्धक सोम दशापवित्र से प्राप्त होता है। वह शत्रु-क्षेत्र को दबाने वाला है ।। १ ।।

वह सोम ऋत्विजों को गौ-आदि पशु तथा धन-धान्य देता है ।। २ ।।

हे सोम ! हम तुझे बुद्धि एवं चित्त लगाकर शुद्ध करते हैं। तू हमें पवित्र करता एवं अन्न प्राप्त कराता है ।। ३ ।।

हे सोम ! यज्ञकर्ता ऋत्विजों को यश और स्थिर धन प्राप्त करा और अन्न दे ।। ४ ।।

यज्ञ के देवों तक पहुंचाने वाले अद्भुत सोम ! तू राजा के समान शुभ कर्म करने वाला शुद्धिकारक एवं प्रशंसनीय है ।। ५ ।।

वह सोम यज्ञ का नेता है, हाथों से शोधा जाता है, जलों में मिला हुआ चमसों (पात्रों) में रखा जाता है ।। ६ ।।

हे सोम ! यज्ञ के समान दान का इच्छुक तू स्तोताओं को वीरता प्रदान करता हुआ दशा पवित्र (छन्ने) पर गिरता है ।। ७ ।।

हे सोम ! हमारे लिए विपुल रस, विपुल अन्न और सौभाग्य बरसाओ ।। ८ ।।

हे सोम ! वेदों में जैसी तेरी प्रशंसा है, उसी रूप में हमारे यज्ञ में तृप्त करने वाला बन ।। ९ ।।

हे सोम ! हमारे लिए इन्द्रियप्रद और प्राणप्रद बनकर अन्न आदि के साथ बरस ।।१० ।।

जो सोम सहस्रों को जीतने वाला शत्रु को घेरकर मारने वाला, किन्तु स्वयं न हारने वाला है, वह सोम हमें पवित्रता दे ।। ११ ।।

हे सोम ! हम अपनी रक्षा के लिए तेरी मधुर धाराएं छोड़ते हैं, तू दशा पवित्र (छन्ने) पर स्थित हो ।। १२ ।।

वह सोम छन्ने को छोड़कर यज्ञ की वेदी में स्थित होकर इंद्र के पान के लिए जाए ।। १३ ।।

हे सोम ! तू स्वादिष्ट, धन-धान्य को प्राप्त करने वाला है। तू दीप्त-रस को बरसा ।। १४ ।।

तृतीय खण्ड

हे अग्नि ! जब तुम धान, जौ आदि अन्नों और काष्ठ आदि के भक्षण के लिए अपने मुख में धारण करते हो, तब तुम्हारी ज्योति विद्युत एवं उषा की ज्योति के समान लगती है ।। १ ।।

हे अग्नि ! वायु के योग से कम्पित हुआ, तू जब वनस्पतियों में व्याप्त है, तब तेरे करने वाले गुण वाला तेरा विचित्र तेज रथी के तेज के समान प्रतीत होता है।।२।।

बुद्धिदाता, यज्ञ-साधन, देवदूत, शत्रु-ताड़क, प्रेरक अग्नि की हम स्तुति करते हैं। अल्प और विपुल हव्य के ग्रहण कराने के लिए हम अग्नि का वरण करते हैं, इस कार्य के लिए अन्य देवता की प्रार्थना नहीं करते ।। ३ ।।

हे मित्र और हे वरुण ! तुम दोनों रक्षक हो। तुम्हारी दी हुई उत्तम बुद्धि को मैं सेवन करूं ।। ४ ।।

उन अनुकूल मित्र और वरुण के द्वारा दिये गए अन्न और तेज को हम प्राप्त करें और तुम दोनों के हम मित्र हों ।। २ ।।

मित्र और वरुण हम अनुकूलों को अपनी रक्षक से रक्षित करें, और उत्तमता से हमें पालें। हम अपने बली शरीर से दुष्टों को दबावें ।। ३ ।।

हे इंद्र (राजन्) ! पात्र में संचित सोम को पीकर बल से उन्नत हुआ तू अपनी चिबुक को कम्पित कर ।। ४ ।।

शत्रुओं से स्पर्धा करने वाले हे इंद्र (राजन्) ! जब आप शत्रुनाशक हों, तब आपके साथ पृथिवी लोक और द्युलोक दोनों प्रसन्न हों ।। ५ ।।

चार दिशा, चार कोण और आकाश इन दो स्थानों में व्याप्त इंद्र को बढ़ाने वाली प्रार्थना यदि न्यून हो, तो मैं उसे पूर्ण करता हूं ।। ६ ।।

हे इंद्र ! हे अग्नि ये स्तोत्र तुम्हारी प्रशंसा करते है। सुखदाता तुम दोनों सोम का पान करो ।। ७।।

हे जननायक ! हे बहुतों से चाहे हुए इंद्र और अग्नि ! तुम दोनों अपनी किरणों से यजमान को प्राप्त होओ ।। ८।।

जननायक इंद्र और अग्नि इस सोम-यज्ञ में सोम पान के लिए अपनी किरणों से प्राप्त हों ।। ६।।

चतुर्थ खण्ड

हे सोम ! अति तेजवान, तू अपने लिए ही पर्वतों पर उत्पन्न होता है। तू शब्द करता हुआ कलशों की ओर जा ।। १।।

हे सोम ! हमारी संतान के लिए अन्न-धन धारण कराओ और हमारे लिए पवित्रता दो ।। ३।।

सिद्धि कर्ता ऋत्विजों के द्वारा निष्पन्न सोम कलश में टपकता है। वह सोम बल और हर्ष के लिए निष्पन्न होता है ।। ४।।

इंद्रियशक्ति उद्बोधक, दृष्टिदायक, सोम हर्ष के लिए अभिषुत किया जाता है। दुही गई गौओं के दूध के समान उसी प्रकार वह इंद्रियों और मन में जाता है, जैसे जल नीचे तल की ओर बह जाते हैं ।। ५।।

वृष्टिकर्ता, पवित्रतादायक, यज्ञ में हवन किए जाने से हरे रंग का, ध्वनि करता हुआ सोम गगन-मंडल में स्थित होता है ।। ६।।

सोम ! तुम और इंद्र सुख के स्वामी एवं इंद्रियों के पोषक हो। शक्तिमान तुम दोनों बुद्धियों को समृद्ध करो ।। ७।।

पंचम खण्ड

स्तोताओं द्वारा हर्ष और बल की प्राप्ति के लिए पुष्ट किए गए हे शत्रुनाशक इंद्र ! हम तुझे छोटे-बड़े संघर्षों में अपनी रक्षा के लिए पुकारते हैं ।। १।।

हे इंद्र ! अकेला ही तू असंख्य सेना के सदृश्य है। अतः शत्रु धनापहारक है। स्तोता के धन की वृद्धि करने वाला तथा सोम निष्पन्न कर्ता को धन देने वाला है ।।२।।

संघर्ष होने पर तुम अपने मदमत्त अश्वों को जोड़कर अपने शत्रु को नष्ट करो। उपासक को धन दो ।। ३।।

इंद्र (सूर्य) की किरणें मधुर स्वादिष्ट सोम रस का पान करती हैं। बरसाने वाली विद्युत के साथ प्रसन्न प्रतीत होती हैं। सूर्य के साथ शोभित होती हैं ।।४।।

संसार का प्रिय, सबको छूने का इच्छुक, अनेकवर्णी सूर्य की किरणें वज्रवाण-सा प्रहार करती हुई सोम को पकाती हैं ।। ५।।

बुद्धि तत्त्ववर्धक सूर्य की किरणें सूर्य के साथ उत्पादित अन्न से लोकबल को बढ़ाती हैं और संसार के चैतन्यता आदि देने वाले सूर्य के अनेक कार्य करती हैं ।।३।।

षष्ठ खण्ड

पर्वतोत्पन्न सोम हर्ष प्राप्ति के लिए शुद्ध किया जाता है और अंतरिक्ष-बल में बलिष्ठ होता है फिर वर्षा के जल के साथ बाज के वेग के समान वेग से अपने स्थान पर्वत को प्राप्त होता है ।। १।।

उज्ज्वल, अन्नरूप में देवताओं के भोजन, जलों से धोए हुए, ऋत्विजों के द्वारा अभिषुत सोम को सूर्य की किरणें जलों के सहित चूसती हैं ।।२।।

ऋत्विज इस सोम रस को अमृत्व के लिए उसी प्रकार शोभित करते हैं, जैसे तीव्र गति वाले अश्व को सजाया जाता है ।। ३।।

अन्न के पति, दैवी प्रकाशयुक्त हे सोम ! अन्न-जल को प्रकाशित कीजिए और वायु आदि देवताओं को चाहने वाले मेघ-मंडल को खोल दीजिए ।। ४।।

हे बली सोम ! पात्रों में छाना जाता हुआ प्रजाधारक गुणवाला तू यजमान के लिए कर्मों की प्रेरणा कर और अंतरिक्ष से मेघवर्षा कर ।। ५।।

सचेष्ट सोम अपने धारक रस को प्रेरित करता हुआ प्रिय हवियों में व्याप्त होकर आकाश एवं भू-मंडलों में स्थित होता है ।। ६।।

जब पाषाण के समान दृढ़ फलकों में सोम को प्राप्त किया जाता है, तब गायत्री आदि सात छन्दों के द्वारा ऋत्विज उसकी स्तुति करते हैं ।। ७।।

सोम अपनी धार से सोम गानों में धनदाता इंद्र को प्रेरित करे। उत्तम कर्म वाला याज्ञिक इंद्र की स्तुति करता है ।। ८।।

हे सोम ? शुद्ध हुआ तू इंद्र, विष्णु तथा अन्य देवताओं के लिए अत्यंत मधुर हुआ पुष्टि के लिए टपक ।। ९।।

हे तरल सोम ! तुझे छन्ने में छानने के लिए अंगुलियां उसी प्रकार छूती हैं, जैसे नवजात बछड़े को गौ चाटती है ।। १०।।

हे साधक सोम ! तू पृथिवी और आकाश का धारक है। शुद्ध होता हुआ तू (क्ष) कवच रूप हो जा ।। ११।।

कांतिमान रस के समान सोम इंद्र के लिए बल की कामना करता हुआ सुखपूर्वक स्रवित होता है। सोम याज्ञिकों को धन देता हुआ शत्रुता को नष्ट करता है ।। १२।।

पाषाणों से निष्पन्न किया जाता हुआ सोम हर्षप्रदायिका धार से निकलता है। इंद्र के लिए सख्यभाव वाला सोम इंद्र की वृद्धि के लिए होम के द्वारा किया जाता है ।।१३।।

धारक, पोषक कर्मों को ऋतु के अनुसार कराता हुआ सोम शुद्धि करता हुआ सब ओर जाता और अपने रस से वायु आदि देवों को सींचता है ।। १४।।

सप्तम खण्ड

हे देव अग्नि ! (परमेश्वर) अजर प्रकाशयुक्त आपको हम यज्ञकुंड (हृदय) में प्रकाशित करें। आपकी दीप्ति आकाश में प्रकाशित है। याज्ञिकों (उपासकों) को अन्नादि प्राप्त कराइए ।। १।।

हे अग्नि ! वीर्यवान तेरे लिए मंत्रों से हव्य दिया जाता है । हे ज्योति के स्वामी, हव्यवाहक, प्रजापालक, आह्लादक, दाहक अग्नि ! ऋत्विजों को अन्न प्राप्त करा ।।2।।

हे आह्लादक अग्नि ! तू दोनों हव्य भरे पात्रों को मुख में ग्रहण करता है । हे बल के पति, हमें बल से भर और ऋत्विजों को अन्न प्राप्त करा ।। 3।।

वेदकर्ता, ज्ञानदाता, मेधावी, सर्वज्ञ, महान, पूजनीय, इंद्र पद से वाच्य परमेश्वर के लिए वृहत्सामगान करो ।। ४।।

हे इंद्र (परमेश्वर) ! तू सबको अभिभूत करने वाला है । तू ही सूर्य को प्रकाशित करता है । तू विश्वकर्मा, विश्वदेव और महान् है ।। ५।।

हे इंद्र (परमेश्वर) ! तू अपने ज्योतिष्मान स्वरूप से जग को प्रकाशित करता हुआ द्युलोक का प्रकाशक भी है और आनंदस्वरूप है ।। ६।।

अति बलवान, पापियों को दबाने वाले हे इंद्र (परमेश्वर) ! रक्षार्थ हमें प्राप्त हों । आपकी प्रसन्नता को हमने (शांतभाव) उत्पन्न किया है । हमारा मन आप में ऐसे लगे, जैसे सूर्य की किरणें पृथिवी के रस को लगती हैं ।। ७।।

हे वृत्रहन्ता इंद्र ! हमारे मंत्रों से जुड़े हुए अश्वों वाले इस रथ पर चढ़ । सोम को निष्पन्न करने वाला पाषाण अपनी ध्वनि से आकर्षित करता हुआ तेरे मन को हमारी ओर प्रेरित करे ।। २।।

किसी से न दबने वाले बलवान इंद्र को ही उक्त अश्व ले चलते हैं । ऋषियों की स्तुतियों और मनुष्यों के यज्ञ को इंद्र ही प्राप्त करता है ।। ३।।

सप्तमाध्याय
चतुर्थ प्रपाठक

प्रथम खण्ड

यज्ञ की ज्योति, देवों के पिता, बहु-धनवान, अति हर्षदायक, इंद्र से सेवित सोमरस प्रिय मधुर रस टपकता है और द्युलोक, पृथिवी लोक में सास्वस्तु याज्ञिकों को देता है ।।१।।

बलदायक, दृष्टि को प्रसन्नता देने वाला, हरे रंग का, वर्षा का हेतु पत्थरों से पीसा हुआ, दशापवित्र (छन्नों) से शुद्ध किया जाने वाला सोम रस कलश में जाता है । फिर हवन किया जाता है और अनेक धारों वाला होकर द्युलोक में उपस्थित होकर द्युलोक का पालक होता है ।। २।।

हे सोम ! तू शुद्ध होकर आहूत मेघ-जलों में जाता है और वर्षा करता है तथा पान करने से सुंदर वाणी, विपुल बल और उत्तम धन देता है ।।३।।

गौओं, अश्वों और वीर पुरुषों के प्राप्त करने की इच्छा से बलिष्ठ वीर्यवर्धक और वेगवाले सोम अग्नि में हवन किए जाते हैं ।। १।।

यज्ञ करने की इच्छा वाले ऋत्विजों से शोभित किए जाने वाले सोम अंगुलियों से सोधे जाते हैं ।। २।।

वे सोम याज्ञिक के लिए तीनों लोकों के घनों को बरसायें ।। ३।।

हे आर्द्र सोम ! तू पवित्रता देने के लिए वेग से बरसने के लिए वृष्टिकारक वायु में प्रवेश कर ।। ४।।

वृष्टिकारक, धन-धान्यदायक अतः विश्वधारक हे सोम ! तू आकाश में विराज और हमें जल और अन्न प्राप्त करा ।। ५।।

वृष्टिकारक जिस सम्पन्न सोम को धार और प्रिय मधुर रस टपकाती है, वह सुकर्मा सोम मेघस्थ जलों में मिले ।। ६।।

हे सोम ! जब तू किरणों के साथ मिलेगा, तब महान् तुझसे प्रवाह वाली बहुत वर्षा होगी ।। ७।।

रस का आधार और इसीलिए द्युलोक का पालक, हमारा हितकर्ता सोम जलों से मिलकर छन्ने में छाना जाता है ।। ८।।

वृष्टिकारक, हरा, मित्र के समान सत्कार, भोग, सुंदर, सोम, सूर्य के साथ प्रकाशकर्ता और अग्नि में हवन किए जाने पर शब्द करता है ।। ९।।

सोमपान से ओज, बल दृष्टि-पुष्टि मिलती है और वाणी सुधरती है ।। १०।।

हम यजमान दृष्टि के सहायक, बल-पराक्रमवर्धक, सोम को यश के लिए, शुभ नाशक सामर्थ्य के लिए चाहते हैं ।। ११।।

हे सोम ! तू गौ, अश्वों, अन्न, बल और वीर पुत्रों का दाता तथा यज्ञ की सनातन आत्मा है ।। १२।।

हे सोम ! हम यजमानों के लिए वीर्य-वर्धक रस को मधुर रस की धार के द्वारा काले बादल के समान बरसा ।। १३।।

द्वितीय खण्ड

हे यशस्वी, पवित्र सोम (परमेश्वर) ! धन-दान की कृपा करो, विजय करो, हमको श्रेष्ठ बनाओ ।। १।।

हे सोम (परमेश्वर) ! प्रकाश दीजिए, सुख दीजिए और सब सौभाग्य दीजिए ।।२।।

हे सोम (परमेश्वर) ! बल तथा पुरुषार्थ दीजिए और शत्रु का नाश कीजिए ।।३।।

हे सोम को तैयार करने वालों, तुम इंद्र (परमेश्वर) के स्वीकार करने के लिए सोम को शुद्ध करो ।। ४।।

हे सोम (परमेश्वर) ! तू अपनी स्वाभाविक क्रिया तथा अपनी रक्षाओं से हमें कर्मण्य लोक में पहुंचा ।। ५।।

हे सोम (परमेश्वर) ! तेरी स्वाभाविक क्रिया और तेरी रक्षाओं से हम चिरकाल तक कर्मण्यलोक को देखें ।। ६।।

हे धर्मानुकूल युद्ध के साधन व सोम (परमेश्वर) ! पृथिवी लोक और द्युलोक में बढ़-चढ़कर ऐश्वर्य प्राप्त करा ।। ७।।

हे बलदायक सोम ! अन्यों से अभिभूत न होने वाला तथा अन्यों को अभिभूत

करने वाला तू संग्राम में हमारा सर्वत्र प्रभाव जमा ।।८।।

हे पावन सोम (परमेश्वर) ! यज्ञ में आहुतियों से और स्तुतियों से यजमान तुम्हारी स्तुति करते हैं ।। ६।।

हे सोम (परमेश्वर) ! प्राण का हित तथा पूर्ण आयु रूपी धन हमें प्राप्त करा।।१०।।

धार बांधकर निचोड़े हुए सोम के उपभोग से इंद्र हृदय-पुष्टता एवं गति प्राप्त करता है ।। ११।।

धनदात्री प्रकाशित सोमधारा मनुष्य की रक्षा करती है। वह सोम पुष्टिकारक त्वरायुक्त गमन करता है ।। १२।।

गतिशील, पुरुषार्थ दात्री दो सोमधाराओं के समूह को हम ऋत्विज ग्रहण करते हैं ।। १३।।

जिन दो सोम धाराओं के तीस हजार (असंख्य) सुखों को हम ग्रहण करते हैं, वह सोम त्वरा से गमन करता है ।। १४।।

अति प्रसन्नदायिका सोमधारा से ये सोमरस प्रशंसित हैं, वे सोम अग्नि में हवन किए जाते हैं ।। १५।।

अन्नदाता, शुद्धिकारक सोम धन के समान अति प्रिय है। वह मेघस्थ जलों में जाता और बरसता है ।। १६।।

अहिताग्न पुरुष से स्तुति किया गया सोम हम याज्ञिकों को बल तथा अन्न वृष्टि के द्वारा प्राप्त कराता है ।। १७।।

तृतीया खण्ड

हम याज्ञिक गुणवर्ण के योग्य अग्नि को ऐसे बढ़ाएं, जैसे बुद्धि से रथ बढ़ाया जाता है। इस अग्नि से यज्ञ स्थल पर हमारी बुद्धि शुद्ध होती है। हे अग्नि ! देवों को हमारे यज्ञ में बुला। इन देवों को हम चाहते हैं ।। ३।।

शत्रुघर्षक, न्याय समर्थक मित्र और वरुण की प्रतिदिन प्रातःकाल स्तुति करता हूं ।। ४।।

हे विप्रो ! यह मति अहिंसा, बल, धन एवं यज्ञ लाभार्थ होवे ।। ५।।

हे मित्र और वरुण हम तुम्हारे हों। तुम्हारे संयमित होने से हम अन्न और सुख की प्राप्ति करें ।। ६।।

हे इंद्र (परमेश्वर) ! सब द्वेषों और बाधाओं को नष्ट करो। शत्रुओं को नष्ट कीजिए। उनका न हमें प्राप्त कराइए ।। ७।।

हे इंद्र (परमेश्वर) ! पुरुषार्थ, स्थिर वस्तु रूपी धन तथा वर्षा रूपी स्पृहणीय धन हमें प्राप्त कराइए ।। ८।।

हे इंद्र और अग्नि ! तुम दोनों प्रत्येक ऋतु में अग्निष्टोमाहियत्रों से भजनीय हो। अतः हमारी यज्ञ क्रिया को स्वीकृत करो और प्राप्तव्य बल हमें दो ।। ६।।

हे इंद्र और अग्नि ! तुम शत्रुनाशक, सुंदर गति वाले, वृत्रघातक और किसी से न हारने वाले हो। हमारे यज्ञ को स्वीकारो ।। १०।।

हे इंद्राग्नि ! पाषाणों से कुचलकर तुम्हारे लिए ऋत्विज मधुर सोमरस सम्पन्न करते हैं, उसे स्वीकारो ।। ११।।

चतुर्थ खण्ड

अति मधुरता युक्त हे सोम ! तू इंद्र के लिए प्राप्त हो। मैं यज्ञ की वेदी के समीप बैठता हूं ।। १।।

सोम की वेदवेत्ता मेधावी प्रशंसा करते हैं। उनसे सुनकर अन्य लोग इसे शोधते हैं ।। २।।

हे बुद्धिवर्धक सोम ! शुद्धि करने वाले तेरे रस को मित्र, वरुण अर्यमा, मरुत पियें ।।३।।

हे सुंदर प्रकाश ! हे पवित्र (परमेश्वर) ! खोजे हुए आप हृदय-समुद्र में वेद-वाणी उत्पन्न करते हैं और बहुतों से इच्छित विपुल सुवर्ण आदि धन देते हैं ।। ४।।

वर्षा करने वाला सिद्ध सोम दशापवित्र (छन्ने) पर और कलश में शब्द करता है। फिर हवन करने पर सूर्य-किरणों के द्वारा वायु के स्थान अंतरिक्ष को जाता है ।।५।।

समुद्र के पुत्र सोम को ऋत्विजों की दश अंगुलियां मिलाती और शुद्ध करती हैं। फिर हवन किया जाता हुआ यह सूर्य की किरणों से मिलता है ।।६।।

दशापवित्र पर छनकर शुद्ध हुआ और आहूत सोम इंद्र और सूर्य-रश्मियों से मिल जाता है ।। ७।।

वह रुधिर, मधुर सोम भग, पूषा, मित्र और वरुण के और हमारे लिए बरसे ।।८।।

पंचम खण्ड

परमेश्वर के प्रसन्न रहने पर हमारी प्रजाएं बहु धन-धान्य युक्त हों, जिनके साथ हम भी बहु-सामग्री लेकर प्रसन्न हों ।। १।।

हे सबको घर्षण करने वाले परमेश्वर ! आप अनन्य हैं। उपासना किए गये आप हमारे लिए सब कुछ दें, उसी प्रकार जैसे पहिए की नाभि सब अरों का केन्द्र बनी सब अरों का उपकार करती हैं ।। २।।

हे शतकर्मा ! यह ऊा धन है, उसे बुद्धियों के साथ सब स्तोताओं को देकर उनकी इच्छा पूर्ण कीजिए ।। ३।।

हम अनावृष्टि से बचने को नित्य सोम यज्ञ करें, जैसे गौ दुहने वाले दुधारू गाय का दोहन करते हैं ।। ४।।

इंद्र हमारे तीनों काल के यज्ञ में आता है। सोममयी इंद्र सोमरस का पान करता है और हर्षित होकर वृष्टि करके हमें धन देता है ।। ५।।

उत्तम बुद्धि वाले पुरुषों में बैठकर हम हे इन्द्र ! तेरे माहात्म्य को जानें। तू हमको प्राप्त हो ।। ६।।

हे परमेश्वर ! उषा के समान आप द्युलोक तथा पृथिवी लोक दोनों को अपने

प्रकाश से पूरित किए हुए हैं। जगत् जननी आपको दिव्य ज्योति महान् से भी महान् आपको प्रकाश करती है, आपको ही प्रकट करती है ।। ७।।

हे ज्ञानी इन्द्र (परमेश्वर) ! जैसे महावत अंकुश को धारण करते हैं, वैसे आप भी सर्व जगत-शक्ति को धारण करते हैं। जैसे बकरी अगले पांवों से पौधे की शाखा को थामकर रखती है, वैसे आप भी अपनी आकर्षण शक्ति से जगत् को थामे रखते हैं ।। ८।।

हे परमेश्वर ! मनुष्यों के दुःखदाता शत्रु का बल नष्ट कीजिए और उस शत्रु को पद-मर्दित कराइए, जो हमारी हिंसा करता है ।। ६।।

षष्ठ खण्ड

पर्वतोत्पन्न खींचा हुआ शुद्ध सोम कलश में निचोड़ा जाता है। वह हर्ष प्राप्ति के लिए सबके द्वारा प्राप्त करने योग्य है ।। १।।

हे सोम ! तू विप्र के समान सर्वहितकारी है। तू बुद्धिदाता है। तू हर्षदायक और सबका धारक है। तू अन्न से उत्पन्न मधुर-रस को देने वाला है ।। २।।

हे सोम ! समान प्रीतिवाले सब देवता तेरा पान करते हैं ।। ३।।

जो सोम आठ वसुओं को प्राप्त कराने वाला है, जो धन-धान्य देता है, भूमियां देता है, जो सुन्दर मनुष्यों को प्राप्त कराने वाला है, वह खींचा जाए ।।१।।

हे सोम ! तेरे रस को मरुत्, अर्यमा, भग देवता पियें। जो सोम इंद्र, मित्र और वरुण को हमारे अभिमुख करता है, वह सोम हमारी रक्षा करे ।। २।।

हे मित्रो ! तुम आनन्द के लिए पवित्र सोम की प्रशंसा करो और मधु आदि मिलाकर स्वादिष्ट बनाओ, उसी प्रकार, जैसे शिशु को प्यार करती है ।। ५।।

अभिषुत सोम उसी प्रकार सिक्त होता है, जैसे बछड़ा गौओं से। अवरक्षक, हर्षदायक सोम बुद्धिमानों से शोभित होता है ।। ६।।

यह सोम बल-युक्त भोजन के लिए है और बल का साधन है देवों के लिए खींचा गया यह सोम अति मुधर है ।। ७।।

सत्त्ववान ऋत्विजों से खींचा गया सोम देव-हर्ष कारक है। द्यूलोक धारक, रसरूप, बलदायक, हरे रंग का सोम अश्व-सदृश बल से जाता है और सर्वतः नदियों को वर्षा से बढ़ाता है ।। ८।।

पवित्र, शोधित, बुद्धिवर्धक, दधिमिश्रित, जल में गमनशील तथा वहां स्थिर वे सोम सूर्य-किरणों के द्वारा सब सोम-पात्रों में देखने योग्य होते हैं ।। ६।।

पर्वतों पर पहचाने जाते हुए, पत्थरों से निचोड़े गए सोम हम सोमपात्री मनुष्यों को सर्वतः धन-धान्य देते हैं ।। १०।।

पवित्र-धारा अश्व के वेग के समान वेग से गमन करने वाले हे सोम ! तुम जल-पूर्ण आकाश में ऊंचे जाओ और धन-धान्य बरसाओ। तुम्हारे वेग को सूर्य धारण करे।।११।।

सोम अपनी इस धारा से यज्ञ-स्थान में सोम सेवियों को पवित्र करता है और वृक्ष के नीचे खड़ा पुरुष जैसे वृक्ष को हिलाकर फल प्राप्त करता है, उसी

प्रकार सोम भी विपुल धनों को हिलाकर शत्रु को विजय करने के लिए हमें देता है ।। १२ ।।

इस सोम के नम्रता और वर्षा करना—ये दो गुण महान् बल-युक्त दिव्य और सुखदायक हैं तथा मृत्यु से बचाने वाले हैं । यह शरणागत शत्रु से भी प्यार करता है और विरोधियों को मारता तथा यज्ञ-विरोधी नास्तिकों को धार्मिक बनाता है ।।१३।।

सप्तम खण्ड

हे प्रकाशरूप अग्नि ! हमारे अति समीपस्थ, वरणीय आप हमारे रक्षक और सुखदायक हों ।।१।।

सबको बसाने वाले, सर्वप्रकाशक, धनी, अति प्रकाशमान हे अग्नि ! आप हमारे सामने उपस्थित होकर हमें धन दीजिए ।। २ ।।

हे ज्योतिरूप, प्रकाशमान अग्नि ! हम तुझसे मित्रों के लिए सुख मांगते हैं ।।३।।

हे इंद्र ! (परमेश्वर) आपने सूर्यादि देवों और यज्ञों को रचा है । आप हमारे यज्ञों, देह और सन्तान की रक्षा कीजिए ।। ४ ।।

इन्द्र (परमेश्वर) सूर्य-रश्मियों और वायुओं से हमारे लिए औषधियों की उत्पत्ति करे ।। ५ ।।

शत्रुओं के विनाशक, मेधावी इन्द्र के लिए उस स्तोत्र को पढ़ो, जिससे वह प्रीति करता है ।। ६ ।।

शुभ मन्त्रों वाले स्तोत्र-यज्ञ के ऋत्विज पूजनीय ईश्वर को पूजते हैं । वह महाबली, वेदविख्यात इंद्र (परमेश्वर) की स्तुति किया जाता है ।। ७ ।।

हे इन्द्र (परमेश्वर) ! हम आत्मानन्द में रहते हुए, विद्या आदि धन पाएं और आपका ध्यान करें ।। ८ ।।

अष्टमअध्याय

प्रथम खण्ड

वाणी का विधाता, पवित्र करने वाला, देवों का देव, परमेश्वर वेदोपदेश देते हुए सोमादि के जन्म को बतलाता है । वह वेद-पदों का ज्ञान कराने वाला और कल्प रूपी दिन वाला है ।। १।।

सूर्य-रश्मियां मानो वर्षा करने वाले गण हैं । वे बल से तुरन्त प्रहार करने वाली हैं । वे सोम-यज्ञ के शब्द को सुनकर यज्ञस्थल में आती हैं । ऋत्विज सर्व-ग्रहणीय एव दुःसह वाण के तुल्य सोम-गान को मिलकर गाते हैं ।। २।।

बहुस्तुत, आकाश में क्रीड़ा करता हुआ, गतिशील सोम सूर्य-रश्मियों के द्वारा मापने के योग्य नहीं है । तेजस्वी सोम दिन में हरा और रात्रि में स्पष्ट प्रकाशमान दीखता है ।। ३।।

सिंचन के समय सोम उपरव (यूप के गड्ढों) में शब्द करता हुआ सोम रथ

जैसा सुन्दर और अश्व जैसा वेगवान होता है और यजमान के अन्न को चाहते हुए यजमान को धन देने का यत्न करता है ।।४।।

रथ जैसा रमणीय सोम यज्ञ में जाता हुआ ऋत्विजों के हाथों में वैसे ही रखा जाता है, जैसे श्रमिकों के हाथों में बोझ पकड़ा जाता है ।।५।।

जैसे राजा प्रशंसाओं और यज्ञ सात ऋत्विजों से संस्कृत किया जाता है, वैसे ही सोम सूर्य-रश्मियों से संस्कृत किए जाते हैं ।।६।।

मन्त्र बोलते हुए सिंचन किए जाने वाले सोम प्रसन्नता देने के लिए मधुर-रस-धार से सब ओर फैलते हैं ।।७।।

उषा की शोभा को बढ़ाते हुए सूर्य के पान के लिए जाने वाले सोम अपने धुएं से आकाश में वितान-सा तान देते हैं ।।८।।

बुद्धि-उत्पादक अनुभवी ऋत्विज तेज प्राप्त करने के लिए शक्ति-वान सोम के द्वार खोले देते हैं ।।९।।

यज्ञ के सात ऋत्विज एक के साथ दूसरे अर्थात् साथ-साथ बैठते हैं ।।१०।।

नेत्रों के द्वारा सूर्य-दर्शन करने को यज्ञ की नाभि रूप सोम को हम पीते हैं और उसकी तरंगों को पूर्ण करते हैं ।।११।।

विद्वान् विद्यारूपी नेत्र से प्रिय, सुखप्रद, यज्ञकर्ताओं से आकाश में स्थापित सोम के प्रभाव को सर्वतः देखते हैं ।।१२।।

द्वितीय खण्ड

इस सोम के प्रयोग को जानने वाले, सुश्रीयुक्त ऋत्विज सत्यधर्मानुकूल यज्ञ में सोमों की आहुति देते हैं ।।१।।

सब हवियों में प्रशंसनीय हवि सोम मधुर-रस की बड़ी धारों वाले मेघरथ जलों का विलोडन करता है ।।२।।

श्रेष्ठ हवि सोम वाणी विधाता है, वृष्टि कारक है, सुस्थिर फलवाला है, यज्ञरूप है। ऐसा सोम वसतीवरी जल में शब्द करता है ।।३।।

वाणी-सुधारक सोम घनों को शोधता हुआ, जब स्तोत्रों को प्राप्त है, तब वह बलदायक सोम सुख को मानो बांटना चाहता है ।।४।।

जब यज्ञकर्ता ऋत्विज इस सोम को सम्पन्न करते हैं, तब वह स्पर्धा करने वाले दुष्टों को इसी प्रकार नष्ट करता है, जैसे स्पर्धा करने वाले प्रजाजनों को राजा नष्ट करता है ।।५।।

वसतीवरी जलों में शब्द करता हुआ प्रिय सोम प्रशंसित होता है ।।६।।

जो यजमान सोम-अभिषव करता है, वह इन्द्र को प्रसन्नता के साथ पाता है ।।७।।

जो यजमान मधुर-रस वाली सोम-तरंगों को जानते हुए इसे मित्र, वरुण, भगदेव को भेंट करते हैं, वे पुरुषार्थ से युक्त होते हैं ।।८।।

द्यावा, पृथिवी दोनों मधुर सोम के दान के लिए हमें यश-धन और पशु-धन दें ।।९।।

हे सोम ! तेरा बल का तेज, जो प्रकाशक, सुखकारक, सर्वतोरक्षक, बहुतों

से चाहा हुआ है; आज इस यज्ञ में हम उसका वरण करते हैं ।।१०।।

आनन्ददायक सोम का हम वरण करते हैं—भजनीय, धारणाबुद्धि-दाता, रक्षक, बहुतों से कामना किये गए सोम का हम वरण करते हैं ।। ११।।

हे यज्ञसुधारक ! हम सोमरूपी धन का वरण करते हैं। जलों में मिला, बुद्धिवर्धक सोम दशपवित्र पर रहता है, उस सोम के उपरवों का वरण करते हैं। अपने देहों के निमित्त हम सोम का वरण करते हैं ।। १२।।

तृतीय खण्ड

पृथिवी से द्यूलोक और उससे भी ऊपर जाने वाले, सर्वहितकारी अरणियों से उत्पन्न, देखने की शक्ति देने वाले, प्रदीप्त, अतिथि, प्राणि रक्षक, देवों के मुख अग्नि को ऋत्विज हमारे यज्ञ में प्रकट करें ।। १।।

हे अग्नि ! तेरे यज्ञों से यजमान देवत्व को प्राप्त होते हैं । हे अमृत अग्नि! सब देवता प्रकट होते ही तेरी स्तुति करते और तेरी ओर उसी प्रकार झुकते हैं, जैसे उत्पन्न शिशु की सब प्रशंसा करते ओर उसकी ओर झुकते हैं ।। २।।

यज्ञों के केन्द्र, धनों के स्थान, महान्, आहुति-स्थान अग्नि की ऋत्विज स्तुति करते हैं। जैसे रथी, रथ को यथेष्ट ले जाता है, वैसे यज्ञों को यथेष्ट कराने वाले, यज्ञ के ध्वजारूप अग्नि को अरणि-मन्थन से ऋत्विज उत्पन्न करते हैं ।। ३।।

हे मनुष्यो ! तुम अपनी वेदवाणी से बलिष्ठ वरुण और मित्र की स्तुति करो।।४।।

मित्र और वरुण अन्य देवों से श्रेष्ठ हैं। वे जलोत्पत्तिकर्ता एवं प्रकाशमान हैं, उनकी स्तुति करो ।। ५।।

वे दोनों मित्र और वरुण हमें पार्थिव एवं आकाशीय दोनों धन देने वाले हैं। उनका बल महान् है ।। ६।।

अद्भुत प्रकाशवाला इन्द्र हमें प्राप्त हो। ये अंगुलियों से संस्कृत तेरे प्रिय सोम तेरे लिए हैं ।। ७।।

हे इन्द्र ! हमारी उपासना से प्रेरित इस निष्फल सोमवाले ऋत्विज के वेद-वर्णित स्तोत्रों को यहां आकर ग्रहण करो ।। ८।।

हे इन्द्र ! इन स्तोत्रों को सुनने के लिए शीघ्र ही पधारो और हमारे हविरूप अन्न के धारक बनो ।। ६।।

जिस अग्नि की प्रचण्ड ज्वालाएं सब वनों को घेरकर भस्मीभूत कर देती हैं, उसी अग्नि की स्तुति करो ।। १०।।

प्रज्वलित अग्नि में इन्द्र के लिए हवि देने वाला, इन्द्र से अन्न-सुख के लिए वर्षारूप जल प्राप्त करता है ।। ११।।

हे इन्द्राग्नि ! तुम दोनों को हवि देने के लिए हमें बलदायक अन्न और द्रुतगामी अश्व प्रदान करो ।। १२।।

चतुर्थ खण्ड

सोम उन्नत होकर इन्द्र के स्वच्छ स्थान को प्राप्त करता हुआ मित्ररूप से

वर्तता है। मनुष्य युवतियों के साथ जैसे प्रीति से संगत होता है, वैसे सोम द्रोण-कलश में अनेक धाराओं से जाता है ।। १ ।।

आनन्द के इच्छुक, स्तुति करने के इच्छुक स्तोताओं ! तुम खेलते हुए से हरे रंगवाले सोम की प्रशंसा करो। जैसे गौएं दुग्ध के कारण सर्वतः आश्रय पाती है, वैसे ही तुम्हारे यज्ञ-कर्म सर्वतः गतिशील हैं ।। २ ।।

हे आर्द्र, पावन, सोम ! हमारे लिए उस संगृहीत अन्न को जल की वर्षा से बरसा, जो बल, माधुर्य और सुन्दर शक्ति देता है ।। ३ ।।

जो सदैव बुद्धिकारक, सर्वस्तुत्य, महान्, अधृष्य इन्द्र (परमेश्वर) की यज्ञों से उपासना करता है, उसे शत्रु-प्रहार आदि नहीं व्यापते ।। ४ ।।

असह्य बलयुक्त शत्रु-सेनाओं को दबाने वाले उस इन्द्र की प्रशंसा करता हूं जिसके विद्यमान होने पर सूर्य किरणें और द्युलोकस्थ तथा पृथिवीलोकस्थ मनुष्य जिसकी स्तुति करते हैं ।। ५ ।।

पंचम खण्ड

हे मित्रो ! आओ, बैठो और पवित्र सोम के गुणों का वर्णन करो। उसे यज्ञों के लिए सुसस्कृत करके भूषित करो, जैसे बालक को सुसंस्कारों से भूषित करते हैं ।। १ ।।

हे ऋत्विजो ! प्राण, गृह, धन और सन्तान के साधन देवों के रक्षक, आनन्ददायक, दोनों लोकों के बल इस सोम को तुम माता के समान बनकर वसतीवरी नामक जलों से मिलाओ, जैसे—बछड़े को गौ माता से मिलाया जाता है ।। २ ।।

हे ऋत्विजो ! सोम का इस प्रकार शोधन करो कि वह भोजन, बल का साधन हो और मित्र-वरुण को सुखदायक हो ।। ३ ।।

बलवान, बहुत-सी धारों वाला सोम दशापवित्र पर विविध प्रकार से बरसता है ।। ३ ।।

बलिष्ठ, बहुवीर्यवाला, जलों से शोधा जाता हुआ, किरणों से आश्रियमाण वह सोम सिंचता है ।। ४ ।।

ऋत्विजों से नियमपूर्वक हवन किया जाता हुआ और मेघों से खिंचा हुआ सोम इन्द्र के उदर में जाता है ।। ५ ।।

ये, जो सोम; दूर-देश, समीप-देश, भूमि, समरथान, गृहों के मध्य और पांचों यजमानों में अभिषुत किये जाते हैं, वे दिव्य सोम हमारे लिए सुन्दर वीर्य और वर्षा को सर्वतः बरसाएं ।। ६ ।।

षष्ठ खण्ड

मैं कामना करता हूं कि वाणीरूप अग्नि मुझे प्राप्त हो। अग्नि ही वायु को प्रेरित करता है, वह वायु स्थल में विचरण करता हुआ मंद-स्वर उत्पन्न करता है ।। १ ।।

हे स्वप्रकाशरूप अग्नि ! (परमात्मन्) आप सर्वत्र समदर्शी हैं। सब दिशाओं

के प्रभु हैं, ऐसे आपको संग्रामों अथवा कठिन समयों में हम पुकारते हैं ।।२।।

शत्रुओं के साथ युद्धों में बल की कामना करते हुए, उन संग्रामों में विचित्र धनी अग्नि (परमेश्वर) को हम रक्षा के लिए पुकारते हैं ।।३।।

हे बहुकर्मन् इन्द्र ! आप हमारे लिए बल और धन दीजिए तथा संग्राम को सहने वाले वीर पुरुष दीजिए ।।४।।

हे परमेश्वर ! आप सबमें रहने वाले, बहुकर्मों (सृष्टि की उत्पति, स्थिति, प्रलय) के कर्ता, हमारे पिता और माता हैं । आपसे ही सुख और आनन्द को हम मांगते हैं ।।५।।

बलवान, बहुतों से पुकारे हुए, बलप्रद परमेश्वर ! बल देने वाले आपकी मैं स्तुति करता हूं। आप हमें सुन्दर शक्ति दीजिए ।।६।।

हे दुष्टों के लिए दण्ड धारण करने वाले, हे धनवाले, हे विचित्र गुण-कर्म स्वभाव वाले इन्द्र ! जो धन हमारे पास नहीं है, दाता आप; उस धन को हमें दोनों हाथों से दीजिए ।।७।।

हे इन्द्र ! जिसे आप उत्तम समझें, उस अन्न को हमें दीजिए। आपके उस प्रशंसनीय परिपाक वाले अन्नदान के हम योग्य हों ।।८।।

हे इन्द्र ! दिशाओं में विख्यात, जो वृहत् एवं आराधना-योग्य आप का ज्ञान है, उसको आप हमारे लिए देने वाले हो ।।६।।

नवमअध्याय
पंचम प्रपाठक

प्रथम खण्ड

ऋत्विज नये-नये उत्पन्न मनोहर बुद्धितत्त्व-युक्त सोम को शोधित करते और शोभित करते हैं । वह शब्द करने वाला सोम शब्द करता हुआ अपनी प्रशंसा में पढ़े गए स्तोत्रों की ध्वनि के साथ कलश में छनता है ।।१।।

ऋषियों जैसे मनवाला, ऋषियों द्वारा शोधित, सुंदर गतिवाला, स्तुत्य, बुद्धिमानों की उन्नति करने वाला, प्रशस्य, सोमलोक की इच्छा वाला सोम इन्द्र को प्रकाशित करता है ।।२।।

द्युलोक और पृथिवी के मध्य-स्थित, बाज पक्षी-सा बलवान, आकाश-विहारी, सूर्य-किरणों में गया हुआ, जल में मिला हुआ, विद्युतरूपी शस्त्र धारण करने वाला महान् सोम तीनों लोकों से ऊपर चतुर्थ विचित्र लोक का सेवन करता है ।।३।।

ये सोम इस इन्द्र की शक्ति को बढ़ाते हुए हमारी प्रिय कामना को सर्वतः बरसाते हैं ।।४।।

अभिभूत किए जाते हुए फिर पृथिवी-आकाश के बीच स्थित हुए, वायु को प्राप्त होते हुए जो सोम हैं, वे हमें उत्तम वीर्य दें ।।५।।

हे सोम ! तू अभिषुत किया जाता हुआ इन्द्र की सिद्धि के लिए हमारे हृदय को प्रेरित कर। मैं इसीलिए देवस्थान यज्ञस्थल में आकर बैठा हूं ।।६।।

हे सोम ! तुझको दश अंगुलियां शोधती हैं । सात होता अग्नि में हवन करते

हैं। फिर तुझसे बुद्धिमान बल प्राप्त करते हैं ।। ७।।

हे सोम ! छन्ने में शोधा जाता हुआ तू देवताओं को प्रसन्न करने के लिए गो-घृतादि से युक्त किया जाता है ।। ८।।

कलशों में निचोड़ा जाता हुआ तरलरूप सोम ! हरे रंग का तू गो-दुग्धादि से युक्त किया जाता है ।। ९।।

हे सोम ! हमको धनी बना। सब शत्रुओं को मार। अपने मित्र इन्द्र का साथी बन ।। १०।।

नेत्रों के हितकारी, इन्द्र के द्वारा पान किये जाने वाले सुखकारक सोम-अन्न को हम भक्षण करें और सन्तान पायें ।। ११।।

हे सोम ! पृथ्वी पर तू वर्षा और अन्न को सर्वत्र बरसा। हमें संग्रामों में बल धारण करा ।। १२।।

द्वितीय खण्ड

दशा पवित्र को उल्लखित करने वाला, शोधा जाता हुआ, सहस्रधार, सोम इन्द्र के स्थान को जाता है ।। १।।

हे रक्षा के इच्छुक ! तुम देवों के द्वारा भक्षण किए जाने योग्य, सिद्ध किये जाते हुए सोम की प्रशंसा करो ।। २।।

यज्ञ से सिद्ध होने वाले, बल प्राप्ति के लिए प्रशंसनीय, बहुबलयुक्त सोम पवित्रता देते हैं ।। ३।।

हे सोम ! हमें बल देने के लिए वृहत् अन्नों और प्रकाशमान सुन्दर बल की वर्षा कर ।। ४।।

जैसे बाण चलाने वालों के द्वारा संग्राम के लिए बाण छोड़े जाते हैं, वैसे ही गतिशील सोम दशा पवित्र पर छोड़े जाते हैं ।। ५।।

सम्पन्न किये जाते हुए वे दिव्य सोम हमारे लिए विपुल शक्ति और विपुल धन की वर्षा करें ।। ६।।

कलश में स्थापित करने के लिए सोम हाथों में धारण किए जाते हैं और फिर सर्वतः जाते हैं। वे ऐसे शब्द करते हुए दौड़ते हैं, जैसे बछड़े के पास दौड़ के जाती हुई गौ शब्द करती है ।। ७।।

इन्द्र के लिए सेवन कराया गया तृप्तिकारक सोम शब्द करता और सब शत्रुओं को नष्ट करता है ।। ८।।

सुख दिलाने वाले, अधर्मियों के नाशक सोम यज्ञ-स्थान में स्थित हों ।। ९।।

तृतीय खण्ड

यज्ञ के सिद्ध किए गये अति माधुर्ययुक्त, आर्द्र, सोम इन्द्र के लिए घर से छोड़े जाते हैं ।। १।।

विप्र ऋत्विज सोम का पान कराने के लिए इन्द्र की स्तुति के मन्त्रों की ध्वनि इस प्रकार करते हैं, जैसे गौएं बछड़े के प्रेम से रंभाने का शब्द करती हैं।।२।।

बुद्धि-तत्त्वयुक्त, हर्ष देने वाला सोम मन रूपी समुद्र की तरंग रूप वाणी में निवास करता है ।। ३ ।।

जो सोम यज्ञ की शोभा है, बुद्धि तत्त्व-युक्त है, दृष्टि को प्रसन्न करने वाला है, वह दशा पवित्र पर संसार की नाभि यज्ञ में महिमा को प्राप्त करता है ।।४।।

जो सोम द्रोण-कलशों में भरा रहता है और दशा पवित्र पर रखा जाता है, उस सोम का आकाशस्थ चन्द्रमा किरणों से अलिंगन करता है ।। ५ ।।

अपने स्थान आकाश में स्थित चन्द्रमा (सोम) अपने मधुकोश से किरणें वाणी के लिए भेजता है अर्थात् सोम के प्रभाव से ही वाणी में मधुरता आती है ।। ६ ।।

नित्य प्रशंसनीय वनस्पति, सोम मनुष्यों के जोड़े स्त्री-पुरुष के लिए अमृत रूपी दूध टपकाने वाली वाणी रूपी गौ को प्रेरित करता है ।। ७ ।।

हे शुद्ध किये गए सोम ! हमें बहुत प्रकाश देने वाले, घर की शोभा रूपी धन को सब ओर से दें ।। ८ ।।

यज्ञ में धार से अभिषुत किया गया उत्तमकर्मा, बुद्धितत्त्व युक्त वह सोम द्युलोक के प्रिय स्थानों को सब ओर से जाता है ।। ९ ।।

चतुर्थ खण्ड

हे सोम ! समुद्र की तरंग के समान तेरे वेग ऊपर को उठते हैं । सो तू इन्द्र के धनुष में प्रयुक्त वाण-तुल्य वेग वाले बज्र को प्रेरित करके वर्षा का प्रेरक हो ।।१।।

हे सोम ! जब तू दशापवित्र पर जाता है, तब तेरे प्रसव–विषयक यजमान के वेदमन्त्र उच्चरित होते हैं ।। २ ।।

प्रिय, हरे रंग के मधुर रस को टपका वाले पाषाणों से पीसे गये सोम को छन्ने में छानते हैं ।। ३ ।।

हे आह्लादक सोम ! इन्द्र के उदर में पहुंचने के लिए छन्ने से छनता हुआ टपका ।।४।।

गो-दुग्धादि में सना हुआ आह्लाद सोम इन्द्र के उदर आकाश में प्रवेश कर और शुद्ध कर ।। ५ ।।

पंचम खण्ड

हे सोम ! उस व्यापकता से अग्नि में टपक कि जिससे तृप्त सूर्य तुझसे दिये गए हर्षों के होने पर (आठ सौ दस) मेघों को हनन करें ।। १ ।।

इन्द्र के पिये गये सोम के द्वारा शत्रु का ध्वंस किया जाता है ।। २ ।।

हे सोम ! हे प्राणों के लाभदायक ! तू हमारे लिए गो, अश्व, सुवर्ण आदि ऐश्वर्य और अन्नों का दाता बन ।। ३ ।।

हिंसकों का नाशक, अदानशीलों का हिंसक, इन्द्र के स्थान को प्राप्त हुआ सोम धार रूप में बरसता है ।। ४ ।।

प्रकाशमान पवित्र सोम ! हमारे लिए महान् धनों को दीजिए, शत्रुओं को मारिए तथा पुत्रादियुक्त यश दीजिए ।। ५ ।।

हे शुद्ध स्वरूप सोम (परमेश्वर) ! जब तू धन देना चाहता है, तब मुझे कोई नहीं रोक सकता ।। ६।।

मनुष्यों के हितकारक जलों से प्रेरित करता हुआ तू सूर्य को प्रकाशित करने वाली धारा से वर्षा कर ।। ७।।

आकाश मार्ग से जाने को प्रेरित सोम सूर्य-किरणों रूपी घोड़ों को जोड़ता है ।। ८।।

सोम को पुकारते हुए इन्द्र हरे वर्ण के अश्वों को सूर्य के समान प्रकाशित पथ में जोड़ता है ।। ९।।

षष्ठ खण्ड

हे समान प्रीति युक्त याज्ञिको ! तुम मनुष्यों का जो साथी है, यज्ञ वाला है, तपाने वाला है, घृत भक्षक है, सर्व-शोधक है, सदा ऊपर को जाने वाला है, उस यजनीयतम देव तेजस्वी अग्नि को तुम अपने यज्ञ में दूत बनाओ ।। १।।

जब यह अग्नि घास को खाने को तैयार हींसते हुए घोड़े के समान भारी काष्ठ के ढेर से निकलता है, तब अग्नि की लपट के साथ वायु चल पड़ता है और यह वायु के अनुगत हो जाता है। इसका पथ काला है ।। २।।

अरणियों से सद्योत्पन्न अग्नि को वायु की सहायता पाकर प्रदीप्त लपटें ऊपर को चलती हैं। हे अग्नि ! तब प्रकाशवान और अधूमयुक्त देवदूत तू आकाश की ओर जाता है और दूरस्थ देवों से मिल जाता है ।। ३।।

बड़े वृत्र (मेघ) को गिराने के लिए हम उस इन्द्र को बलिष्ठ करें, जिससे वर्षा करने वाला, वह वर्षा करने लगे ।। ४।।

वह इन्द्र अन्न-धन आदि देने के लिए है। वह अति बलयुक्त है। सोमपान के लिए है और सोमाहुति पाने के लिए योग्य है ।। ५।।

स्तुतियों के द्वारा बलवान बना हुआ, महान् शत्रु से अपराजित इन्द्र स्तोताओं को धन देने की इच्छा करता है ।। ६।।

सप्तम खण्ड

हे अध्वर्यु ! पाषाणों से पीसकर रस निकाले गये सोम को छन्ने पर ला और इन्द्र के पीने के लिए शुद्ध कर ।।१।।

हे स्वयं शुद्ध और अन्यों के शोधक सोम ! इन्द्रादि और मरुद्गण तेरे हर्षदायक रस का सेवन करते हैं ।। २।।

हे अध्वर्यु ! अति मधुर-दिव्य अमृतोपम सोम को बजी इन्द्र के लिए शुद्ध करो ।।३।।

सत्त्ववान् ऋत्विजों से शोधा हुआ, देवहर्षदायक, द्युलोकधारक, सम्पादन किया हुआ, रस रूप, बलकारक हरितवर्ण सोम अश्ववेग के समान वेग से जाता है और जल-प्रवाहों को अत्यन्त ही बढ़ाता है ।। ४।।

कर्मकाण्डी विद्वान ऋत्विजों के द्वारा हवन किया गया सोम इन्द्र के बल को बढ़ाता है। जैसे वीर रथी सुख को बांटना चाहता हुआ शस्त्रों को धारण करके

तैयार होता है, ऐसे ही सोम इन्द्र की शक्ति को बढ़ाकर (वर्षा के लिए) तैयार करता है ।।२।।

हे पावन सोम ! तू बढ़ेगा । अतः इन्द्र के उदर में ऐसे प्रवेश कर, जैसे विद्युत बादलों में । दोनों लोकों को दुह और हमारे लिए श्री प्राप्त करा ।। ३।।

हे इन्द्र (परमात्मा) ! जब मनुष्यों द्वारा तुम सब दिशाओं से पुकारते जाते हो, तब एक साथ ही सबके समीप होते हो । हे तेजस्वी ! आप सब में हो ।।४।।

हे इन्द्र (परमेश्वर) ! आप सर्वत्र एक साथ, एकरस अपने आनन्द स्वरूप से विद्यमान हैं; किन्तु सब स्तुतियों से आपको स्तुत करते हैं । तभी प्राप्त होते हो ।।५।।

हे इन्द्र (परमेश्वर) ! हमारे स्तुति और वन्दना के वचनों को सुनिए तथा हृदय के सौम्य-भाव को ग्रहण करने के लिए सत्यानुगामिनी बुद्धि सहित हमें प्राप्त होइए ।।६।।

हे इन्द्र (परमेश्वर) ! स्वयं शोभित, कामवर्षक आपको दोनों लोकों के निवासी आत्मिक बल से ही खोज पाते हैं । आपका ज्ञान हृदय के सौम्य-भाव को ही चाहता है । आप अत्यन्त सूक्ष्म और सर्वत्र वर्तमान हैं ।। ७।।

अष्टम खण्ड

हे सोमदेव ! तू स्वभाव से वायु में चढ़ । तेरा हर्षदायक प्रभाव इन्द्र को प्राप्त हो ।।१।।

हे पावन आर्द्र सोम ! तू मेघ को बरसाता है, अतः प्रशस्त धन-धान्यप्रद तू आकाश में प्रवेश कर ।। २।।

हे प्रकाश रूप (परमात्मा) ! आप हमारे अन्न-बल के दाता, सब के भरण-पोषण कर्ता, सब के द्वारा चाहे हुए, बड़े यशस्वी, सर्वाधिक प्रकाशमान हो हमें धन दीजिए।।३।।

हे अचल ! सबके निवास के हेतु ! परमेश्वर ! हम आपके अत्यनत समीप हों और सुख-धन-अन्न के समीप रहने वाले हों ।। ४।।

सूर्य-किरणों को चाहने वाला ऊर्ध्वगामी होम दीप्ति के साथ यज्ञ में धारों से आता है । वह पीसा हुआ आर्द्र सोमरस वेदमन्त्रों से प्रेरित दशापवित्र पर टपकता है।।६।।

दिव्य गुणों के दाता हे सोम ! तू रस बहाने वाला, पालक और वर्षणशील है ।।७।।

हे सोम ! देवों, अन्तरिक्ष, पृथिवी लोक और प्रजाओं के लिए सुख बरसाइए।।८।।

हे परमेश्वर ! तू सृष्टि करने वाला, अमृतरूप, अति बलवान है, द्युलोकादि का धारक है। तू सत्य एवं विविध धर्म वाले जगत् में हमें पवित्र कर ।। ९।।

हे मनुष्यो ! मित्र इव प्रिय, प्रिय अतिथि, वेदी में स्थित, रथ-तुल्य देवों के वाहन अग्नि का तुम्हारे कल्याण के लिए मैं उपदेश करता हूं ।। १०।।

जिस अग्नि का आधान गार्हपत्य और आहनीय दो प्रकार से किया जाता है, उसकी स्तुति कर। वह अग्नि विद्वान् के समान प्रशंसनीय है ।। ११।।

96

हे वल्लवतम ईश्वर ! परोपकारियों की रक्षा कीजिए। उनकी स्तुतियों को सुनकर उनके सन्तान वर्ग की रक्षा कीजिए ।। १२।।

हे सत्राजित इन्द्र ! प्रकाशमय, मेघ के समान सब ओर फैल हुए अन्तरिक्ष का पालक तू सर्वव्यापक है ।। १३।।

सत्य, सोमपायी, इन्द्र ! निश्चय ही तू द्युलोक-पृथिवी लोक को दबाकर वर्तमान है। तू सोमयाजी को बढ़ाने वाला और आकाश का पालक है ।। १४।।

हे इन्द्र ! तू बहुत पुरानी नगरियों को विदीर्ण करने वाला, असुर मेघ का हन्ता और याज्ञिक का बढ़ाने वाला है और आकाश का पति है ।। १५।।

दधिक्रावा यज्ञ में मेघों का भेदक, युवा-गर्जनशील, असीम बलयुक्त, सर्वकार्यधारक, बज्री, वेदों में सर्वाधिक वर्णित इन्द्र यज्ञ में प्रकट होता है ।। १६।।

हे मेघवाले इन्द्र ! तू निर्भय मेघ के घने समूह को तोड़कर खोल देता है। तब पृथिवी के लोग मेघ से भीगे हुए तुझको प्राप्त करते हैं ।। १७।।

दशमाध्याय

प्रथम खण्ड

कुचलकर रस निकाला हुआ सोम छन्ने से छनकर, आहुत होकर मेघ रूप में परिवर्तित होकर बहुत बढ़ता है और अन्नोत्पत्ति के द्वारा पृथिवी आदि लोकों की प्रजाओं का पालन तथा गौ आदि पशुओं की रक्षा करता है। इस प्रकार जलवर्षक सोम सर्वत्र क्रान्त होता है ।। १।।

हे दिव्य सोम ! तू हमारे धन और यज्ञ के लिए वायु को प्रसन्न करता है। शोधा जाता हुआ, तू मित्र, वरुण, मरुतों, देवों तथा पृथिवी, आकाश के सभी प्राणी-अप्राणियों को बल तथा हर्ष देता है एवं उनके धन-धान्य को बढ़ाता है।।२।।

सोम जलों का ग्राहक है। वायु आदि देवों का तथा पान करने पर इन्द्रियों का वरण करने वाला है, वृष्टिकारक है, विद्युत्व का बलदायक और सूर्य की किरणों में फैलकर प्रकाश-उत्पादक है ।। ३।।

यह अमृत सोम द्रोण-कलशों में स्थित होने को सर्वतः उसी प्रकार जाता है, जैसे पक्षी घोंसले की ओर ।। ४।।

ऋत्विजों से स्तुत, दिव्य सोम यजमान को धन देता है तथा वसतीवरी नामक जलों का विलोडन करता है ।। ५।।

यह सोम सब पदार्थों को विभाग पूर्वक देना चाहता है, जैसे सेनापति सैनिकों को पदार्थ विभागशः देता है ।। ६।।

सोम-भाग में सोम रथ में रखकर ले जाया जाता है। सोम भाग से धन-ऐश्वर्य बढ़ते हैं। सोमपान से वाणी सुधरती है ।। ७।।

शोधित, हरित, दिव्य-सोम यज्ञकामी ऋत्विजों के द्वारा बलप्राप्त्यर्थ संस्कृत किया जाता है ।। ८।।

अंगुलियों से निचोड़ा हुआ दिव्य सोम किसी के द्वारा न मारा जाकर शत्रुओं को नष्ट करता है ।। ६।।

धारा रूप में बरसता हुआ शब्दवान सोम यज्ञ स्थान से दिव्य लोक को ऊर्ध्वगमन करने वाला है ।। १०।।

उत्तम यज्ञवाला सोम किसी से हिंसित न होता हुआ यज्ञ स्थल से दिव्य लोक को प्राप्त होता है ।। ११।।

हरा चमकता हुआ यह सोम दिव्य गुणों के लिए सिद्ध किया जाता है ।।१२।।

वह सोम अन्न उत्पादक, अनन्त कर्मा एवं वर्णनशील है ।। १३।।

द्वितीय खण्ड

इन्द्र के स्थान आकाश को जाता हुआ यह सोम सूक्ष्मतम रूप में पहुंचता है, जैसे शूरवीर, शीघ्रगामी रथों से जाता है ।। १।।

महान् देव-यज्ञ में यह सोम अनेक कर्मों वाला होता है ।। २।।

विभिन्न रस-रूप अन्नों के वर्षक सोम को ऋत्विज कलशों में छानते हैं ।।३।।

जब याज्ञिक देवताओं के लिए यज्ञ करते हैं, तब ढका हुआ यह सोम अभिषव स्थान और आहवनीय स्थान के बीच में बड़ी सावधानी से ले जाया जाता है ।।४।।

वेगवान् यह सोम रसों का पति होता हुआ स्वर्णिम, उज्ज्वल सूर्य-रश्मियों से ले जाया जाता है ।। ५।।

शक्ति और ऐश्वर्यों को धारण करने वाला यह सोम वृषभ द्वारा अपने सींगों को कंपाने के समान अपनी तरंगों को कंपित करता है ।। ६।।

दुष्टों को पीड़ा देता हुआ, अतिक्रमण की शक्ति रखने वाला यह सोम नाशक दुष्टों को मारता है ।। ७।।

परम-आयुधवान्, आह्लादक, हरितवर्ण सोम को दशों अंगुलियां गतिमान करती हैं ।। ८।।

तृतीय खण्ड

अभिषुत सोम वीर्यवान एवं वीर्यवर्धक है और रपटने के स्वभाव वाला है। सोम यह बहुत बल को प्राप्त होता हुआ छन्नों में से द्रोणकलशों में टपक जाता है।।१।।

विद्या, शिक्षा और धर्म तीनों से मुक्त यजमान की दशों अंगुलियां पत्थरों से हरे सोम को पीसती हैं ।।२।।

यह वह आह्लादक सोमरस है, जो गीला छन्ने में से निकलकर रस-रूप हो जाता है ।। ३।।

यह द्युलोक रूपी पुत्र का आह्लादक है ।। ४।।

यह वह सोम है, जो अभिषुत किया हुआ, हरा-गीला और धैर्य-उत्पादक है। यह अपने प्रिय स्थान द्रोण-कलश में शब्द करता हुआ जाता और भर जाता है।।५।।

सोम को आह्लाद के लिए अध्वर्यु की दशों अंगुलियां शोधती हैं ।। ६।।

चतुर्थ खण्ड

ऋत्वजों के द्वारा पीड़ित यह बलवान सोम मन का पालन-पोषण करने वाला है। यह छन्ने पर विविध प्रकार से जाता है ।। १।।

देवताओं के निमित्त निष्फल यह सोम छनकर शुद्ध होता है और फिर देवों की देहों में स्थापित होता है ।। २।।

मरण-धर्म से पृथक्, शत्रुनाशक सोम शब्द करता हुआ कलश में प्रविष्ट होता है ।। ३।।

अभीष्टवर्षक सोम शब्द करता हुआ कलश में प्रवेश करता है ।। ४।।

प्रसन्नताप्रद संस्कारित सोम; पवित्र द्यूलोक में सूर्य को बरसने की रुचि देता है ।। ५।।

अनिवार्य वीर्यवाला, वाणी का पति, सबका आच्छादन करने वाला यह सोम प्रकाश वाले सूर्य से पृथिवी पर वर्षा के साथ छोड़ा जाता है ।। ६।।

पंचम खण्ड

प्रशंसित, बुद्धितत्त्वयुक्त, छन्ने पर शुद्ध किया जाता हुआ सोम; रोगादि शत्रुओं को बाधित करता हुआ उनका नाश करता है ।। १।।

बलसाधक, विजेता सोम इन्द्र और वायु के लिए निचोड़ा जाता है ।। २।।

द्यूलोक का मस्तकरूप, अभीष्टवर्षक, विश्वविद यह सोम ऋत्विजों के द्वारा पीसकर निचोड़ा और संस्कृत किया जाता है ।। ३।।

गौ:सुवर्ण-आदि धनों को हमारे लिए चाहनेवाला अहिंसित सोम, शब्द करने वाला है ।। ४।।

बलवान, वृष्टिकर्ता, हरे रंग का, शुद्ध करने वाला यह सोम आकाश में इन्द्र को प्राप्त होता है ।। ५।।

बलवान, नष्ट न करने योग्य, देवों का उत्तम भोजन, पापनाशक, यह शोधा जाता हुआ सोम आकाश को जाता है ।। ६।।

षष्ठ खण्ड

वीर्यवान, दिव्यकामना वाला यह सोम देवताओं को पीने के लिए निचोड़ा हुआ राक्षसों को विशेषरूप से नष्ट करता हुआ पवित्र अंतरिक्ष में जाता है ।।१।।

धारक, आंखों का हितकारी, हरे रंग का, यह सोम शब्द करता हुआ पवित्र अंतरिक्षरूपी अपने स्थान को लक्ष्य करके प्राप्त होता है ।। २।।

द्यूलोक का रोचक, बलवान, राक्षसहन्ता, वह सोम उनके दशापवित्र पर विविध प्रकार से जाना जाता है ।। ३।।

विद्या, शिक्षा और धर्म इन तीनों से युक्त ऋत्विजों के श्रेष्ठ यज्ञ में शोध्यमान वह सोम जलों के साथ सूर्य को प्रकाशित करता है ।। ४।।

शत्रुहंता, वर्षा करने वाला, पीसा, निचोड़ा गया, यजमान को धन-धान्य देने वाला, अहिंसनीय सोम अश्व वेग से कलशों में जाता है ।। ५।।

दिव्य—तरल, अपने रस इन्द्र की पूजा करता हुआ, अध्वर्यु से प्रेरित सोम द्रोण-कलश की ओर वेग से जाता है ।। ६।।

सप्तम खण्ड

ऋषियों के द्वारा संगृहीत, वेद के साररूप, सोम देवता-संबंधी सूक्तसमूह को सांगोपांग, जो व्यक्ति पढ़ता है, वह वायु से पवित्र किये गए भोज्य पदार्थों को खाता है ।। १।।

जो ऋषि संगृहीत, वेद के सार पवमान (सोम) देवता-संबंधी सूक्त समूह को पढ़ाता है; सरस्वती उसके लिए दुग्ध, घृत और मीठे जल भरपूर देती हैं ।।२।।

सोम प्रकरण की ऋचाएं कल्याणदायी हैं; सुफलदायी हैं और जलवर्षिका हैं। ज्ञानी ऋषियों ने इस वेद सार को संगृहीत करके ब्राह्मणों में अविनाशी फल की स्थापना की है ।। ३।।

दिव्य गुण-युक्त पावमानी ऋचाएं हमारे इस लोक और परलोक का पोषण करें। विद्वानों से संगृहीत ये हमारी कामना-पूर्ति करें ।। ४।।

देवगण जिन साधनों से सर्वदा अपने को शुद्ध करते हैं, उनसे यह पावमानी ऋचाएं हमको शुद्ध करें ।। ५।।

पावमानी ऋचाएं स्वस्तिकारिका हैं। उनके अपमान से मनुष्य आनन्द पाता है, पवित्र भोजनों का भोजन करता है तथा अमर-भाव को प्राप्त होता है ।। ६।।

अष्टम खण्ड

वेदी में सुलगाया हुआ जो अग्नि प्रकाशित है, उस अति-प्रचण्ड, विस्तृत, द्यावा-अंतरिक्ष में विचित्र ज्वाला वाले, सु-आहूत सर्वतः फैले अग्नि के समीप हम हवि लेकर जाएं ।। १।।

अपने तेज से पापनाशक, धन का घर वह अग्नि यज्ञ-स्थान में पूजित होता है। वह हम स्तोताओं की पापकर्म और निन्दा से रक्षा करें ।। २।।

हे अग्नि ! तुम दुःख-निवारक और सुख प्रापक मित्र हो। श्रेष्ठ जितेन्द्रिय साधक स्तुतियों से तुम्हें बढ़ाते हैं। तुम्हारे देय धन हमारे लिए सेवनीय हों। तुम सब देवों के सहित हमारी रक्षा करो ।। ३।।

वर्षा के मेघ के समान अपने तेज से महान् वह इन्द्र पुत्र के तुल्य स्तोता की स्तुतियों से वृद्धि को प्राप्त होता है ।। १।।

बुद्धिमान स्तोता इन्द्र को यज्ञ का साधक बनाते हैं तथा यज्ञ पात्रों को निष्प्रयोजन बताते हैं ।। २।।

इन्द्र की प्रजारूप वायु को, जब आकाश में होम कुण्डस्थ अग्नि-ज्वालाएं भरती हैं, तब ऋत्विज यज्ञ के सफल करने वाले वायु की स्तुति के स्तोत्र पढ़ते हैं ।।३।।

नवम खंड

सुसम्पन्न, हरे रंग के, सर्वत्र गमनशील सोम की आह्लादकारी धाराएं अग्नि में छोड़ी जाती हैं ।। १।।

अधिक दमकता हुआ, हरे रंग का सोम मरुद्गण की सहायता से पुष्ट हो, सबको तरंगित करता है ।। २।।

हे सोम ! अत्यन्त अन्न और बल को देने वाला तू स्तोता को धन संतान प्राप्त कराता हुआ संसार को तरंगित कर ।। ३ ।।

सबके इच्छित, पापनाशक सोम को हम शुद्ध करते हैं । वह सब देवों को अपने हर्षप्रद रस के साथ प्राप्त हो ।। ४ ।।

पाषाणों से कूटे हुए—निचोड़े हुए, इंद्र के प्रिय तथा सबके द्वारा चाहे हुए सोम को ऋत्विजों की दशों अंगुलियां संस्कार करती हैं ।। ५ ।।

हे सोम ! जिसके लिए किया जाने वाला यज्ञ दक्षिणा वाला होता है, उस दुष्ट नाशक इन्द्र के पान करने के लिए तथा यज्ञ करने वालों के लिए मंत्रों से तुम अभिषुत किए जाते हो ।। ६ ।।

हे सोम ! शुद्धस्वरूप, विद्युत-इव बलिष्ठ आप विपुल बल और धन के लिए हमारे व्यवहारों को शुद्ध करो ।। ७ ।।

सोम को तैयार करने वाले ऋत्विज सोम रस को हर्ष-प्राप्ति के लिए और विपुल अन्न-प्राप्ति के लिए शोधते हैं ।। ८ ।।

देवताओं के लिए उनके पुत्र के समान प्रिय संस्कृत सोम को ऋत्विज शुद्ध करते हैं ।। ८ ।।

प्रकट, प्रेरणावाले, शत्रुनाशक, गोधृतादि से शुद्ध किये गए, सोम को देवगण प्राप्त करते हैं ।। ६ ।।

इन्द्र के हृदय आकाश को सेवन करने वाले सोम को हमारी स्तुतियां रागृद्ध करें, उसी प्रकार, जैसे—शिशु को माताएं अपने दूध से बढ़ाती हैं ।। १० ।।

हे सोम ! हमारी गौओं के लिए सुख की वर्षा करो । अन्न-राशि से हमारे घर को पूर्ण करो । हे स्तुत्य कलश के रस की शुद्धि करो ।। ११ ।।

द्वादश खंड

अग्नि को प्रज्ज्वलित करने वाले साधकों का इन्द्र सदा मित्र रहता है । वे साधक क्रमपूर्वक अग्नि-प्रदीप्ति के पश्चात् कुशासन बिछाते हैं ।। १ ।।

ऋषियों के पास समिधाएं प्राप्त हैं । स्तोत्र भी असंख्य हैं । उनका इन्द्र सदा मित्र रहता है ।। २ ।।

जिनका इन्द्र (राजा) मित्र होता है, उनका वह शूरवीर राजा (इंद्र) अपने बल से शत्रु को झुकाता है ।। ३ ।।

इंद्र हविदाता को धन देने वाला है । उसके कोई प्रतिकूल नहीं रहता । वह संसार का स्वामी है ।। ४ ।।

जो यजमान सोम का संस्कार करता हुआ तुम्हारी उपासना करता है, उसे हे इंद्र ! तुम शीघ्र ही बल देते हो ।। ५ ।।

वह इंद्र हमारी स्तुति सुनता ही है और असाधक को छुद्र पौधे के समान नष्ट कर देता है ।। ६ ।।

हे इंद्र ! स्तोता तुम्हारा गुणगान करते और मंत्रोच्चार से तुम्हारा पूजन करते हैं । ऋत्विज तुम्हें उच्च पद देते हैं ।। ७ ।।

यजमान सोम, समिधा आदि के लिए पर्वत पर जाते हैं । यज्ञ कर्म करते हैं ।

तब उनकी इच्छा को जानने वाला इंद्र अभीष्ट वर्षक हुआ यज्ञ में जाने को उद्यत होता है ।। ८।।

हे सोमपायी इंद्र ! पुष्ट अश्वों को रथ में जोड़कर स्तुतियां सुनने के लिए यहां यज्ञ में पधारो ।। ६।।

देवताओं का उत्तम हवि सोम; मनुष्य-हितैषी हुआ जलों में प्रविष्ट होता है। अध्वर्यु उसे पाषाण से कूटते-पीसते हैं। उस सोम का सिंचन करो ।। १०।।

अति सुगंधित, अहिंसित, शोध्यमान हे सोम ! छन्ने से टपक। हम तुझे अन्न में अंगुलियों से मिलाकर तुझ उत्तम, रसयुक्त हर्षकारक का सेवन करते हैं ।।११।।

कूट-पीसकर निचोड़ा हुआ, देवों का आह्लादक, यज्ञ का स्वरूप गीला सोम आंखों का हितकारी है और दृष्टिप्रसादार्थ सर्वतः फैलता है ।। १२।।

प्रकाशित, वर्षक, हरा, सिद्ध सोम छन्नों से शब्द करता हुआ छनता है। वह पक्षी के वेग से जलपूर्ण पात्र में जाता है ।। १३।।

यज्ञ पूर्ण होने पर पत्तों वाले सोम का मेघ जनक (पिता) होता है। वह भूमि की नाभिरूप पर्वत पर वास करता है। जल उसका बहनरूप होते हैं। अर्थात् यज्ञ से मेघ बरसता है। मेघ सोम मिले जल को पर्वत पर बरसाता है। वहां सोम उपजता है। फिर जल ही उसको बहन के समान बढ़ाता है। इसलिए मेघ का, सोम का, जनक, पर्वत वास-स्थान और जल उसका बहन रूप है ।। १४।।

हे सोम ! तू यज्ञ-विधान की कामना वाले छन्ने को प्राप्त होता और हमारे पापों का नाश करता है। हमें सुखी कर। जलों पर छाया हुआ तू दोष-रहित हो ।।१५।।

दशम खण्ड

हे पूर्व पुरुषो ! सूर्य को सेवन करने वाली रश्मियों के समान इंद्र का सेवन करो। अपने बल से इंद्र जिन धनों को प्रकट करता है उन्हें हम पितरों के भाग के समान प्राप्त करते हैं ।। १।।

हे स्तोताओं ! सत्यानुयायियों को दान देने वाले इंद्र (परमात्मा) की स्तुति करो। वह कल्याणरूप दान देने वाला उपासक की कामना व्यर्थ नहीं होने देता।।२।।

हे इंद्र ! हिंसा करने वाले भय से हमें बचाओ। हमारी रक्षा के लिए सामर्थ्यवान होकर हमारे वैरी और हिंसकों को मारो ।। ३।।

हे धनेश इंद्र ! हमारे देने के लिए तुम असंख्य धनों के धारक हो। हे स्तुत्य! सोम को सिद्ध कर हम तुम्हें बुलाते हैं ।। ४।।

एकादश खण्ड

हे सोम (परमेश्वर) ! तू आह्लाद तथा यज्ञ में बलदायक और अति बलवान है। तू प्रेम-भक्ति की धारा चाहने वाला है। हे धन-दायक ! शुद्धि कर ।।१।।

हे सोम ! तू अत्यन्त शक्ति से यज्ञधारक, दीप्त, विजेता और किसी से नष्ट न होने वाला है ।।२।।

हे सोम ! छन्ना हुआ तू शब्द करता हुआ कलश में जा और शुद्ध बल प्रदान कर ।। ३।।

हे सोम ! देवताओं के सेवनार्थ धारारूप में कलश में प्राप्त हो । शक्तियुक्त हुआ तू हमारे पात्र में आ ।। ४।।

जलों में प्रविष्ट हुए तेरी शक्ति को इंद्र बढ़ाता है । फिर देवगण अमरत्व प्राप्ति के लिए तेरा पान करते हैं ।। ५।।

आकाश वर्षा करने वाले, साधकों को दिव्य देने वाले, संस्कारित हे सोम ! तू हमको धन दिला ।। ६।।

एकादश अध्याय
षष्ठ प्रपाठक

प्रथम खण्ड

हे पवित्रकर्ता, होमकर्ता अग्नि ! तू यजन करता है और हमारे यजमान के लिए देवदूत रूप में देवों का आह्वान करता है ।।१।।

हे मेधावी अग्नि ! तू आप हमारे माधुर्ययुक्त हव्य को हमारी रक्षा के लिए देवों के समीप पहुंचा दे ।। २।।

मैं यज्ञकर्ता इस यज्ञ में वेदीस्थित, प्रिय, हव्यग्राहक और मधुर-रस का स्वाद लेने वाली जिह्वावाले अग्नि की स्तुति करता हूं ।। ३।।

हे यजमान के द्वारा वेदी में स्थापित और प्रशंसित अग्नि ! तू देवों का आह्वानकर्ता है। सुखदायक रमणीय मार्ग में देवों को जा ।। ४।।

जो सम्पत्ति सूर्योदय के समय मित्र, अर्मया, सविता, भग देवता उत्पन्न करे, वह आज हमें प्राप्त हो ।। ५।।

(सूर्योदय के समय) मित्र, अर्यमा, सविता भगादि देव हमको आलस्यादि पाप से पार करते हैं । उस समय उनके साथ हमारा रहना सुरक्षित हो ।। ६।।

ये पूर्वोक्त देव स्वयं प्रकाशमान हैं । ये तथा इनकी माता अदिति, ये सब रक्षित, महान् एवं शुभकर्मों के स्वामी एवं समर्थ हैं ।। ३।।

हे परमेश्वर ! तुम महान् हो । उपासक आपको ही प्रसन्न करें । विद्यादि धन दीजिए, शत्रुओं को दूर कीजिए ।। ७।।

हे परमेश्वर ! आप महान् हैं । कोई आप-सा नहीं । आप अदानशीलों को पीड़ित कीजिए ।। ८।।

हे परमेश्वर ! आप सम्पन्न और असम्पन्न (सोमों) पदार्थों के ईश्वर हैं और प्राणिमात्र के स्वामी हैं ।। ६।।

द्वितीय खण्ड

चैतन्य, सोम शुद्ध किया जाकर पात्रों में रखा जाता है । उसे एकत्रित, कामना वाले अध्वर्यु सत्कृत करते हैं ।। १।।

शुद्ध एवं यज्ञ-साधक सोम इन्द्र को प्राप्त करता है और द्यावा पृथिवी को

आपूरित करता है। उसकी प्रिय धाराएं—उन्नतिप्रद, रक्षिका और ऐश्वर्यदात्री हैं।।२।।

देवों को बढ़ाने वाला, स्वयं बढ़ने वाला, निचोड़ा और छाना हुआ, वृष्टिकारक सोम अपने तेज से हमारी रक्षा करे। इसकी सहायता से हमारे पूर्वज परमानन्द के लिए परम-पद पर पहुंचे थे ।। ३।।

इन्द्र ! (परमात्मा) को छोड़ और किसी की स्तुति न करो। आप की स्तुति से क्षीण न होओ। सोम के शुद्ध होने पर सभी मिलकर इन्द्र (परमेश्वर) के ही स्तोत्रों का पाठ करें ।। ४।।

वृषभ के समान पुष्ट एवं शीघ्रगामी, शत्रुनाशक, उपासकों के आराध्य; दिव्य तथा पार्थिव ऐश्वर्यों के दाता इंद्र (परमात्मा) की ही स्तुति करो ।। २।।

वे मधुर वेद-वाणी रूप स्तोत्र हमें प्रेरणा देते हैं। सभी विघ्न, शत्रु आदि को जीतकर अटल रक्षा एवं धन का प्रदाता सोम रथों के धन लाने वाला होता है। ऋषियों के समान स्तुति एवं ध्यान किये गए इन्द्र को सोम उसी प्रकार व्याप्त करते हैं, जैसे सूर्य रश्मियां सूर्य को। अतः साधक इन्द्र की ही स्तुति करते हैं।।५।।

हे सोम ! तू भली प्रकार ऐश्वर्य देने वाला हो। इस मार्ग में बाधा देने वालों को नष्ट कर। हमको भी शत्रुनाशक सामर्थ्य से युक्त-कर ।। ६।।

हे सोम ! तूने अन्तरिक्ष में तेज को उत्पन्न किया, तू उपासकों को गौ आदि पशु एवं ऐश्वर्य से युक्त करते हुए शक्ति का उत्पादक है ।। ७।।

हे सोम ! तेरे निष्पन्न होने पर जितेन्द्रिय हुए हम सुख भोगते हैं। शुद्ध हुआ तू हमारी इन्द्रिय में व्याप्त होता है ।। ८।।

हे आनन्ददाता सोम ! मित्र, भग, पूषा और इन्द्र के लिए प्रवाहित होता हुआ प्राप्त हो ।। ६।।

हे सोम ! दिव्य लोक से देवताओं के निमित्त प्रकट हुआ तू अमरत्व के लिए वर्षण शील हो ।। १०।।

उत्तम ज्ञान-बल के लिए निष्पन्न सोमरस को इंद्र सहित देवगण पियें ।।११।।

तृतीय खण्ड

सूर्य-रश्मियों के समान वाहक, शुद्ध हुई आनन्दवर्धक सोम-धाराएं फैलती हैं। वे इंद्र के अतिरिक्त अन्य किसी को प्राप्त नहीं होती ।। १।।

हम अपने मन को इंद्र से मिलाते हैं। मधुर सोम इंद्र के लिए सींचा जाता है। सोम-धाराएं उसके अभिमुख होती हैं ।। २।।

वृषभ के गर्जन जैसा शब्द करती हुई गौ-रूप स्त्रियां सोम की अनुगत होती हैं। वे सोम के संस्कार करने वाले स्थानों को जाती हैं। सोम छनकर टपकता हुआ मिश्रण में मिल जाता है ।। ३ ।।

हे मनुष्यो ! दूर से दीखने वाले, गृहपति, गमनशील, उत्तम हस्तगत अग्नि को दो आणियों में अंगुलियों से रगड़कर उत्पन्न करो ।। ४।।

गृहस्थ लोग सब प्रकार की रक्षाएं प्राप्त करने के लिए अपने घरों के अग्न्यागार में नियम से बलिष्ठ अग्नि का आधान करें ।। ५।।

ये अत्यन्त युवा अग्नि ! अत्यन्त प्रदीप्त तू प्रदीप्त लोहे-की सदृश ज्वाला से यज्ञ-वेदिका में धधक। तुझको निरंतर हव्यान्न प्राप्त हो रहे हैं ।। ६ ।।

यह सूर्यलोक अपने स्थान पर घूमता है और लोकमय (द्यू पृथिवी की, अन्तरिक्ष) का प्रकाशित करता है ।। ७ ।।

यह सूर्य के दीप्ति शरीर में स्थित प्राण वायु को प्रेरित करती है तथा प्राणियों के शरीर में वायु का ऊर्ध्वाधोगमन इसी की प्रेरणा से होता है। पृथिवी से बड़ा सूर्य अन्तरिक्ष को भी प्रकाशित करता है ।। ८ ।।

प्रतिदिन सूर्य तीन घड़ी पर्यन्त प्रकाश देता है ।। ६ ।।

द्वादशाध्याय

प्रथम खण्ड

अग्नि दूररथ और समीपस्थ सबका उपकार करने वाले अग्नि के लिए आग्नेय सूक्त का यज्ञ में जाते हुए हम उच्चारण करें ।। १ ।।

जो सनातन अग्नि मरणशील प्रजाओं में से अग्निहोत्रियों के प्राण को सींचता है, उसको दीर्घजीवी बनाता है, अग्नि के लिए हम मन्त्रोच्चारण करें ।। २ ।।

वह अग्नि हमारे धन की और मन्त्रिवर्ग की रक्षा करे। हमें पाप से बचाए ।।३ ।।

पापहन्ता अग्नि प्रत्येक संग्राम में विजय देने वाला है। आग्नेय विद्या के ज्ञाता इस अग्नि विद्या का प्रचार करें ।। ४ ।।

हे प्रकाशमान अग्नि ! जो तेरे शीघ्रगामी, हितसाधक तीव्र गुण हैं; उन्हें प्रयुक्त कर ।। ५ ।।

हे अग्नि ! हमें अच्छी प्रकार से प्राप्त हो और हव्यों को ग्रहण करने तथा सोम को पीने के लिए देवों को सम्मुख बुलाओ ।। ६ ।।

भरण करने वाले हे अग्नि ! अजर दीप्ति वाले निरंतर प्रकाशमान तू अविच्छिन्न तेज से अन्यों को प्रकाशित कर ।। ७ ।।

हे मनुष्यों ! सोमादि सम्पन्न करने वाले ऋत्विजों को अयाचित ही दक्षिणा दो। दक्षिणा न देकर भक्ति को नष्ट न करो ।। ८ ।।

रसरूप हे सोम ! छन्ने में छनकर द्रोण कलश को इसी प्रकार प्राप्त करता है, जैसे पुत्र माता को, कामी कामिनी को और वर कन्या को प्राप्त करता है ।।६ ।।

जो हरे रस के रूप वाला सोम छन्ने में छनता है वही बल का साधन होकर द्यूलोक, पृथिवीलोक को थाम रहा है, जैसे विधाता ब्रह्माण्ड को साध रहा है ।।१० ।।

द्वितीय खण्ड

इन्द्र जन्म से ही शत्रुरहित, सैनिकादिरहित, जातिरहित है तथापि कार्यों में सौहार्द चाहता है ।। १ ।।

जो धनी परोपकार में धन नहीं लगाता, उससे हे इन्द्र (राजन्) ! आप मित्रता नहीं रखते। क्योंकि नास्तिक वे आपकी हिंसा करते हैं और फिर उनके द्वारा आप पिता के समान स्तुत्य किए जाते हैं ।। २ ।।

मयूर-पुच्छ के समान सात रंगों वाली किन्तु श्वेत प्रतीति वाली सूर्य की किरणें मधुर, प्रशंसनीय हव्य सोम को सूर्य तक पहुंचाती हैं ।। ३।।

रथी रूप सूर्य के तेजस्वी रथ रूप गोले में ब्रह्म के द्वारा जोड़ी गई अश्वरूप किरणें हव्य को लेकर सूर्य को पहुंचाती हैं ।। ४।।

हे प्रशंसनीय सूर्य ! तू इस निष्पन्न-शोषित समरूपरूपी आसव को हर्ष के लिए किरणों से शोषण करके सब लोकों तक पहुंचा ।। ५।।

हे ऋत्विजो ! अश्ववत, वेगवान, प्रशंसनीय, जल तेज के प्रेरक, जल-मिश्रित इस सोम को अभिषुत करके सब ओर फैलाओ ।। ६।।

सहस्रधाराओं से वृष्टि करने वाला जलों का दोग्धा, प्रिय सोम, जो कि जलोत्पन्न, दिव्य और महान् है; उसे अभिषुत करो ।। ७।।

तृतीय खण्ड

अपने गुणों के कीर्तन से कीर्तित, दीप्ति का इच्छुक, सुलगाया हुआ श्वेत तथा होम किया हुआ अग्नि दुःखदायक तथा रोगादि का हनन करे ।। १।।

अपनी पृथिवीरूपिणी माता के वेदि स्थानरूपी गर्भ में प्रकाशमान और फिर द्युलोकरूपी पिता का पालक पिता को हव्य पहुंचाने वाला होने के कारण पालक अग्नि हमारे दुःखदि विघ्नों का नाश करे ।। २।।

ज्ञानोत्पादक, दृष्टि के सहायक हे अग्नि ! हमें सन्तान तथा अन्न-धन प्राप्त करा और आकाश में प्रकाशित हो ।। ३।।

वेद की आज्ञानुसार निचोड़ा और छानकर शुद्ध किया हुआ, हवन किया हुआ सोम, शब्द करता हुआ आकाश में उसी प्रकार जाता और मेघ, वायु आदि देवों से वर्षा करता है, जैसे—गोदोग्धा पुकारता हुआ घरों में जाता और दोहन करता है ।।४।।

तेज को वस्त्र इव ओढ़े हुए, साधकों द्वारा स्तुत्य शोध्यमान आहूत सोम द्युलोक और पृथिवीलोक को प्रकाशित करता है ।। ५।।

भूमि पर प्रकट, तृप्तिदायक, यशस्वी सोम शोधा जाता है। हे सोम, शब्द करता हुआ तू हमें रक्षा-साधनों से युक्त कर ।। ६।।

मित्रो ! आओ ! पवित्र सामगान से पवित्र एवं महान् इंद्र की स्तुति करें। वह हम पर प्रसन्न हों ।। ७।।

हे इन्द्र ! पावन आप हमें प्राप्त हों, पावन रचनाओं से हमारी रक्षा करें, हमें धन प्राप्त कराएं ।। ८।।

आप पवित्र हैं, पवित्र धन दीजिए। पवित्र आप पुण्यात्मा को धन दीजिए। दुष्टों का नाश कीजिए ।। ९।।

चतुर्थ खण्ड

धनेच्छुक हम सूर्य रूप में आकाश को स्पर्श करने वाले देव अग्नि के प्रशंसा मंत्रों का उच्चारण करते हैं ।। १।।

होम साधक अग्नि मनुष्यलोक में वास करता है और अभीष्ट पूरा करता है।

वह अग्नि द्युलोक की सृष्टि का यजन करे ।।२।।

हे अग्नि ! तू सेवित देवों को यज्ञ में बुलाने वाला, वरणीय, सर्वतः फैलने वाला है और यजमान तुझसे यज्ञ का विस्तार करते हैं ।।३।।

जैसे परमेश्वर त्रिलोक व्याप्त, कामद; प्रशंसनीय, प्राणियों की आयु का पालनकर्ता है, उसी प्रकार सोम पृथिवी पर उत्पन्न हवन के द्वारा द्यु-अन्तरिक्ष लोकों में व्याप्त, कामद, प्रशंसनीय और प्राणियों की आयु का धारणकर्ता है ।।४।।

शूरों का समूह बनाने वाला, सर्ववीर, जेता, धनदाता, तीक्ष्णायुध क्षिप्रधन्वा, संग्राम में असहनशील, शत्रु तिरस्कर्ता सोम निचोड़ा और छाना जाता है ।।५।।

स्तोताओं को निर्भर बनाने वाले हे सोम ! तू आकाश एवं पृथिवी से मिलने वाला और वर्षणशील हो । हमको ऐश्वर्यदायक बना ।।६।।

हे इन्द्र तू अन्न-बल-रक्षक सोम का अधीश्वर, साधक का रक्षक और दुष्टों का नाशक है ।।७।।

हे बली इन्द्र ! अपने पिता से धन मांगने के समान हम आप पिता से धन मांगते हैं । आप दानी, देवदूत, अविनाशी, यज्ञ के कर्ता और भजन-योग का हम स्तवन करते हैं ।।८।।

हवि जल का उत्पन्नकर्ता, जल, वनस्पति उत्पन्नकर्ता है और वनस्पति अग्नि को प्रकट करने वाला है । इस प्रकार जलों के पौत्र रूप अग्नि की हम उपासना करते हैं । वह मित्र, वरुण और जगत् के लिए भजन करने वाला हो ।।६।।

पंचम खण्ड

हे अग्नि ! जिस मनुष्य को संग्राम में तुम रक्षित करते हो, वह तुम्हारे बल से अन्नों को वश में करता है ।।१।।

हे शत्रुपीड़क अग्नि ! तुम्हारे उपासक पर कोई आक्रमण नहीं कर सकता क्योंकि उसका बल प्रशंसनीय हो जाता है ।।२।।

मनुष्यों में रहने वाला वह अग्नि हमें संकटों से तारने वाला और अभीष्ट फल को देने वाला हो ।।३।।

अध्वर्यु की दशों अंगुलियां सोम की संस्कृत-शोधक और प्रेरक होती हैं । हरे रंग का प्रिय, काम्य, वरणीय, सोम जलों के द्वारा उसी प्रकार पोषण किया जाता है, जैसे शिशु माता के दूध के द्वारा ।।४।।

गौओं के योग्य घासों में प्रविष्ट हुआ सोम दुग्ध को पुष्ट करता है । उत्तम, बुद्धिदायक, धारों वाले सोम को गौएं अपने दूध से पुष्ट करती हैं ।।३।।

हे इन्द्र ! रसयुक्त, संस्कारित हमारे सोम को पीकर आनन्द प्राप्त कर । तुम्हारे साथ पिये जाने वाले सोम के द्वारा हमारी सुमति की वृद्धि करते हुए हमारी रक्षा कीजिए ।।५।।

हे इन्द्र तुम्हारी कृपा से अन्न मिले । शत्रु हमको नष्ट न कर सकें । अपने अद्भुत साधनों से हमारी रक्षा करते हुए हमें सुखी बनाओ ।।६।।

सोम से तृप्त हुई गौएं दुग्ध देने में समर्थ होती हैं । यज्ञों से वृद्धि को प्राप्त हुआ यह सोम शोधित और मंगलकारी होता है ।।७।।

यह इन्द्र याचना करने पर आकाश-पृथिवी को जल से भर देता है। उस समय सोम को हवि-युक्त करते हुए ऋत्विज यज्ञकर्म को उद्धत होते हैं ।।८।।

अगर सोम की तरंगें जीवों की रक्षक हों, उन्हीं के द्वारा सोम अन्न बल को प्रेरित करता है और शुद्ध होने पर उसका स्तवन किया जाता है ।। ९।।

षष्ठ खण्ड

प्रशंसित सोम वायु को प्राप्त होता है। शुद्ध किया सोम मित्र वरुण को प्राप्त होता है और देहस्थ पुरुष को प्राप्त होता है तथा वज्रबाहु वृष्टिकर्ता इंद्र को प्राप्त होता है ।। १।।

हे देव सोम ! तू सुवसनों को, सुन्दर दूध देने वाली गौओं को और चांदी-सोने को तथा रथ वाले घोड़ों को प्राप्त कराता है ।। २।।

सोम आकाशीय एवं पार्थिव धनों को प्राप्त कराता है। उन धनों को हम भोग सकें इसके लिए नीरोगता प्राप्त कराता है तथा हमारी आंख एव ज्ञानेन्द्रियों के तेज को बढ़ाता है ।। ३।।

इन्द्र (परमेश्वर) वृत्र के नाश (अंधकार-नाश) के लिए जगत् को उत्पन्न करते हैं, तब भूमि को विस्तीर्ण करते हैं और तभी द्यूलोक के चराचर को थामते हैं ।।५।।

तभी सूर्य तथा होमादि उत्पन्न हुआ। जो कुछ जगत् उत्पन्न हो चुका है अथवा जो उत्पन्न होगा, उस सबको आप अभिभूत किये हुए हों ।। ६।।

परमात्मा ने औषधियों में रस को प्रेरित किया और सूर्य को द्यूलोक में इस रूप से चढ़ाया कि ऋतु-अनुसार ताप को धारण करे। अतः हे स्तोताओ इंद्र (परमेश्वर) के लिए वृहत्साम का गायन करो ।। ७।।

हे परमेश्वर ! आप कामना पूरक, ओषधि रूप से हर्षधारी, तृप्तिदायक, बलदायक, अपरिमित दाता हो। आपके प्रसाद से हमने सोमपान किया है ।।८।।

हे इन्द्र (हे ईश्वर) ! आपका वह सोम जो, हर्ष वृष्टि, तृप्तिकारक है, स्वीकारणीय एवं मर्षणशील है, शत्रुओं का तिरस्कार है; हमें प्राप्त हो ।। ९।।

हे परमेश्वर ! आप ही सच्चे दाता हैं। हमारे मनोरथों को सत्कर्मों में लगाइए। आप दुष्टनाशक हैं अतः अधर्मी को फूंक दीजिए, जैसे अशुद्ध पात्र को अग्नि में डालकर शुद्ध करते हैं ।। १०।।

त्रयोदशअध्याय

प्रथम खण्ड

हे कामनापूरक सोम (परमेश्वर) ! हमारे लिए जलों की लहरों वाली वर्षा तथा स्वस्थ बहुत से अन्नों को आकाश से बरसाओ ।। १।।

हे सोम (परमेश्वर) ! वर्षा की धारा से हमें पवित्र करो। जिससे गौएं तथा अन्य पशु हमारे यहां आएं ।। २।।

हे परमेश्वर ! (सोम) यज्ञ में देवों के भक्ष्य जल को धाराओं में बरसाओ। हमारे लिए सर्वथा वर्षा बरसाओ ।। ३।।

देव स्वरूप वेदमंत्रों को सुनते और जानते हैं। वह हमारे लिए रसोत्पत्ति के लिए अविनाशी आकाश मण्डल को मेघ-धाराओं से प्राप्त हों ।। ४ ।।

पावन सोम दुष्ट जन्तुओं को नष्ट करता हुआ सूर्य किरणों को प्रकाशित करता हुआ वर्षा करता है ।। ५ ।।

हे मनुष्यो ! ऐश्वर्यवान्, ज्ञानवान्, सोमपान की इच्छा वाले विद्या पारंगत, विज्ञान में अधिक अनुगामी, प्रत्युपकारक इस इन्द्र के लिए सब वस्तुएं समर्पित करो ।। ६ ।।

हे मनुष्यो ! बलवान, सोमपायी इन्द्र को निचोड़े-छाने हुए सोमरसों को पात्रों में भेंट करो ।। ७ ।।

यदि तुम इन्द्र को ताजे सोमरस से सत्कृत करते हो, तो वह बुद्धिमान्, सर्वज्ञाता, शत्रुघर्षक इन्द्र तुमको ऐश्वर्य देता है ।। ८ ।।

हे अध्वर्यु ! इस इन्द्र के द्वारा सोम के शुद्ध रस को दो; क्योंकि यही सर्वउत्साहों से जीतने योग्य शत्रु की हिंसा करके सर्वशः तुम्हें पालता है ।। ४ ।।

द्वितीय खण्ड

हे ऋत्विजो ! पिंगल वर्ण, रक्त वर्ण रक्तबल से गगनस्पर्शी, आहुति किये गए सोम को सोमगान से प्रशंसित करो ।।१।।

हे ऋत्विजो ! हाथ के छूटे हुए पाषाणों से कुचले तथा निचोड़कर शुद्ध किये गए मधुर सोम में गो-दुग्ध मिलाओ ।। २ ।।

हे ऋत्विज ! सोम को दही से मिलाओ और भोजनीय अन्न के साथ सेवन करो अथवा इंद्र को भेंट दो ।। ३ ।।

सोम शत्रुनाशक, दृष्टि सहायक और वायु आदि देवों के लिए अनुकूल है। हे ऐसे सोम ! तू गौ आदि पशुओं के लिए सुखदायक वर्षा कर ।। ४ ।।

मन का पालक, मनस्वी बनाने वाला सोम, इन्द्र के पान के लिए, हर्ष प्राप्ति के लिए सर्वतः पात्रों में सेवन किया जाता है ।। ५ ।।

पावन प्रकाशक हे सोम ! तू हमारे सहायक इन्द्र के साथ जा और हमारे लिए सुन्दर धन, बल ला।। ६ ।।

हे स्तोताओ ! तुम साथ मिलकर वायु विनाशक शक्तिमान, मेघ विदारक, पृथिवी के समान सुखदायक इन्द्र के गुणों का बखान करो ।। ७ ।।

जो वृत्रहन्ता (मेघ हन्ता) इन्द्र ! मेघ को मारता और उसके निन्यानवे किलों को भेदता है, उसका गुणगान करो ।। ८ ।।

वह सुखदायक मित्र इन्द्र हमारे लिए अश्वों-धान्यों से युक्त धन को उसी प्रकार देता है, जैसे—दुधारू गौ दुग्ध देती है ।। ३ ।।

तृतीय खण्ड

तेजस्वी सूर्य यजमान को आयुष्मान बनाता हुआ सोम—मधु का पान करे। वह सूर्य संसार-द्रष्टा, पालक, वर्षा के द्वारा पोषित और प्रतिष्ठित है ।।१।।

प्रतिष्ठित, पुष्ट, अन्न-बल दात्री, अविनाशी ज्योति सूर्य-मण्डल में प्रतिष्ठित है ।।२।।

सूर्य रूप वह ज्योति ग्रह-नक्षत्र आदि को प्रकाशित करने वाली विश्वविजयिनी है और जगत को प्रकाशित करने वाली तथा विस्तृत अन्धकार को मिटाने में समर्थ है ।।३।।

हे इन्द्र ! हमारे उत्तम कर्मों का फल प्रदान करो। पिता के समान धन दो। यज्ञ में हमको सूर्य के नित्य दर्शन हों ।।४।।

हे इन्द्र ! पाप कर्म करने वाले व्यक्ति हमारा अपमान न करें। हम स्तुति करने वाले और तुम्हारी रक्षा में नदियों को पार करने वाले हों ।।५।।

हे इन्द्र वर्तमान और भविष्य में हमारे रक्षक हों। हे इन्द्र ! रात-दिन सर्वत्र हमारी रक्षा करने वाले होओ ।।१।।

यह पराक्रमी वायु मानमर्दक इन्द्र ऐश्वर्यवान् है। हे इन्द्र ! तेरी भुजाओं में अभीष्ट वर्षक सामर्थ्य है। उन भुजाओं में तुम वज्र धारण करते हो ।।२।।

चतुर्थ खण्ड

हमारी वाणी (सरस्वती) प्रिय मधुर स्वर-युक्ता गायत्री आदि सात छन्दों रूपी बहनों वाली, अभ्यास सेवित और प्रशंसनीय हो ।।१।।

जो सर्वजगत-उत्पादक, सर्वज्ञाता ज्योतिस्वरूप परमेश्वर हमारी धर्म-बुद्धियों को सुप्रेरित करे, उस अविद्यादि दुःखनाशक परमेश्वर का हम ध्यान करते हैं ।।२।।

हे परमेश्वर ! मैं मेधावी विद्वान् का पुत्र हूं, मुझे सब प्रकार के सोमों का सुन्दर निर्माण करने वाला बनाइए ।।३।।

हे अग्नि (परमेश्वर) ! तू हमारी आयुओं को पवित्र करता है। तू हमारे लिए रस और अन्न को प्राप्त करा तथा दुष्टों को हमसे दूर कर ।।४।।

हे अमृत अग्नि ! सब देवता उत्पद्यमान तेरी प्रशंसा उसी प्रकार करते हैं, जैसे जायमान शिशु की सब प्रशंसा करते हैं। तेरे यज्ञों से यजमान देवत्व को प्राप्त करते हैं ।।५।।

यज्ञ में जलों को सम्पन्न करने वाले, अभीष्ट देने वाले, यजमान को पुष्ट करने वाले मित्र और वरुणदेव स्वयं बढ़ते हैं ।।६।।

वृष्टि के लिए स्तुत्य, अभीष्ट पूरक, अन्नों के पालक मित्र और वरुण परम-रथ पर चढ़ते हैं ।।७।।

ऐश्वर्यमान् होने से ही वह इन्द्र (ईश्वर) है, आदित्य, अग्नि इस इन्द्र की ही कलाएं हैं, जो नक्षत्र लोक में प्रकाशित होती हैं ।।८।।

आदित्य आदि ज्योतियों में व्याप्त इन्द्र को इच्छित स्थानों में ले जाने के निमित्त दोनों कर्म-ज्ञान रूपी आंखों को मन रूपी सारथी जोड़ता है ।।९।।

यह सूर्य रूपी अद्भुत इन्द्र निद्रित जीवों को ज्ञान देने और अन्धकार के निमित्त प्रकाश देने के लिए नित्य उषा-काल में प्रकट होता है ।।१०।।

पञ्चम खण्ड

हे इन्द्र ! इस सोम को तुम्हारे लिए सिद्ध किया है। तुम इस पवित्र हुए सोम का पान करो। जिस सोम के तुम्हीं उत्पादक हो, आनन्द के लिए उसे ग्रहण करते हो ।।१।।

अधिक भार-वाहक रथ के समान हमें वह इन्द्र ऐश्वर्य से पूर्ण करता है। तब हमारे बैरी भी संघर्षों को प्राप्त हुए स्वर्ग-लाभ करने वाले होते हैं ।।२।।

बलवान सोम वायु वेग के समान शुद्धि दे। मुझसे मरुद्गण प्रशस्त हों। सोम हमारे लिए बुद्धिदायक हो। सेनाओं में सहनशक्ति देने वाला सोम हमारा अनेक प्रकार से उपकार करे ।।३।।

हे अग्नि ! तुम सब यज्ञों के होता हो। विद्वान् ऋत्विजों के द्वारा यजमान के यहां स्थापन किये जाते हो ।।१।।

वह अग्नि हमारे यज्ञ में हव्य-पदार्थों से और हर्षदायिका लपटों से वायु आदि महान् देवोयजन करें क्योंकि अग्नि ही देवों का आवाहनकर्ता एवं यजनकर्ता है।।२।।

यज्ञ के विद्याता, सुकर्मा, हे दिव्य अग्नि ! यज्ञ में तुम दूररथ एवं समीपरथ सभी देवताओं को अनायास यज्ञ-भाग पहुंचाने में समर्थ हो ।।३।।

होता, दिव्य, अमर, अग्नि, बुद्धि से ज्ञानेन्द्रियों को प्रेरित करता हुआ आकाश को जाता है ।।४।।

बलवान् अग्नि बल-साध्य कार्यों के लिए रखा जाता है। यज्ञ में उसे अध्वर्यु कुण्ड तक ले जाते हैं। बुद्धितत्त्व गुप्त अग्नि यज्ञ का साधक है ।।५।।

वरणीय अग्नि प्राणियों में गर्भ रूप में स्वयं स्थित होता है। बुद्धि-तत्त्व द्वारा अग्नि यज्ञ का साधक है ।।३।।

षष्ट खण्ड

हे ऋत्विजो ! वर्षक अग्नि का आधान करो फिर अभिषुत सोम द्यावा पृथिवी का एवं आज्य घृत से आसेचन करो ।।१।।

वे सोममिश्रित आज्य अग्नि में हुत होकर अपने रूपी मेघ जलों से उसी प्रकार जा मिलते हैं, जैसे बछड़ा गौओं से जा मिलता हैं ।।२।।

जब होता अग्नि में हव्य छोड़ते हैं, तब वे द्यू पृथिवी, अन्तरिक्ष तीनों लोकों को उससे उपकृत करते हैं ।।३।।

वह महान् ब्रह्म (अग्नि) ही था, जिससे तेजस्वी इन्द्र (सूर्य) उत्पन्न हुआ। सूर्य मनुष्य के शत्रु जन्तुओं को पूर्णतः शीघ्र नष्ट करता है और उसके उदय होने से सब प्राणी प्रसन्न होते हैं ।।४।।

उदय होता हुआ बलवान दुष्टनाशक सूर्य, बल से दुष्टों में भय उत्पन्न करता है और उसके उदय से प्राणी तथा अप्राणी सभी हर्षित होते हैं ।।५।।

सूर्य कर्म की आत्मा है। उसके सहारे से मनुष्य पुत्र-पौत्र वाले होकर वृद्ध

होकर सब कर्म पूरे करते हैं। सूर्य ही रीसलेपन पुष्प-फलादि में स्वादिष्ट से स्वादिष्ट रस उत्पन्न करता है ।। ६।।

महान्, बली सूर्य गवामयन यज्ञ के ज्योति, गौ, आयु नामों के तीन दिनों में दिये गए जौ के सत्तू मिले हुए सोम की आहुतियों से वायु सहित तृप्त होता है। सोम सूर्य को प्रसन्न करता है ।। ७।।

वह सच्चा, दिव्य सोम किरणों से फैले हुए सूर्य को पहुंचाता है। कर्म और बुद्धि-तत्त्व एवं ओज के साथ उदय हुआ, प्रदीप्त हुआ चेतनादायक सूर्य, तीनों लोकों को वहन कर रहा है ।। ८।।

सोमपान के पश्चात् प्रकाशमान सूर्य तेज से युद्ध में कृमि-कीटादि असुरों को तिरस्कृत करता है। वह सोम बल से बढ़ता और द्युलोक-पृथिवीलोक को बढ़ाता है। सूर्य सोम के एक भाग को अन्तरिक्ष में रखता और दूसरा देवों को देता है तथा चन्द्रादि, लोकों को चेताता है ।। ३।।

चतुर्दशअध्याय
सप्तम प्रपाठक

प्रथम खण्ड

हे मनुष्यो ! सज्जन रक्षक, पृथिवी के स्वामी और सत्य के पुत्र इन्द्र की वाणी से प्रशंसा करो ।। १।।

कुशास्तीर्ण यज्ञ में सूर्य किरणों से हरित सोम अग्नि में होमे जाते हैं। उस यज्ञ में हम इन्द्र की प्रशंसा करते हैं ।। २।।

गायें इन्द्र के लिए मधुर दुग्ध, घृतादि देती हैं। वह यज्ञ से उन्हें पुष्ट करता है।।३।।

हे ऋत्विजो ! रक्षा के लिए पुकारे गये इन्द्र को लक्ष्य करके देवगण हमारे यज्ञ में हवि को पुष्ट करें। पापों एवं दुष्टों का नाशक इन्द्र हमें अभीष्ट फल दे।।४।।

हे इन्द्र ! तुम सर्वश्रेष्ठ सिद्धियों के दाता हो। साधकों को ऐश्वर्य सम्पन्न बनाने वाले तुम उन्हें सत्कर्मों में प्रेरित करते हो। अतः तुम परमऐश्वर्य युक्त सेहम याचना करते हैं ।। ५।।

देवताओं को अमृत रूप, सनातन सोम स्तोत्रों के सहित प्राप्त हैं। उस आकाश से दुहे जाने वाले और इन्द्र के लिए प्रकट हुए सोम की हम स्तुति करते हैं ।।६।।

कोई उस सोम को जानते हुए इसकी दिव्य दीप्ति को लक्षित करके स्तुति करते हैं। इस सोम को सूर्य विविध प्रकार से फैलाता है ।। ७।।

हे सोम ! तुम पृथिवीआकाश लोकों में इस प्रकार रहते हो, जैसे गौओं के समूह में वृषभ रहता है। हे अग्नि ! हमारे सामने प्रकट हुए तुम हविदान युक्त स्तुतियों को देवताओं के निमित्त पहुंचाओ ।। ८।।

हे अद्भुत अग्नि ! तुम ऐश्वर्य के देने वाले हो। तुम यजमान को तुरन्त उसके कर्मों का फल देते हो ।। ६।।

हे अग्नि ! दिव्य भोगों को देने वाले यज्ञ को कराओ। हमें अन्तरिक्ष से दिव्य भोगों के साथ पार्थिव ऐश्वर्य प्रदान करो ।। १० ।।

पालनकर्त्ता इन्द्र से उसकी कृपारूप बुद्धि को मैं प्राप्त कर सका हूं। इसलिए मैं सूर्य के समान तेजवान हूं ।। ११ ।।

इस विषयक प्राचीनतम स्तोत्रों को मैं कहता हूं, जिनके द्वारा इन्द्र शत्रुनाशक बल को प्राप्त होता है ।। १२ ।।

हे इन्द्र ! स्तुति करने वालों या स्तुति न करने वालों में भी मेरे होकर तुम स्तुति से बढ़ो ।। १३ ।।

द्वितीय खण्ड

अरणियों से बलपूर्वक उत्पन्न हे अग्नि ! तुम देवताओं और मनुष्यों में स्थित अग्नियों के साथ हमारे हव्यान्न को भक्षण करते हुए हमारी स्तुतियों को पुष्ट करो ।।१।।

याज्ञिक जिस अग्नि में हवि देते हैं, वह सभी अग्नियों सहित हमको और हमारे पुत्र-पौत्रों को प्राप्त हो। हे अग्नि ! तू अपनी सभी अग्नियों के सहित हमारे यज्ञ की वृद्धि कर। इसके लिए धन देने वाले देवताओं को बुला ।। ३ ।।

श्रेष्ठ अन्न-बल और बुद्धि स्थापक वीर सोम हमको सामर्थ्य से मुक्त करने वाला हो ।। ४ ।।

जल कुण्ड को जल पूर्ण रखने के लिए जलाशय से मार्ग बनाते हुए कुष्ट तक पानी लाते हैं, वैसे ही सोम छन्ने से द्रोण-कलश में जाता है ।। ५ ।।

हे अविनाशी सोम ! तू सत्य, सुन्दर जल के धारक अन्तरिक्ष में मनुष्य के लिए सुख उत्पन्न करता है ।। ६ ।।

तू अन्न को बांटता और भली प्रकार गतिशील है ।। ७ ।।

इन्द्र के लिए सोमरस खींचो। वह वहां आकर उत्तम-मधुर रस को पीता हुआ साधकों को ऐश्वर्ययुक्त बनाये ।। ८ ।।

पापनाशक और महान् ऐश्वर्यवान् इन्द्र की स्तुति करता हूं। हे इन्द्र ! उस ऋषि-प्रणीत स्तुति को आकर सुनो ।। ६ ।।

हे इन्द्र ! न तुमसे पहले कोई प्रकट हुआ, न कोई तुमसे बली है और न कोई तुमसे अधिक ऐश्वर्यवान् है। तुमसे अधिक किसी की स्तुति भी नहीं की जाती ।।१०।।

हे मनुष्यो ! सूर्य रूप से उषा को उत्पन्न करने वाला इन्द्र ही आराध्य है। चन्द्र को प्रकट करने वाले गौओं के स्वामी इन्द्र को ही मैं बुलाता हूं ।। ११ ।।

तृतीय खण्ड

अग्नि देवता तुम्हारी भरी हुई सुच को चाहती है, उसे भरो और अग्नि में सींचो। अग्नि तुम्हारी आहुतियों को देवताओं तक पहुंचाता है ।। १ ।।

देवताओं ने उस अग्नि को सचेत होता बनाया है। वह अग्नि, अग्नि परिचर्या करने वाले यजमान को रमणीय बल देता है ।। २ ।।

कर्मों का आश्रय-स्थान, मार्ग-ज्ञाता अग्नि उत्तम प्रदीप्त हो। उसे हमारी स्तुतियां प्राप्त हों ।। ३।।

कर्तव्यों में तत्पर व्यक्ति को अकर्मण्य व्यक्ति जिस कारण से विचलित करते हैं, उस कारण को दूर करने के लिए अग्नि की उत्तम कर्मों से स्तुति करो ।।४।।

दिव्य, ऐश्वर्यवान्, साधकों के द्वारा पूजित अग्नि, सब लोकों की धारिका मातृरूप पृथिवी को देवगणों के लिए हवि प्राप्त कराने की प्रेरणा देता है ।। ५।।

हे अग्नि ! हमारे अन्न और आयुधों की तुम वृद्धि करते हो। अन्न से उत्पन्न बल हमें प्राप्त कराओ। दुष्टों का उत्पीड़न करो ।। ६।।

पांच उत्तम प्रकार के देहधारियों के इच्छित को प्रदान करने वाला अग्नि ऋत्विजों ने कर्म के लिए प्रतिष्ठित किया है। उस अग्नि से हम अभीष्ट मांगते हैं ।। ७।।

हे उत्तमकर्मा अग्नि ! हमें तेजस्वी बनाओ। हमारे लिए ऐश्वर्य, गौ आदि पशु प्राप्त कराओ ।। ८।।

हे पावक ! अपनी ज्योतिरूप देवताओं को प्रसन्न करने वाली जिह्वा से यजन किये जाने वाले देवताओं को बुलाओ। हे घृत के द्वारा उत्पन्न अद्भुत ज्योति वाले अग्नि तुम सर्वद्रष्टा से हम प्रार्थना करते हैं कि देवताओं को हवि ग्रहण करने के लिए बुलाओ ।। ९।।

हे अग्नि ! तुम यज्ञ के अनुरागी और तेजस्वी को हम यज्ञ में प्रदीप्त करते हैं।।१०।।

चतुर्थ खण्ड

हे अग्नि ! सब कर्मों में तुम-स्तुत्य हो। गायत्री छन्द से स्तुत्य प्रसन्न तुम अपने रक्षा-साधनों से हमारी रक्षा करो ।। १।।

हे अग्नि ! दरिद्रता नाशक, वरणीय आप अप्राप्त धनों को हमें प्रदान करो।।२।।

हे अग्नि ! हमें ज्ञान से धन प्राप्त कराओ। वह धन हमारे जीवन में पोषण एवं आनन्द देने वाला हो ।। ३।।

हमारे कर्म के द्वारा अग्नि यज्ञ के लिए तत्पर हो। यज्ञाग्नि से हम सभी ऐश्वर्यों के विजेता हों ।। ४।।

हे अग्नि ! तुम्हारी जिस रक्षा से गौ आदि पशु पोषित होते हैं, उसी रक्षा को प्रेरित करके हमें धन प्राप्त कराओ ।। ५।।

हे अग्नि ! गौ आदि विस्तृत धन हमें प्राप्त कराओ। आकाश तुम्हारे तेज से प्रकाशित है। अपने अस्त्रों को हमारे शत्रुओं पर घुमाओ ।। ७।।

हे अग्नि ! तुम सब पदार्थों को प्रकाशित करते हुए गतिमान सूर्य को आकाश में स्थापित करते हो ।। ८।।

हे अग्नि ! तुम ज्ञानदाता, प्रिय और सर्वश्रेष्ठ हो। यज्ञ में स्थित तुम हमारे स्तोत्र को स्वीकार करते हुए हमें अन्न प्रदान करो ।। ९।।

देवताओं की मूर्धा रूप आकाश से भी उन्नत पृथिवीपति यह अग्नि सब जीवों को प्रेरित करता है ।। १० ।।

हे अग्नि ! तुम स्वर्गलोक के अधिपति, वरण करने योग्य और धन के ईश्वर हो । सुख-प्राप्ति के लिए मैं तुम्हारी स्तुति करता हूं ।। ११ ।।

हे अग्नि ! स्वच्छ, उज्ज्वल और दमकती हुई ज्योतियां तुम्हारे तेजों को प्रेरित करती हैं ।। ३ ।।

पंचदश अध्याय

प्रथम खण्ड

हे अग्नि (परमेश्वर) ! मनुष्यों में तुम्हारे बन्धु कौन हैं ? गुणों में सबसे आधिक होने के कारण तुम्हारा कोई बन्धु नहीं । तुम सर्वाधिक दानी हो अतः कोई दानी तुम्हारा यजन करने में समर्थ नहीं । सत्यदान से कौन तुम्हारा यजन करता है? तुम्हारे रूप को कौन जान सकता है ? तुम विभिन्न रूपों वाले हो अतः कोई तुम्हारा रूप नहीं जान सकता । तुम्हारे आश्रय स्थान कहां हैं ? तुम सबके आश्रयभूत हो, अतः तुम्हारा कोई आश्रय स्थान को प्राप्त हो ।। १ ।।

हे अग्नि तुम मनुष्यों से बन्धुभाव रखने वाले, यजमानों के रक्षक और स्तोताओं के प्रिय मित्र के समान हो ।। २ ।।

हे अग्नि ! हमारे लिए मित्र, वरुण तथा अन्न देवता और यज्ञ की पूजा करो और अपने यज्ञ स्थान को प्राप्त हो ।। ३ ।।

स्तुत्य, नमस्कृत, अज्ञानान्धकार नाशक, दर्शनीय एवं कामनापूरक अग्नि हवियों को प्राप्त होता है ।। ४ ।।

अश्व के समान हवि-वाहक, आहूतियों से सुप्रदीप्त अग्नि यजमान की हवि एवं स्तुतियों को प्राप्त होता है ।। ५ ।।

हे अभीष्ट वर्षक अग्नि ! धृतादि की हवि देने वाले हम, हवियों से जल की वर्षा करने वाले तुमको प्रदीप्त करते हैं ।। ६ ।।

हे देदीप्यमान अग्नि ! उत्तम प्रकार से प्रदीप्त तेरी महान् लपटें वृद्धि को प्राप्त होती हैं ।। ८ ।।

हे इन्द्र ! इच्छा किया हुआ मेरा घृत-पात्र तुम्हारे निमित्त हो । हे अग्नि ! हमारी आहुतियों को ग्रहण करो ।। ६ ।।

आनन्दप्रद देवों का आ ह्वान करने वाले, प्रति समय पूजनीय और विभिन्न प्रकार लपटों से युक्त अग्नि की मैं स्तुति करता हूं । वह मेरे स्तोत्रों को सुने ।। १० ।।

हे अग्नि ! एक, दो, तीन और चार वाणियों (चारों वेदों की वाणियों) रूपी हमारी स्तुतियों से प्रसन्न हो ।। ११ ।।

हे अग्नि ! अदानशीलों से हमको बचाओ । संघर्षों से हमारी रक्षा करो । हम यज्ञसिद्धि के लिए तुम्हारा आश्रय लेते हैं ।। १२ ।।

द्वितीय खण्ड

सर्वेश्वर, दिव्य गुणवान, देदीप्यमान, सर्वज्ञाता हे अग्नि ! तू अपने प्रकाश को सर्वत्र फैलाता हुआ सांध्य-हवन के लिए हमें निशाकाल में प्राप्त होता है ।।१।।

वह अग्नि पिता के समान सूर्य से उषा को उत्पन्न कर अंधेरी रात को हटाता है । उस समय वह अपनी सूर्य को भी स्तम्भित करने वाली ज्योति से स्वयं प्रकाशित होता है ।।२।।

उषा के द्वारा सेवित वह अग्नि, आह्नीय अग्नि से मिलकर उषा को प्राप्त होता है । फिर जागरणशील वह अग्नि अपने नेत्र से सान्धय-हवन के समय रात्रि का अन्धकार दूर करता है ।।३।।

वैरियों को पीड़ित करने वाले हे दिव्य अग्नि ! तुम्हारी किस वाणी से प्रार्थना करूं ? हे बल के पुत्र ! किस यजमान के देव-यजन-कर्म के द्वारा तुमको हवि दूं? तुम्हारी स्तुति कब करूं ? ।।४।।

तुम ही इसके लिए समर्थ हो कि हमें स्तुति के लिए उत्तम वाणी प्रदान करो । हमें उत्तम निवास, उत्तम सन्तान और उत्तम ऐश्वर्य से युक्त बनाओ ।।५।।

हे देवों को आह्वान करने वाले अग्नि ! हमारी प्रार्थना सुनकर अपनी विभूतिरूप अग्नियों के सहित यहां पधारो । तुम घृतयुक्त हवियों को कुशाओं पर प्राप्त करो । वे हवियां तुम्हारा सिञ्चन करें ।।६।।

हे बलोत्पन्न ! हे सर्वत्र नमनशील ! ये हव्य-पात्र तुम्हें यज्ञों में हव्य प्राप्त कराने के लिए यत्नशील हैं । अन्न-बल के रक्षक, अभीष्टदाता अग्नि ! मैं इस यज्ञ में स्तवन करता हूं ।।८।।

हमारी स्तुतियां अग्नि को प्राप्त हों । घृतयुक्त हवियों से सम्पन्न हमारे यज्ञ, रक्षक रूप अग्नि के लिए हों ।।६।।

जो अग्नि (तेज) अमरत्व-प्राप्त देवताओं में है वह मनुष्यों में भी रहता है।।१०।।

वह दो प्रकार का है । मनुष्यों के यज्ञ को सफल करके उन्हें आनन्द देने वाला है । मैं उस अग्नि को अपने लिए दान प्राप्त करने को बुलाता हूं ।।११।।

तृतीय खण्ड

अग्नि मनुष्यों का मार्गदर्शक होने के कारण नेता है । मन्थन से तत्काल उत्पन्न होने वाला, मनुष्यों के हवि-वाहक अग्नि का निराला मार्ग कर्मानुष्ठान में लगे व्यक्तियों के द्वारा तिरस्कार नहीं किया जाना चाहिए ।।१।।

हवि-वाहक अग्नि के द्वारा हवि देने वाला व्यक्ति प्रिय अन्नों को प्राप्त करता हुआ उत्तम स्थान को प्राप्त करता है ।।२।।

आक्रमणकारी सेनाओं को भगाने वाला एवं दिव्य गुण पोषक अग्नि, असंख्य अन्नों का प्राप्तकर्ता है । वह हमको भी अन्न प्रदान करे ।।३।।

हवियों से तृप्त अग्नि हमारा मंगल करे । उसका दिया हुआ दान हमको मिले । हमारा यज्ञ और हमारी स्तुतियां मंगलमय हों ।।४।।

हे अग्नि ! हमारे हृदय को उदार बनाओ। रक्षा-साधन सम्पन्न शत्रु सेना को हराओ। इच्छित फल के लिए हम हवियों और स्तोत्रों को अर्पण करते हैं ।।५।।

हे बलोत्पन्न अग्नि ! गौ और अन्न के स्वामी तुम हमको असंख्य ऐश्वर्य प्रदान करो ।। ६।।

सबको बसाने वाला देदीप्यमान वह अग्नि वेदमन्त्रों से स्तुत्य है। हे अग्नि हमको धन की प्राप्ति कराने को प्रदीप्य हो ।। ८।।

हे अग्नि ! सब दिन-रात्रियों दुष्टों को पीड़ित करो और अपने अनुगतों में पीड़ित करने की सामर्थ्य दो ।। ६।।

चतुर्थ खण्ड

हे मनुष्यो ! तुम सबके पूज्य अग्नि की स्तुति करो। हम बल प्राप्त कराने वाले साधनों के लिए वेदों में वर्णित अग्नि की स्तोत्रों से स्तुति करते हैं ।।१।।

हवि-धारक मित्र के समान घी आदि से हवन करते हुए यजमान रूप अग्नि की हम स्तुति करते हैं ।। २।।

यजमान के उत्तम यज्ञ की प्रशंसा करते हुए ऋत्विज उस अग्नि की स्तुति करते हैं, जो हवियों को देवताओं को प्राप्त कराने वाला है ।। ३।।

समिधाओं से प्रकट अग्नि की मैं स्तुति करता हूं। स्वयं पवित्र और अन्यों को पवित्र करने वाले अग्नि को यज्ञ में स्थापित करता हूं। देवताओं को बुलाने वाले वरणीय अग्नि से मैं ऐश्वर्य मांगता हूं ।। ४।।

हे अग्नि ! तुम अमर हवि वाहक को देवता और मनुष्य अपना दूत नियुक्त करते हुए नमस्कार करते हैं ।। ५।।

देव और मनुष्य दोनों को शोभावान करते हुए, दूत-कर्म को प्राप्त हे अग्नि ! तुम इस लोक से दिव्यलोक तक विचरण करते हो। तुम हमारे उत्तम-कर्म युक्त स्तुतियों को ग्रहण करते हुए सुख देने वाले होओ ।। ६।।

हे अग्नि ! हवि देने वाले को स्तुतियां बहनों के समान तुम्हारा गुणगान करती हुई वायु की संगति में तुम्हारी स्थापना करती हैं ।। ७।।

अग्नि का अभिधाता एवं निरावृत, बन्धन-रहित रूप, जो कुशासन बिछा है, उस पर पांव टेकना चाहता है ।। ८।।

इच्छित प्रदान करने वाले अग्नि का स्थान बाधा रहित रक्षाओं से युक्त है। अग्नि का दर्शन सूर्य के उपदर्शन के समान है और कल्याणमय है ।। ६।।

षोडश अध्याय

प्रथम खण्ड

हे अग्नि ! सर्वप्रथम सोमपान के लिए तुम्हारा स्तवन किया जाता है। प्राचीनकाल में एकत्र ऋभु एवं रुद्र-पुत्रों ने तुम्हारी ही स्तुति की थी ।। १।।

सिद्धि-सोम पान करके आह्लाद उत्पन्न होने पर इन्द्र यजमान के वीर्य-बल को पुष्ट करता है। स्तोता इन्द्र की पुरातन महिमा का गान करते हैं ।। २।।

हे इन्द्र ! हे अग्नि ! ज्ञानी अपनी स्तुतियों से तुम्हें प्रसन्न करते हैं ।। ३ ।।

सोम-गान गायक अपनी कामना पूर्ति के लिए तुम्हारी पूजा करते हैं। अन्न के नगरों को कम्पित करने वाले (अन्नदाता) तुम्हें मैं बुलाता हूं ।। ४ ।।

हे इंद्राग्नि ! कर्मफल की ओर अग्रसर होता गण हमारे यज्ञ में सर्वतः उपस्थित हों ।। ४ ।।

हे इंद्राग्नि ! तुम बलों को प्रेरित करने के लिए समर्थ हो। बल और अन्न तुम्हारे साथ रहते हैं ।। ५ ।।

हे इन्द्र ! हमारी कामना पूर्ण करो। सब रक्षाएं प्राप्त करने के लिए, हे यशस्वी! हम तुम्हारी स्तुति करते हैं ।। ६ ।।

हे इन्द्र ! तुम पशुधन वृद्धिकर्ता हो। तुम्हारे दिव्य धन को नष्ट करने की सामर्थ्य किसी में नहीं। अतः मेरे सिवा इच्छित को मुझे दीजिए ।। ७ ।।

आपको हवि देने वाले मेरे इस यज्ञ में पधारो। हे अग्नि ! हे इन्द्र ! आप पधारिए। पवित्राचरण वाले को धन, बहुसंख्यक ऐश्वर्य दीजिए। हम आप शत्रुनाशक आपकी अपनी रक्षा के निमित्त उत्तम वाणी से स्तुति करते हैं ।। ८ ।।

हे देवों को यज्ञ में बुलाने वाले अन्नदाता अग्नि ! साधकों के लिए तुम सर्व धनदाता हो। हमारे सोम के समान मधुर स्तोत्र तुम को प्राप्त हों ।। ६ ।।

हे प्रजापति अग्नि ! आपको अपना मानने वाले दानी यजमानों को एवं उनकी संतानों को धनवान बनाओ ।। १० ।।

द्वितीय खण्ड

हे वरुण ! आप मेरे आक्रमण पर ध्यान दीजिए। मुझे सुखी बनाइए। मैं अपनी रक्षा के लिए आपकी स्तुति करता हूं ।। १ ।।

हे अभीष्ट की वर्षा करने वाले इन्द्र ! आप किस साधन से हमारे रक्षक बनते हो ? और किस प्रकार के साधकों का पालन करते हो ।। २ ।।

यज्ञ के प्रारंभ में देवताओं में इन्द्र को ही प्रथम बुलाते हैं। यज्ञ का विस्तार होने पर और यश की समाप्ति पर ऐश्वर्य प्राप्ति के लिए इन्द्र को ही बुलाते हैं ।।३।।

इन्द्र (परमेश्वर) ! ने अपने बल से आकाश-पृथिवी को भर दिया है। इन्द्र (परमेश्वर) ने सूर्य लोक को प्रकाशित किया है। परमेश्वर में ही सब भुवन नियम से घूम रहे हैं। उस ईश्वर में अभिषूयमाण सोम वर्तमान हैं ।। ४ ।।

हे संसार के कर्म साधक इन्द्र (ईश्वर) ! मेरी हवियों से बढ़ो। अपनी आहुतियों से अग्नि में हवि दो। यज्ञ-कर्म से रहित व्यक्ति प्रभावित हों। हमारी हवियों को प्राप्त वह ईश्वर दिव्य लोक का दाता हो ।। ५ ।।

सोम अपनी हरित-धार से शत्रुनाशक है। सोमरसपायी मुख्य नक्षत्रों में प्राप्त पुरुषार्थवर्धक स्तोत्र उस विजयशील की प्रसन्नता का कारण बनते हैं ।। ६ ।।

हे सोम ! हे इन्द्र ! तुम दोनों मिलकर पराजित नहीं होते हो ।। ७ ।।

हे सोम ! गवाही को प्राप्त हुआ तू यज्ञ में पवित्र होता है। साम-ध्वनि से तुम्हारी ध्वनि सुनने योग्य होती है। उस ध्वनि से याज्ञिक आनन्दित होते हैं। दीप्यमान सोम अन्न देने वाला है ।। ८ ।।

तृतीय खण्ड

हे पूषा ! पशु और अन्न देने वाली बुद्धि और कर्मों को हमारी रक्षा में प्रेरित करो ।।१।।

पराक्रमी मरुद्गण ! आपके सेवक, मंत्रोच्चार के द्वारा, आपकी प्रशंसा करने वाले हैं, श्रम से खेद युक्त हुए याचक को इच्छित फल प्रदान करो ।। २।।

प्रजापति से उत्पन्न अमर देवता देवता हमारी प्रार्थनाओं को सुनकर परमानन्द प्रदान करें ।। ३।।

हे पवित्र आकाश मण्डल एवं भूमण्डल ! तुम दोनों की प्रशंसा के लिए उपयुक्त स्तोत्रों को हम गाते हैं ।। ४।।

देवियो ! तुम अपनी शक्ति से यजमान को शुद्ध करती हुई यज्ञस्वामिनी हो यज्ञ का सुष्ठु-निर्वाह करने वाली होओ ।। ५।।

हे आकाश एवं भू देवियो ! तुम यजमान की इच्छा पूर्ण करने वाली हो और यज्ञ का आश्रय-स्थान हो ।। ५।।

हे इंद्र ! तुम अपने लिए सम्पादित सोम को प्राप्त होओ, जैसे कपोत, कपोती को प्राप्त करता है, वैसे तुम हमारी वाणी को प्राप्त होओ ।। ६।।

स्तुतियों से उन्नत ऋषि स्वामी हे इंद्र ! संघर्षों में हमारी रक्षा को उद्यत रहो। अन्य प्रणाली पर हम-तुम परस्पर विचार करें ।। ७।।

हे गौओ ! तुम पुष्टता को प्राप्त होओ ।। ८।।

सम्मानित अध्वर्यु शेष मधु को बड़े पात्र में रखते हैं। यज्ञ के पूर्ण होने पर यज्ञ की आमन्दी में महावीर को प्रतिष्ठित करते हैं ।। ९ ।।

चक्रांकित उच्च भाग में अक्षय महावीर को नमस्कार करते हुए सिंचन करते हैं ।।१०।।

चतुर्थ खण्ड

हे इंद्र ! तुम्हारे मित्र हुए हम शत्रु से न डरें। अभीष्टपूरक तुम हमारे स्तुति योग्य हो ।। १।।

इच्छित फल देने वाले इंद्र सब पदार्थों के छत्र-रूप हैं। हविदाता यजमान को क्रोधित नहीं होने देता। हे सुखदाता सोम ! हमारे निकट आकर उत्तम वेदी को शीघ्रता से प्राप्त करो ।। २।।

हे ऐश्वर्यवान इंद्र तुम स्तुतियों से बढ़ो। अग्नि के समान तेजस्वी साधक तुम्हारी स्तुति करते हैं ।। ३।।

जिस यज्ञ-विधि का लोक स्वामी अग्नि (रक्षक हैं) वह ईश्वर और रचयिता सरस्वती का पितारूप होता अग्नि, हे इंद्र ! तुझे हवि-धन प्राप्त कराता है ।।४।।

सोम यज्ञ में चतुर ऋत्विज मधु, खीर और घृत की आहुतियों से इंद्र का पूजन करते हैं ।। ५।।

हे उत्तम बल-युक्त सोम ! निचोड़ा हुआ तू यज्ञ-साधक, अश्वादि से पूर्ण ऐश्वर्य देने और गो-दुग्ध आदि से मिश्रित हो ।। ६।।

हे दिव्य सोम ! तू ऋत्विजों का शुद्ध करने वाला और मित्र के समान पुष्ट करने वाला हो ।।७।।

हे सोम ! हमारी पुरानी मित्रता का ध्यान रखो। हमारी वृद्धि के रोकने वालों को मार्ग से हटाओ। तुम शत्रुओं और संतप्त करने वाले बाधकों को हटाओ ।।८।।

ऋत्विज सोम को दूग्ध में मिलाते हैं ।।६।।

हे ऋत्विजो ! इस पवमान सोम का गुणगान करो। वर्षनशील वह रसरूप अन्न का दाता है। कुटा हुआ वह सर्प-तुल्य होकर अपनी पुरानी त्वचा को छोड़ देता है। वह हरित सोमरस कलश में स्थित होता है ।।१०।।

जलों में शोधित सोम की स्तुति की जाती है। वह हरे रंग का तथा जलों पर छाया हुआ सोम ऐश्वर्य-प्राप्ति का साधन है ।।११।।

सप्तदश अध्याय
अष्टम प्रपाठक

प्रथम खण्ड

हे बल के पुत्र अग्नि ! हमारे यज्ञ और स्तुतियों को प्राप्त करके हमें अन्न दीजिए।।१।।

हे अग्नि ! इंद्रादि अन्य देवताओं को हवि देने पर भी वह सब हव्य आपको ही प्राप्त होता है ।। २।।

प्रजापति, होमसाधक, वरणीय अग्नि हमारा हो और हम भी उस अग्नि के प्रिय हों ।। ३।।

हे मनुष्यो ! सब लोकों के ऊपर रहने वाले इंद्र को तुम्हारे लिए बुलाते हैं। वह इंद्र हम पर अत्यन्त कृपा करें ।। ४।।

हमारे सब इच्छितों के देने वाले, हे वर्षा करने वाले इंद्र ! तू इस मेघ को हमारे लिए उद्घाटित कर हमारी प्रार्थना स्वीकार कर ।। ५।।

कामनापूरक, अभीष्टवर्धक इंद्र ! मनुष्यों पर कृपा करने के लिए अपने वीर्य से पहुंचता है ।। ६।।

हे अद्भुत अग्नि ! तू पोषक अन्न हमें प्राप्त करा। इस धन का दाता तू हमारी संतान को यशस्वी बना ।। ७।।

हे अग्नि ! तू अपने महान् रक्षा-साधनों ये हमारी संतान का पालन कर। देवताओं का क्रोध मिटा और शत्रुओं के हिंसक कर्मों से हमें बचा ।। ८।।

हे विष्णु ! तुम्हारा रश्मिवान रूप स्वयं प्रसिद्ध है। उसे गुप्त न रख अपने तेजस्वी रूप से दर्शन दो ।। ९।।

हे रश्मिवान ! तुम्हारे विष्णु नाम को जानता हुआ मैं उस रूप की स्तुति करता हूं। हे दूरदेशवासी ! तुम्हारे बुद्धिगत रूप की मैं स्तुति करता हूं ।। १०।।

हे विष्णु ! आपके लिए हवि देता हूं। उसको ग्रहण कीजिए। मेरी स्तुतियों से बढ़िए। सब देवताओं के सहित तुम हमारी सदा रक्षा करो ।। ३।।

द्वितीय खण्ड

हे वायु ! व्रत से शुद्ध, दिव्य सुखाभिलाषी मैं सर्वप्रथम आपको मधुर सोम प्रस्तुत करता हूं। कृपया सोम पान के लिए पधारिए ।। १।।

हे वायु ! हे इंद्र ! जैसे नीचे भूमि में जल स्वयं पहुंच जाते हैं, उसी प्रकार सोम आपके पान के लिए स्वयं पहुंचते हैं ।। २।।

हे वायु ! हे इंद्र ! आप दोनों हमारी रक्षा के लिए सोम पीने को यहां यज्ञ में पधारिए।। ३।।

रात्रि व्यतीत होने पर प्रातः उषा वेला में तुम हे सोम ! पुष्टि को प्राप्त करते हो। फिर साधक की अंगुलियां हरित वर्ण वाले तुमको पात्रों की ओर प्रेरित करती हैं ।।४।।

शोधित सोम हर्षदावा होकर इंद्र का पेय होता है। इसे साधक धारण करते थे और अब भी करते हैं। घासों में स्थित सोम को गौएं घास समझकर खा जाती हैं।।५।।

होता प्रचलित स्तोत्रों से सोम की स्तुति करते हैं। यज्ञ कर्म के लिए झुकी हुई उनकी अंगुलियां सोम को हवि देती हैं ।। ६।।

यज्ञ के स्वामी अग्नि की हवि देते हुए स्तुति करते हैं। जैसे घोड़ा जन्तुओं को अपनी पूंछ से हटाता है, वैसे तुम अपनी लपटों से शत्रु को दूर हटाओ ।।७।।

वह अग्नि सुखी एवं मंगलदायक हो। बल से उत्पन्न गतिशील अग्नि हमारी कामनाओं को पूर्ण करे ।। ८।।

हे विश्वव्याप्त अग्नि ! तुम समीप अथवा दूर से हमारे अनिष्ट को सोचने वालों से स्वयं ही हमें बचाते हो ।। ६।।

हे इंद्र ! तुम युद्ध में शत्रु-सेना को भगाते हो। हे शत्रु को पीड़ा देने वाले तुम विपत्ति का नाश करने वाले और विघ्नकारियों को संताप देने वाले हो ।।१०।।

हे इंद्र ! जैसे माता-पिता शिशु की रक्षा में तत्पर रहते हैं, वैसे ही द्यावापृथिवी तुम्हारे शत्रुनाशक बल को पुष्ट करते हैं। तुम्हारे क्रोध से युद्ध तत्पर सेनाएं उत्पीड़ित होती हैं ।। ११।।

तृतीय खण्ड

यजमानों के द्वारा किये गये यज्ञ से इंद्र बढ़ता है। वह अन्तरिक्ष में मेघों को प्रेरित करके पृथिवी का पोषण करता है ।। १।।

सोमपान से हर्षित इंद्र, दीप्तिमान अन्तरिक्ष को सम्पन्न करता हुआ मेघों को विदीर्ण करता है ।। २।।

इंद्र राक्षसों को दूर भगाता है और गुफाओं में छिपायी गौओं को प्रकट करता है ।। ३।।

हे उपासको ! स्तोत्र-पाठ से प्रसन्न इंद्र के हमारी रक्षा के हेतु प्रत्यक्ष दर्शन कराओ।। ४।।

शत्रु-नाश में तत्पर, सोम की शक्ति से अति पराक्रमी, सोमपायी ! इंद्र को हमारे यज्ञ में बुलाओ ॥ ५॥

हे दर्शनीय इंद्र ! अति ज्ञानी तुम शत्रु का मम छीनकर हमें देते हुए हमारी रक्षा करो ॥ ६॥

हे इंद्र ! तुम्हारे पराक्रम, शत्रुनाशक बल, तुम्हारे कर्म एवं आयुध वज्र स्तुतियों से तेजस्वी होते हैं ॥ ७॥

हे इंद्र ! आकाश में तुम्हारा बल और पृथिवी पर तुम्हारा यश बढ़ता है। जल और मेघ तुम्हें अपना स्वामी मानकर प्रस्तुत होते हैं ॥ ८॥

दिव्यधामवासी हे इंद्र ! विष्णु मित्र और वरुण तुम्हारी स्तुति करते हैं। हे मरुद्गण के बल इंद्र ! तुम उन स्तुतियों से प्रसन्न होते हो ॥ ९॥

चतुर्थ खण्ड

हे अग्नि ! बल के लिए साधक आपको प्रणाम करते हैं। मैं भी प्रणाम करता हूं। अपने बल से शत्रु-नाश कीजिए ॥ १॥

हे अग्नि ! इंद्रियों का अभीष्ट पूर्ण करने को बहुत धन दीजिए। महान् तुमसे मैं महानता मांगता हूं ॥ २॥

हे अग्नि ! युद्ध काल में मेरे विपरीत न हो। शत्रु के ऐश्वर्य को मेरे लिए जीतो ॥३॥

सब प्रजाएं इंद्र की शांति के लिए उसी प्रकार झुकती हैं, जैसे समुद्र को तृप्त करने के लिए नदियां समुद्र की ओर स्वयं झुकती चली जाती हैं ॥ ४॥

जगत को कंपाने वाले वृत्र के शिर को इन्द्र ने अपने प्रशंसनीय वज्र से काट डाला ॥ ५॥

जिस बल से इन्द्र द्यावा-पृथिवी को अपने वश में करता है, वह उसका बल दीप्तिमान है ॥ ६॥

हे इन्द्र ! तुम्हारे मनरूपी अश्व रमणीय, उत्तम ज्ञानी, सर्वद्रष्टा एवं ऐश्वर्यवान हैं ॥७॥

हे समानरूप वाले इंद्र ! हमारे यज्ञ को शीघ्र प्राप्त होओ ॥ ८॥

हे मनुष्यो ! दशों अंगुलियों से (दोनों हाथों से) अभीष्ट फल देने वाला इन्द्र, यज्ञीय सोमरस से तृप्त हैं। उनके आगमन से प्राप्त फल को हम ग्रहण करें ॥९॥

अष्टादश अध्याय

प्रथम खण्ड

हे सोम को सींचने वाले साधको ! वीर, माननीय इन्द्र को प्रशंसित सोम भेंट करो ॥ १॥

हवियों एवं स्तोत्रों से प्रेरित इन्द्र का शक्तिमान मनरूपी अश्व हमारे मित्र इन्द्र को हमारे यज्ञ में पहुंचाये ॥ २॥

वृत्रहन्ता, सोमपायी इन्द्र, हमसे विमुख न हो। रक्षा-साधनों से सम्पन्न यह

शत्रुओं को भगाए और हमें ऐश्वर्य दे ।। ३।।

जैसे प्रवाहित नदियों को समुद्र प्राप्त करता है, उसी प्रकार सोमरसों को हे इन्द्र! तुम प्राप्त करो। अन्य कोई देव धन-बल में तुमसे बड़ा नहीं है ।।४।।

हे अभीष्टदायक इन्द्र ! तुम सब स्थानों से सोम पीते हो और उसे उदरस्थ कर लेते हो ।। ३।।

हे पापनाशक इन्द्र ! हमारा यह सोम तुम्हारे लिए पर्याप्त हो। तुम्हारी प्रेरणा से यह अन्य सब देवताओं के लिए भी पर्याप्त हो ।। २।।

स्तुतियों के द्वारा प्रदीप्त किए गये हे अग्नि ! मनुष्यों पर कृपा करने के लिए यज्ञ में प्रकट होइए। यजमान आपको नमस्कार करता है ।। १।।

धूम्र से युक्त सुखदायक महान् अग्नि ज्ञान और अन्न को हमारी ओर प्रेरित करे।।५।।

जगत-पालक देवदूत, असंख्य किरणों वाला अग्नि, हमारी स्तुतियों को ग्रहण करे ।। ६ ।।

हे मनुष्यो ! यज्ञ में एकत्र हुए तुम सोम के सिद्ध होने पर इन्द्र का स्तुति-गान करो। जैसे गौ भूसे से प्रसन्न होती है, वैसे ही इन्द्र स्तुतियों से प्रसन्न होता है।।७।।

हमारे स्तोत्रों से प्रसन्न हुआ इंद्र बहुत-सी गौएं और अन्न खुले हाथों देता है।।२।।

दुष्टनाशक इंद्र गौओं को चुराने वाले, हिंसक दैत्य के द्वारा चुराई गई गायों को छुड़ाकर अपने अधिकार में ले लेता है ।। ६ ।।

द्वितीय खण्ड

वामन-रूप में प्रकट विष्णु ने अपने चरण को तीन रूपों में स्थित किया। तब उनकी चरण-धूलि में यह विश्व अन्तर्हित हो गया ।। १।।

जिसे कोई न मार सके, ऐसे विश्व रक्षक विष्णु ने तीनों लोकों में यज्ञादि कर्मों को पुष्ट करते हुए अपने तीनों चरणों से उन्हें दबाया ।। २।।

हे मनुष्यो ! जिनकी प्रेरणा से यज्ञादि कर्म होते हैं, उन विष्णु को देखो। विष्णु इंद्र के मित्र हैं ।। ३।।

आकाश की ओर देखने वाला चक्षु जैसे सब ओर व्यापकता के साथ देखता है, वैसे ही विष्णु के परमपद को ज्ञानी जन सदा देखते हैं ।। ४।।

आलस्यरहित स्तोता उत्तम कर्मों से विष्णु के परम पद को प्राप्त करते हैं ।।५।।

विष्णुरूप ईश्वर ने पृथिवी, द्युलोक, अंतरिक्ष—तीनों लोकों में अपने पद को स्थापित किया। सभी देवगण इस पृथिवी पर हमारी रक्षा करें ।।६।।

हे इंद्र ! ये ऋत्विज आपको हमसे दूर न रखें ! यदि तुम दूर हो, तो भी इस यज्ञ में आकर हमारी स्तुतियों को सुनो ।। ७।।

हे इंद्र ! सोम के सिद्ध होने पर एकत्र ऋत्विज तुम्हारी स्तुति करते हुए अपने अभीष्टों का वर्णन करते हैं ।। ८।।

जिस इंद्र की स्तुति की जाती है, उस इंद्र के लिए हे मनुष्यों ! सनातन स्तोत्रों

का पाठ करो। परमेश्वर मुझे भी ऐसी सुमति प्रदान करो ।। ६ ।।

इंद्र, बहुत धन, भूमि और सूर्य जैसा तेज मुझे प्रदान करें। गौ-दुग्ध मिश्रित सोम इंद्र के आह्लादक होते हैं ।। ११ ।।

हे सोम ! तुम्हे इंद्र के सेवन के लिए पात्रों में भरते हैं। यह सोम इंद्र को हवि रूप में देने और उससे फल प्राप्त करने के लिए शोधा जाता है ।। १२ ।।

हे स्तुतिकर्ताओ ! हम यजमानों के साथ पुष्टिदाता, सुगंधित सोमरस का पान करो ।। १३ ।।

सोम सिद्ध करने के लिए उपादानों का प्रयोग करते हैं। विद्वानों से आदर प्राप्ति के इच्छुक अध्वर्यु सोम-सिद्धि के लिए उसे दुग्ध-मिश्रित करते हैं ।। १४ ।।

हे इंद्र ! तुम्हें कोई भय नहीं पहुंचा सकता। तुम्हारे प्रति श्रद्धालु हविदाता सोम-संपादन काल में तुम्हें सोमरत्न देता है ।। १५ ।।

हे इंद्र ! जो तुम्हें हवि देते हैं, उन्हें संघर्षों में मार्ग दिखाओ। तुम से स्तोता पुत्रादि के और अपने संकटों से बच जाएं ।। १६ ।।

तृतीय खण्ड

सुखदायी सोम को इन्द्र के लिए बरसाओ। सामर्थ्यवान, बलवर्धक इंद्र ही स्तुत्य है ।। १ ।।

हे शत्रुहंता इंद्र ! ऋषि-प्रपीत स्तुतियां तुम्हीं तेजस्वी को प्राप्त होती हैं। उन्हें अन्य कोई देवता अपने बल से प्राप्त नहीं कर सकता ।। २ ।।

अन्न की कामना करने वाले हम अन्न-वृद्धिकर्ता, अन्न के स्वामी और यज्ञ-वृद्धिकर्ता इंद्र को ही यज्ञ में बुलाते हैं ।। ३ ।।

हे स्तोताओ ! हव्यवाहक अग्नि की पूजा करो। उन्हीं से सब ऐश्वर्य मिलते हैं। हे अग्नि ! तुम हव्य को देवों को प्राप्त कराते हो ।। ४ ।।

हे हव्य प्रदाताओ ! जिसे प्रसन्न करने का साधन सोम है, उस यज्ञपूरक अग्नि की स्तुति करो ।। ५ ।।

हे सोम ! जैसे पुरुष नगर में प्रवेश करता है, वैसे ही छन्ने में छनता हुआ सोम कलश में जाता है ।। ६ ।।

बल एवं हर्ष को देने वाला छनता हुआ सोम, ऋत्विजों के स्तुतियों के पुट से शुद्ध होता है ।। ७ ।।

इस इंद्र को हम सोम से तृप्त करते हैं। यज्ञ में सिद्ध सोम इंद्र को भेंट करो ।। ८ ।।

पथिकों का हिंसक दस्यु भी इंद्र-उपासक के अनुकूल होता है। ऐसे प्रेरक इंद्र हमारे स्तोत्रों को ग्रहण करते हुए हमारे अभीष्ट फलदाता के निमित्त यज्ञ में आएं ।। ९ ।।

हे इंद्र ! हे अग्नि ! दिव्यगुण प्रकाशक तुम संघर्षों में शत्रुओं को भगाने वाले हो। तुम्हारे पराक्रम से विजय प्राप्त होती है ।। १० ।।

कर्म के फलों की ओर अग्रसर हुए होता उत्तम अनुष्ठानों में लगे रहते हैं ।।११।।

हे इंद्र ! हे अग्नि ! बल और अन्न दोनों का साथ है। उनमें रस और वर्ण के तुम ही प्रेरक हो ।। १२ ।।

सिद्ध सोम को ऋत्विजों के साथ पान करते हुए इंद्र को कौन जानता है कि यह कितने अन्नोंवाला है ? सोम से परमानंद को प्राप्त इंद्र शत्रु-पुरों को ध्वस्त करता है ।। १३ ।।

दुष्कर्म में मग्न रहने वाले हाथियों के समान पुरुखों का शिकार करने वाले इंद्र सोम के सिद्ध होने पर यहां आएं ।। १४ ।।

शत्रु के लिए जिसका बल अपरिमेय है, वह युद्ध को सज्जित इंद्र स्तुतियों को सुनकर यहां आता है, अन्यत्र नहीं जाता ।। १५ ।।

चतुर्थ खण्ड

उज्ज्वल, प्रकाशमान सोम को स्तोत्रों से संस्कारित करते हैं ।। १ ।।

दिव्य सोम पृथिवी के उच्चस्थान यज्ञ वेदी पर सिद्ध किए जाते हैं ।। २ ।।

उज्ज्वल सोम संस्कारित होकर सब शत्रुओं के नाशक होते हैं ।। ३ ।।

पापनाशक, शत्रुहंता, विजयी, अन्नदाता इंद्र और अग्नि को मैं यज्ञस्थान में सोम पीने को बुलाता हूं। हे इंद्र ! हे अग्नि ! अभीष्ट फल प्राप्त्यर्थ वेदपाठी सामगायक तुम्हारी पूजा करते हैं और मैं भी अन्नार्थ तुम्हारी स्तुति करता हूं ।।४ ।।

शत्रुओं की नब्बे पुरियों को संकेत से ही कंपानेवाले हे इंद्राग्नि ! मैं तुम्हें यज्ञ में बुलाता हूं ।। ५ ।।

हे बल से उत्पन्न अग्नि ! हव्यान्न को प्रस्तुत करते हुए हम तुम्हारे लिए स्तोत्र पढ़ते हैं ।। ६ ।।

स्वर्पसम दीप्ति वाले हे अग्नि ! हम तुम्हारी शरण में उपस्थित हैं ।। ७ ।।

उस महापराक्रम, उत्तम गतिवान अग्नि ने दैत्यों के नगरों को भस्म कर दिया ।।७ ।।

सत्य के नित्य गृहीता, जनहितकारी, प्रकाश के प्रतिपालक आपके नित्य पवित्र रूप की हम आराधना करते हैं ।। ८ ।।

उत्तम कर्मों में उपस्थित, विघ्नों को हटानेवाला, प्रशासक संसार को वश में करने वाला अग्नि ऋतु पोषक है ।। ९ ।।

भूत-भविष्य का, प्राणियों का, इस द्यूलोक-पृथिवीलोक में ही प्रतिष्ठित है ।।१० ।।

एकोनविंशअध्याय

प्रथम खण्ड

अपने तेज से शोभित अग्नि, ऋत्विजों के स्तोत्रों के द्वारा बढ़ता है ।। १ ।।

अन्न के पुत्र, पवित्रकर्ता, अग्नि को इस अहिंसित यज्ञ में मैं बुलाता हूं ।।२ ।।

तुम अपनी ज्वालाओं और तेज से हे पूजनीय अग्नि ! इस यज्ञ में प्राप्त हो ।।३ ।।

हे संस्कारित सोम ! तेरी उठती हुई तरंगों से दैत्य का हृदय विदीर्ण हो जाता है। हमको हानिप्रद शत्रु सेनाओं को पीड़ित करो ।। ४।।

हे अग्नि ! तुम अपने उत्पन्न पराक्रम से शत्रुनाशक हो। मैं अपने निर्मल मन से तुम्हें धन-प्राप्ति के लिए स्तुत करता हूं ।। ५।।

दैत्यगण इस सिद्ध सोम को तिरस्कृत करने में असमर्थ हैं। हे सोम ! युद्ध की इच्छा करने वाले शत्रु को पीड़ित करो ।। ६।।

आनंदवर्धक, पापनाशक सोम को हम इंद्र के लिए शुद्ध करते हैं ।। ७।।

हे इंद्र ! आनन्ददाता तुम इस यज्ञ में पधारो। तुम्हारे मार्ग में कोई बाधक न हो। तुम सभी विघ्नों का उल्लंघन कर शीघ्र हमको प्राप्त होओ ।। ८।।

वृत्रहंता, मेघविदारक, अति बलवान इंद्र रथ पर विराजमान हुआ शत्रुओं का नाश करता है ।। ६।।

समुद्रों को जल से पुष्ट करने के समान हे इंद्र ! तू याज्ञक को अभीष्ट फल देकर पुष्ट करता है। गौएं जैसे घास-आदि प्राप्त करती हैं, वैसे हम तुम्हें प्राप्त करते हैं ।। १०।।

जैसे प्यासा मृग जलाशय की ओर जाता है, वैसे हे इंद्र ! मित्र के समान तुम हमें शीघ्र प्राप्त होओ और इस सुरक्षित सोम का पान करो ।। ११।।

हे ऐश्वर्यवान इंद्र ! सोम सिद्ध करने वाले को धन प्राप्त कराने के लिए सोम तुम्हें प्राप्त हों। मित्र, वरुण के जलों से संस्कारित सोम को तुम अपने बलों से पीते हो। तुम अत्यन्त पराक्रमी हो ।। १२।।

हे महाबलवान ! दीप्तियुक्त स्तोता के तुम प्रकाशक हो। तुम्हारे अतिरिक्त कोई सुखदायक नहीं, अतः तुम्हारे निमित्त मैं स्तोत्रों को पढ़ता हूं ।। १३।।

हे इंद्र ! तुम्हारे गण और कम्पित करने वाले वायु हमारा नाश करें। हे जनहितैषी इंद्र ! हम मंत्रद्रष्टाओं को सब ऐश्वर्यों को दो ।। १४।।

द्वितीय खण्ड

रात्रि के अंधकार की नाशिका, प्राणियों की फलदायिका एवं प्रेरणा करने वाली सूर्य-पुत्री उषा को सब देखते हैं ।। १।।

अश्व-इव, अद्भुत, यज्ञारम्भकर्मी, दीप्त किरणों की रचयित्री, आश्विनीकुमारों की सखी उषा स्तवन के योग्य है ।। २।।

द्यूलोक से प्राप्त वह सर्वप्रिया उषा अंधकार का नाश करती है। हे अश्विनाकुमारो! मैं महान् स्तोत्रों से तुम्हारी स्तुति करता हूं ।। ३।।

समुद्र से उत्पन्न अश्विनीकुमार अपनी इच्छा तथा कर्म से धनों के प्रदायक हैं।।४।।

शास्त्रों में विख्यात स्वर्ग में जब तुम्हारा रथ पहुंचता है, तब तुम्हारी स्तुतियां पढ़ी जाती है ।। ५ ।।

हे हव्यान्न युक्त उषा ! हमें अद्भुत ऐश्वर्य दो, जिससे हम अपनी संतानादि को पालने में समर्थ हो सकें ।। ६।।

हे गो-अश्वादि देने वाली उषा ! जैसे प्रातः तू धनादि प्राप्त करने के लिए मनुष्यों को कर्म की प्रेरणा देती है, वैसे ही रात्रि के अंधकार को मिटा दे ।।७।।

हे हव्यान्न वाली उषा ! अपने अरुण-अश्वों को रथ में जोड़कर हमें सौभाग्यशाली बनाओ ।।८।।

हे शत्रुनाशक अश्विनीकुमारो ! विपुल पशु-धन एव स्वर्णादि धन हमारे गृहों की ओर प्रेरित करो ।।९।।

उषाकाल में जागे हुए अश्व, स्वर्णिम रथ में विराजमान अश्विनीकुमारों को सोमपान के निमित्त इस यज्ञ में लायें ।।१०।।

हे अश्विनीकुमारो ! तुमने द्युलोक से प्रशंसनीय तेज प्राप्त किया है । तुम हमको तेजस्वी बनाने के लिए अन्न प्रदान करो ।।११।।

तृतीय खण्ड

हे अग्नि ! हम साधकों को अन्न प्रदान करो । मैं सर्वव्यापक अग्नि की स्तुति करता हूं । वह गौएं प्राप्त करने वाला है । उस अग्नि के अश्व द्रुतगामी हैं । उस अग्नि को हवि युक्त यजमान प्राप्त करते हैं ।।१।।

यजमान का अन्नदाता यह अग्नि पूजनीय एव सर्वद्रष्टा है । प्रसन्न होकर वह सबको ऐश्वर्य देने को गतिशील होता है । हे अग्नि ! स्तोताओं को धन प्रदान करो ।।२।।

विद्वान् ऋत्विजों के द्वारा उत्तम रीति से प्रकट किया गया स्तुति-योग्य यह अग्नि स्तोताओं को अन्नदान दे ।।३।।

हे उषा ! तुम आप इस यज्ञ में विपुल धनदात्री बनो । हे सुन्दरता का प्रकटरूप सत्यरूपिणी उषा ! मुझ पर दया करो ।।४।।

हे आदित्य पुत्री उषा ! तू अंधकार को दूर कर । सत्यवाणी वाली तू मुझ पर दयालु हो ।।५।।

हे अंतरिक्षवासिनी उषा ! हमारी दिवान्धता को दूर कर अंधकार का नाश कर, मुझ पर दया कर ।।६।।

हे अश्विनीकुमारो ! तुम्हारे अभीष्टदायक, धनदायक, प्रिय-रथ को स्तोता अपनी स्तुतियों से शोभनीय बनाते हैं । हे मधुर व्यवहार वालो ! मेरी स्तुतियों को सुनो ।।७।।

हे अश्विनीकुमारो ! यजमान के समीप पधारो । मैं अपने शत्रुओं के तिरस्कार करने में सफल होऊं । हे शत्रुनाशक, मधुर-व्यवहार के ज्ञाता ! मेरे व्यवहार पर ध्यान दो ।।८।।

हे अश्विनीकुमारो ! मेरी पुकार को सुनो और अन्न, धन्न-सम्पन्न इस यज्ञ के सेवन के लिए यहां पधारो ।।९।।

चतुर्थ खण्ड

ऊध्वर्युओं के द्वारा वेदी में डाली गयी समिधाओं से दीप्त हुआ अग्नि प्रज्वलित

ज्वालाओं से विशाल वृक्ष के समान उठा हुआ आकाश में व्याप्त होता है ।।१।।

यह यज्ञ-साधक अग्नि, देव-यजन के लिए प्रदीप्त होता है। यह उषाकाल में यजमानों पर कृपा करने वाला होता है। इसका प्रकाशित रूप प्रत्यक्ष होकर संसार को अधिकार से निकालता है ।।२।।

प्रज्ज्वलित अग्नि अपनी प्रकाशमयी किरणों से संसार को प्रकाशित करता है। जब घृत यज्ञ-पात्रों को प्राप्त होता है, तब अग्नि उठकर उस घृत का पान करता है ।।३।।

उषा सब ग्रह-नक्षत्रों की ज्योतियों से उत्तम ज्योति वाली है। इसका प्रकाश पूर्व में फैलाकर सब पदार्थों को प्रकाशित करता है। सूर्य के द्वारा उत्पन्न जो रात्रि है, वह अपने अंतिम प्रहर रूप उषा को जानती है ।।४।।

सूर्य रूप वत्स को अपनी गोद में धारण किये हुए उषा प्रकट हुई। रात्रि ने अपने अंतिम प्रहर को जाना। सूर्य, रात्रि और उषा दोनों का बन्धु है। यह दोनों अमर हैं। प्रथम रात्रि, फिर उषा। इस प्रकार ये दोनों सूर्य की गति के अनुसार गतिशील होती हैं। रात्रि के अंधकार को उषा दूर करती है और उषा को रात्रि मिटा देती है ।।५।।

उषा और रात्रि दोनों का मार्ग एक ही है। सब जीवों को जन्म देने वाली इन विपरीत रूप वाली रात्रि और उषा में मति-वैभिन्य नहीं, अतः दोनों प्रतिस्पर्धा से मुक्त हैं ।।६।।

उषा का मुख्य रूप अग्नि प्रज्ज्वलित होता है। तब स्तोताओं की दिव्य-स्तुतियां बढ़ती हैं। हे अश्विनीकुमारो ! हमको दर्शन देते हुए इस यज्ञ में पधारो ।।७।।

हे अश्विनीकुमारो ! धर्म-यज्ञ में आने वाले तुम्हारी स्तुति हम करते हैं। संस्कारित धर्म को न मिटाओ। रक्षक, अन्न-युक्त तुम उषाकाल में आकर हविदाता को आनन्दित करते हो ।।८।।

जब घास खाकर रात्रि के अंत में गौएं दोहन स्थान पर पहुंचती हैं, वह समय सन्धि-काल कहा जाता है। हे अश्विनीकुमारो ! तुम उस समय यज्ञ में पधारो और सोम का पान करो ।।९।।

पंचम खण्ड

उषाकाल के तेजस्वी देवता सूर्य के पूर्व दिशा के अर्धभाग में प्रकाश उत्पन्न किया। योद्धाओं के द्वारा शस्त्रों का संस्कार करने के समान, संसार का प्रकाश के द्वारा संस्कार करने वाले वे प्रकाश के देवता सूर्य हमारे रक्षक हों ।।१।।

अरुण वर्णी उषा प्रकाश के साथ उदय होती है। तब उसके देवता सूर्य-किरण रूपी प्रकाश रथ पर चढ़े हुए आते और सबको चैतन्य करते हैं। तब उषा की किरणें सूर्य के साथ मिलकर एक हो जाती हैं ।।२।।

उत्तम-कर्म और श्रेष्ठ दान वाले यजमान के लिए अन्न देने वाली उषा देवता अपने तेजों से युक्त होकर प्राप्त होती है ।।३।।

वेदी में अग्नि प्रज्वलित हुआ। पृथिवी पर सूर्य उदित हुआ। उषा ने अंधेरा

मिटाया।अश्विनीकुमारों ने अपने रथ को जोता। जगत प्रेरक सविता देव ने जगत को कर्म प्रवृत्त किया। कैसा चमत्कार है ।।४।।

हे अश्विनीकुमारो ! जब तुम अपने वर्षा करने वाले रथ को जोतते हो, तब हमारे बाहुबल को मधुर जल से सींचते हो। हमारे तेज को सेनाओं में पुष्ट करो। शूरवीरों के धनों को हम पायें।। ५।।

अनुकूल, तीन पहियों वाला, शीघ्रगामी घोड़ों वाला, तीन जुओं वाला, सर्व सौभाग्य एवं धन सम्पन्न अश्विनीकुमारों का रथ चले। हम मनुष्यों और हमारे पशुवर्ग में सुख लाए।। ६।।

हे संगरहित सोम ! तेरी धाराएं अतुल अन्न को ऐसे देती हैं, जैसे आकाश से होने वाली वर्षाएं जल को देती हैं ।। ७।।

हरा सोमरस, सबके प्रिय वेदवचनों को सामने करता हुआ यज्ञपात्रों को चमकाता हुआ धूमरूप में सर्वत्र फैलता है ।। ८।।

ऋत्विजों के द्वारा शोधा जाता हुआ सुकर्मा सोम जलों में रहता है। वह तेजस्वी हाथी जैसी मदपूरित और बाज पक्षी जैसा बलवान है ।। ६।।

हे अभिषुत सोम ! हमारे लिए पृथिवी और आकाश के सब धनों को ला ।।१०।।

विंश अध्याय

नवम प्रपाठक

प्रथम खण्ड

वृष्टिकारक, ओजस्वी, देवों को तोष देने वाले सिद्ध सोम की धाराएं आकाश को सींचती है ।। १।।

विद्वान् ऊध्वर्यु वेदमंत्रों का उच्चारण करते हुए पीसे-निचोड़े गए प्रशंसनीय ज्योति वाले सोम को शोधते हैं ।। २।।

हे विपुलधनदाता, प्रशंसनीय सोम ! अभिषुत किए जाते हुए तेरे वे तेज भली प्रकार सहन योग्य हैं, अतः आकाश को रस पूर्ण कर दे ।। ३।।

यह भक्तों को बढ़ाने वाला, प्रत्येक ऋतु में हितकारी देव जो इन्द्र नाम से प्रसिद्ध है, उसको मैं स्तुत करता हूं ।। ४।।

हे बल के पति इन्द्र ! इन्द्र-सूक्तों में की गई तेरी प्रशंसा तुझमें ही चरितार्थ होती है ।। ५।।

हे इन्द्र (परमेश्वर) ! जिस प्रकार प्रवाह के मार्ग से नदियां प्राप्त होती हैं, उसी प्रकार आप से विद्यादि धन प्राप्त हों ।। ६।।

हे आत्मिकबल युक्त, बहुकर्मा, दुष्टों को दबाने वाले, सत्पुरुष पालक हे इंद्र! आपको अपनी रक्षा और सुख के लिए हम सर्वतः भ्रमण करते हैं, जैसे रथ को रक्षा के लिए सर्वतः घुमाते हैं ।। ७।।

हे महाबली ! बहुपुरुषार्थयुक्त, भीषणशक्तिधारी, बुद्धिमान, तू सम्पूर्ण महिमा से युक्त है ।। ८।।

महान् से-भी महान् तेरे दोनों हाथ सम्पूर्ण पृथिवी पर जाने वाले और तेजस्वी शस्त्रसमूह को ग्रहण करने वाले हैं ।। ६ ।।

अग्नि ही ज्ञानों को प्रकाशित करता है। गतिमान एवं क्रान्तदर्शी है। वही यज्ञशालाओं में विभिन्न रूपों में बसता है। वही सूर्य से प्रकाशित होता है ।। १० ।।

दो अरणियों के मन्थन से प्रकट अग्नि सब लोकों को प्रकाशित करता है। परम पूजनीय वह यज्ञशाला में वास करता है ।। ११ ।।

देवताओं का आह्वान करने वाला अग्नि यश के लिए उत्तम-कर्मों का धारक है। वह हवि देने वाला उत्तम पुत्र हमको प्राप्त कराता है ।। १२ ।।

इन्द्र आदि देवों को बुलाने वाले हे अग्नि! तुम्हारे स्तोत्र से स्तोता हव्य-वाहक तुम्हारी वृद्धि करते हैं ।। १३ ।।

हे अग्नि! तुम सेवनीय हो और वृद्धि को प्राप्त हो तथा अभीष्ट फलों के दाता तुम हमारे यज्ञ का नेतृत्व करते हो ।। १४ ।।

सूर्य के समान तेजस्वी हे अग्नि! तू हमारे पूजनीय इन्द्र आदि देवों के सहित यज्ञ में आ आ।। १५ ।।

द्वितीय खण्ड

हे अमर! हे प्राणियों के ज्ञाता अग्नि! तुम उषाकालीन देवताओं से यजमान को धन प्राप्त कराओ और इस यज्ञ में देवताओं को बुलाओ ।। १ ।।

हे अग्नि तुम सन्देशवाहक एवं हविवाहक यज्ञों के रथरूप अश्विनीकुमारों और उषा के साथ हमें अन्न प्राप्त कराओ ।। २ ।।

सब कार्यों को करने वाले, शत्रुओं को विदीर्ण करने वाले युवक को भी इन्द्र की प्रेरणा से वृद्धावस्था खा जाती है। हे पुरुषो! काल-आत्मा इन्द्र के पुरुषार्थ को देखो। वृद्धावस्था को प्राप्त, जो पुरुष मृत्यु को प्राप्त होता है, वह कल पुनर्जन्म के द्वारा फिर उत्पन्न होता है ।। ३ ।।

अपने पराक्रम से सशक्त, सुपर्णपक्षी सदृश पराक्रमी, पुरातन, स्थिर इन्द्र, जिसे कर्तव्य मानता है, वही कर्म करता है। वह शत्रुओं से जीता हुआ ऐश्वर्य स्तोताओं को प्रदान करता है ।। ४ ।।

मरुद्गणों का साथी इन्द्र वर्षा जलों का धारक अतः वर्षणशील है। मरुद्गण वर्षा-कर्म में उसके सहायक हैं ।। ५ ।।

मरुद्गणों के लिए निचोड़ा हुआ सोमरस रखा है, वह इसे तेजस्वी अश्वनी कुमारों के साथ ग्रहण करें ।। ६ ।।

सबको कर्मों के लिए प्रेरित करने वाले—प्रिय, अर्यमा और वरुण ये तीनों शोधित तथा स्तुतियों के द्वारा अर्पित जो सोम हैं, उसे प्राप्त करते हैं ।। ७ ।।

इंद्र इस अभिषुत और शोधित, मिश्रित सोम के सेवन को इस प्रकार चाहता है जैसे—होता प्रातः सेवन में सोम सेवन चाहता है ।। ८ ।।

कर्म प्रेरक सूर्य तू महान् है। रसाकर्षक! तू महान् है। तेरी महानता महान्

है। प्रशंसनीय देव तू महान्-से-भी महान् है ।। ६।।

हे सूर्य ! सचमुच ही सूर्यदेव अन्य लोकों से भी बड़ा है। बड़ा होने के तू पृथिवी आदि लोकों से भी बड़ा होने से तू पृथिवी आदि लोकों का पुरोहित है। तू असुरों का नाशक है। तेरी ज्योति सर्वत्र फैली है।।१०।।

तृतीय खण्ड

हे सोमपति इन्द्र ! हमारे सम्पादित सोम को व्यापक किरणों रूपी अश्वों से प्राप्त कीजिएं ।। १।।

यह जो इन्द्र मेघनाशक, असंख्यकर्मा है, वह अपने उग्र और शांत दो कर्मों से जाना जाता है। व्यापक किरणों से हमारे निचोड़े गए सोम को प्राप्त करे ।।२।।

हे मेघहन्ता ! तू ही इन निचोड़े गए सोमों का पीने वाला है ।। ३।।

हे मनुष्यो ! असंख्य धनपति होने के लिए इन्द्र को सोम अर्पित करो। उत्तम स्तोत्रों का पाठ करो। हे मनोरथपूरक इन्द्र ! तुम इन हविदाताओं के समीप आओ।।४।।

व्यापक इन्द्र के लिए ऋत्विज उत्तम स्तुतियों के साथ हव्य देते हैं। उस इन्द्र के अद्भुत पराक्रम में देवता भी बाधक नहीं हो सकते ।। ५।।

सब के राजा रूप अबौधित पराक्रग बाले इन्द्र के प्रति की गई स्तुतियां शत्रुओं को भगाती हैं। अतः स्तोताओ ! यजमानों को स्तुति करने की प्रेरणा दी ।।६।।

हे इन्द्र ! तुम्हारे समान मैं भी धन का स्वामी बनूं। स्तोता को जो मैं धन दूं, उससे वह धनी हो जाए ।। ७।।

मैं तुम्हारे पूजन को धन देता हूं। हे इन्द्र ! तुम्हारे समान हमारा कोई नहीं। तुम्हारे समान हमारा प्रशसित रक्षक कोई नहीं है ।। ७।।

हे सोमपान की इच्छा वाले इन्द्र ! मेरी पुकार पर ध्यान दो। स्तोता की प्रार्थना सुनो। हमारी सेवाएं ग्रहण करो ।। ८।।

हे शत्रुनाशक इन्द्र ! तेरी स्तुतियों का मैं त्याग नहीं करता। तेरे यशस्वी स्तोत्रों को नित्य गाता हूं ।। ६।।

हे इन्द्र ! हमारे यहां बहुत से सोम निचोड़े गए हैं। स्तोता तुम्हें बुलाते हैं। अतः तुम हमसे दूर न रहो ।। १०।।

चतुर्थ खण्ड

हे स्तोताओ ! इन्द्र के सम्मुख हुए तुम उसके रथ की पूजा करो। लोकपाल, शत्रुपालक इन्द्र हम स्तोताओं को धन दे। दुष्टों के चढ़ी प्रत्यंचा वाले धनुष टूट जाएं ।।१।।

हे इन्द्र ! तुम मेघों की वर्षा करो। शत्रु विहीन तुम ग्राह्य पदार्थों के पोषक हो। हम तुम्हें हवियां और स्तुतियां भेंट करते हैं ।। २।।

हमारे अन्नादि की वृद्धि के बाधक दुष्ट नाश को प्राप्त हों। हे इंद्र जो हमारी हिंसा की कामना करता है, उसे तुम मारते हो। तुम हमको धन प्रदान करो ।।३।।

हे निष्पाप इन्द्र ! तुम्हारी स्तुति करने वाला धन से पूर्ण हो, वह दरिद्र न रहे। तुम्हारा आराधक ऐश्वर्य प्राप्त करे ।। ४।।

हे इन्द्र ! तुम स्तुति न करने वाले की सामर्थ्य और स्तोताओं को जानते हो। तुम गायत्री नामक सोम को भी जानते हो, हम उसी से तुम्हारी स्तुति कर रहे हैं।।५।।

हे इन्द्र ! तुम हिंसक और तिरस्कार करने वालों की दशा पर हम को न रहने दो ।। ६।।

अपने बल से हमारा इच्छित ऐश्वर्य हमें प्रदान करो ।। ७।।

हे इन्द्र ! यजमान की स्तुतियों को प्राप्त होओ। हम तुम्हारे दिव्य शासन में अत्यन्त सुखी हैं ।। ८।।

भेड़िए के डर से कांपती हुई भीड़ के समान पाषाणों से कूटा जाता हुआ सोम कांपता है। हे इंद्र ! हम तुम्हारे दिव्य शासन में सुखी हैं ।। ९।।

वह सोम कूटने वाला पाषाण हे इन्द्र ! तुम्हें इस यज्ञ में सोम रस प्राप्त कराएं। जिस इन्द्र के शासन में हम सुखी हैं, वह इन्द्र लोक को सुधारे ।। १०।।

हे सोम ! तू अपने आप मधुर रस से परम आनन्द को देने वाला है। तू इन्द्र को प्राप्त हो ।। ११।।

वह स्वच्छ और निष्पन्न हुए बुद्धिवर्धक सोम वायु देव को प्रकट करते हैं।।१२।।

यजमानों के लिए अन्न प्राप्त कराने के सोम देवताओं के लिए ऋत्विजों के द्वारा भेंट किए जाते हैं ।। १३।।

पंचम खण्ड

बलोत्पन्न, वासदाता, सर्वज्ञाता, परमदाता, यश निर्वाहक, पूजनीय, अग्रगण्य, प्रदीप्त अग्नि को मैं यज्ञ सिद्ध करने वाला जानता हूं ।। १।।

यज्ञ करने के इच्छुक, मन्त्रों को उच्चारण करने वाले हम ऋत्विज हे मेधावी इन्द्र ! तुम्हारा आह्वान करते हैं। ये प्रजाएं अभीष्ट फल के लिए तुम्हें पूजें ।।२।।

अत्यन्त प्रदीप्त स्तुत्य अग्नि हमारे शत्रुओं को मारता है। इससे अचल पाषाण के भी खंड-खंड हो जाते हैं। वह अग्नि शत्रुओं को समाप्त करता हुआ क्रीड़ा करता है, शत्रुओं के सामने से पलायन नहीं करता ।। ३।।

एकविंश अध्याय

प्रथम खण्ड

हे अग्नि ! तुम्हारी हवियां प्रशासित हैं। तुम्हारी दीप्ति सुशोभित है। तुम हविदाता को धन देते हो ।। १।।

हे निर्मल तेज वाले अग्नि ! तुम माता रूपिणी दो अरणियों अथवा (द्युलोक-पृथिवी लोक) से उत्पन्न होते हो। हे यजमानरक्षक तू हव्य से द्युलोक

और वर्षा से पृथिवी लोक को भरता है ।। २।।

हे अग्नि ! तुम हमारे स्तुति आदि कर्मों को ग्रहण करो । यज्ञादि कर्मों से संतुष्टि प्राप्त करो यजमान तुम्हारे घिए उत्तम हव्यान्न देते हैं ।। ३।।

हे अमर अग्नि ! तू अपने तेज से ईश्वर के रूप में हमारे धनों की वृद्धि कर। तू अत्यन्त दीप्त होने के कारण कर्म और फलों को सुसंगत करता है ।। ४।।

यज्ञ के संस्कारकर्ता, उत्तम ज्ञान-धन के स्वामी हे अग्नि ! हम तुम्हारी आराधना करते हैं। तुम हमको भोगने वाला धन दो ।। ५।।

यज्ञ की अग्नि पहले वेदी की पूर्व दिशा में स्थापित की जाती है। हे अग्नि! यजमान दंपति तुम्हारा आधान करते एवं स्तुति करते हैं ।।६।।

द्वितीय खण्ड

हे अग्नि ! तुम्हारे मित्र-भाव को प्राप्त यजमान तुम्हारे द्वारा की गई रक्षाओं से बढ़ता है ।। १।।

हे सोम-सिंचित अग्नि ! अध्वर्युओं के द्वारा तुम्हारे सोम प्रस्तुत किया जाता है। तू उषाकाल का मित्र है, उसी समय अग्नि प्रज्वलित की जाती है। अंधेरे में तू अधिक प्रकाशित होता है ।। २।।

जो जल से उत्पन्न होता है, उस अग्नि (बड़वानल) को वनस्पतियां गर्भ में धारण करती हैं और यथा समय उत्पन्न करती हैं ।। ३।।

जैसे भैंस तृण खाकर दुग्ध उत्पन्न करती हैं, उसी प्रकार यज्ञों का अग्रणी अग्नि हवि ग्रहण करता और देवों के लिए हव्य (अन्नादि) उत्पन्न करता है ।।४।।

जो मनुष्य जागता है (पुरुषार्थी है), उसको ही ऋग्वेद, सामवेदादि के वचन फलीभूत हैं । उसको ही सोमादि औषधियां काम करती हैं और कहती हैं कि हम तुम्हारे लिए हैं ।। ५।।

अग्नि जानता है, उसे ऋग्वेद और सामवेद के मंत्र प्राप्त होते हैं, उसी को सोम प्राप्त होता है और ये सब कहते हैं कि हम तुम्हारे लिए हैं ।। ६।।

(सभा या यज्ञ में पहुंचकर कहा जाने वाला मंत्र) मैं सभा में, यज्ञ में पहले से बैठे मित्रों, मेरे साथ आकर बैठे मित्रों को नमस्कार करता हुआ उनके लिए शतपदी (श्रवणप्रिय) वाणी का प्रयोग करता हूं ।। ७।।

मैं मनोहर श्रुतप्रिय वाणी को बोलता हूं। अनेक प्रकार के रोगों में गायत्री, त्रिष्टुप् और जगती छन्द के सामों को गाता हूं ।। ८।।

सब रूपों को धारण करने वाले गायत्री, त्रिष्टुप्, जगती छन्दों में देवों का वास-स्थान है ।। ९।।

अग्नि ज्योतिरूप है, काष्ठ रूप नहीं। अग्नि रूप है, तद्भिन्न नहीं। इन्द्र एक प्रकाश है, वही ज्योति इन्द्र कहाती है। सूर्य प्रत्यक्ष ज्योति रूप है, वह ज्योति सूर्य कहाता है ।। १०।।

अग्नि पुनः-पुनः दुग्ध-घृतादि रस के साथ हमको अभिमुख करके आए।

अन्न-आयु और प्राणों के रक्षक रूप में पुनः-पुनः आए और पाप से बचाए ।।१२।।

हे अग्नि ! तू रमणीय धनों के साथ हमारे पास आने और घृतादि की धार से पुष्ट हो ।। १३।।

तृतीय खण्ड

हे इन्द्र ! जैसे तू अकेला ही बढ़ता है, वैसे मैं भी जब (तेरी कृपा से) गौ आदि का स्वामी हो जाऊं, तब मेरा स्तोता गौ आदि धनों वाला हो ।। १।।

हे शचीपति इन्द्र ! यदि मैं गोपति हो जाऊं, तो अपने स्तोता को भी धन-धान्य पूर्ण कर दूंगा ।। २।।

हे इन्द्र ! आपकी वेदवाणी रूपिणी गौ सच्ची वृद्धि करने वाली और यजमान को गौ आदि धन देने वाली है ।। ३।।

जल सुखदायक हैं । वे हमें रस तथा सुंदर दर्शन के लिए प्राप्त हों ।।४।।

तुम जलों का जो अति सुखदायी रस है, हमें उस रस का सेवन कराओ, उसी प्रकार जैसे पुत्रहित कामना वाली माताएं पुत्रों को दूध पिलाती हैं ।।५।।

अशुद्धि आदि के नाशार्थ जिन जलों को हम प्राप्त करते हैं, वे जल हमारी अशुद्धि का नाश करें । हे ऐसे जलो ! हमारी संतानादि को बढ़ाओ ।। ६।।

हे परमेश्वर ! हमारे हृदय के लिए रोगशमनकारक-सुखदायक ओषधि को वायु बहाये और हमारी आशाओं को बढ़ाये ।। ७।।

हे वायु ! तू हमारा पालक, हितकारक और मित्र है । वह तू हमको जीवन दे ।।८।।

हे वायु ! जो तेरे घर में जीवन छिपा है, उसे हमें जीवित रहने के लिए दें ।।६।।

बलवान, विश्वरूप, सुपर्ण सूर्य-रश्मियों रूपी प्रकाश, वस्त्रों से आवृत्त, उत्पत्तिस्थान (अरण) का पोषक, दाहक-पाचक अग्नि यज्ञ में सर्वतः स्वतः उत्पन्न होता है ।।१०।।

सम्पूर्ण भूत, अन्नरूप तेज, जलों पर आश्रित है । वह अंतरिक्ष में किरण समूह को फैलाकर सोम की हवि से शब्दवान होता है ।। ११।।

दिव्य लोक तथा सभी लोकों के सुखों का धारक, प्रजापालक, याचित धनदाता अग्नि असंख्य किरणों को फैलाकर सूर्य प्रकाश का धारक है ।। १२।।

हे इन्द्र ! अन्तरिक्ष में उड़ते हुए, स्वर्ण-पंख वाले वरुणदूत, विद्युत-रूप अग्नि के स्थान में प्रतिष्ठित, हृदय से तुम्हारी इच्छा करते हुए स्तोता, जब अन्तरिक्ष की ओर मुख करते हैं, तभी तुम्हें देखते हैं ।। १३।।

जलधारक इन्द्र अन्तरिक्ष में रहता है । वह अपने अद्भुत आयुधों को धारण करता है । जैसे सूर्य अपने प्रकाश को सर्वत्र फैलाता है, वैसे ही इन्द्र अपने जलों को सर्वत्र फैलाता है ।। १४।।

अन्तरिक्ष में जलती बूंदों से युक्त सूर्य के समान जब इन्द्र मेघ की ओर बढ़ता है, तब सूर्य अपने तेज से अन्तरिक्ष में प्रतिष्ठित हुआ जल बरसाता है ।। १५।।

द्वाविंश अध्याय

प्रथम खण्ड

फुर्तीला, तीक्ष्ण, सांड़ के सदृश्य डरावना, प्रहार करने में चतुर, शत्रुक्षोभकारी, विधिपूर्वक शत्रु पर प्रहार करने वाला, प्रमाद रहित, अद्वितीय वीर इन्द्र असंख्य सेनाओं को जीतने वाला है ।। १।।

हे वीरो ! देव-शत्रुओं के रुलाने वाले, बिजली, अविचल, वर्षक उस इन्द्र की कृपा से शत्रुओं पर विजय प्राप्त करते हुए उनको भगाओ ।। २।।

वह इन्द्र सब वीरों को वश में करता है, वह युद्ध में समर्थ है, युद्ध को जीतता है और उसके वाण विध्वंसक हैं । वह सोम पीता है ।। ३।।

हे रक्षक इन्द्र ! राक्षसों को मारता हुआ, शत्रु-सेना का नाश करते हुए विजय प्राप्त कर ।। ४।।

सबके बलों के ज्ञाता, अन्नवान्, शत्रु-तिरस्कार, बलवान, स्तुत्य तू विजय रथ पर आरोहण कर ।। ५।।

हे साथियो ! पर्वतों को भी तोड़ देने में समर्थ, स्तुत्य एवं संग्राम विजेता इस इन्द्र के नेतृत्व में युद्ध करो। हे वीरो ! जब इन्द्र शत्रुओं पर क्रोध करे, तभी तुम भी उन पर क्रोध करो ।। ६।।

मेघों के दल में प्रविष्ट होने वाला, पराक्रमी, अत्यन्त क्रोधी, अविचलित और अहिंसित इन्द्र युद्ध काल में हमारी सेनाओं का रक्षक हो ।। ७।।

हमारी सहायक सेनाओं का इन्द्र नेतृत्व करें। बृहस्पति दाहिनी और सेना में रक्षक हो, यज्ञरूपी सेनानी उत्तर में जाये, सोम रूप सनाप्रेरक पीछे की ओर जाय और शूर मरुद्गण सेना के आगे के भाग में जाएं।। ८।।

मनोरथ-पूरक इन्द्र, वरुण, आदित्य और मरुद्गण की विपुल शक्ति हमारे पीछे हो उदार और विजय देवगण का जयघोष गूंज उठे ।। ९।।

हे इन्द्र ! हमारे स्तोत्रों को प्रेरित करो। हमारे सैनिकों को हर्ष दो। हमारे अश्वों को वेग दो। हमारे रथों से उत्साह वर्धक शस्त्र निकलें ।। ९।।

शत्रु सेना से सामना होने पर इन्द्र हमारी रक्षा करें। वाणों से शत्रुओं पर विजय प्राप्त हो। हमारे वीर जीवें। हे इन्द्र ! युद्धों में हमारे रक्षक होओ ।। १०।।

हे मरुद्गण ! हमारे, ऊपर आक्रमण करने वाली शत्रु सेना को ढक दो। शत्रु पक्षीय वीर एक-दूसरे को न देख सकें और न पहचान सकें ।। ११।।

हे पाप से अभिमानी हुई वृत्ति ! हमारे पास न आ। तू शत्रु-शरीरों को लिपट जा। उनके हृदय में शोक और ईर्ष्या उत्पन्न कर तथा हमारे शत्रुओं को अन्धकार में डाल ।। १२।।

हे वीरो ! आक्रमणकारी और विजयी होओ। इन्द्र तुमको आनन्दित करे। तुम्हारी भुजाओं में प्रचण्डता बढ़े। तुम किसी से तिरस्कृत न होओ ।। १३।।

वेद मन्त्रों के द्वारा तीक्षणता को प्राप्त हे वाण ! दूरस्थ शत्रु को प्राप्त हुआ तू उसे समाप्त कर डाल ।। १४ ।।

मांस-भक्षी पक्षी शत्रुओं का पीछा करें। शुद्ध शत्रुओं को सेनाओं का भक्षण करें। शत्रुओं में से कोई शेष न रहे। हे इन्द्र ! अन्य पानी तथा पापी शत्रु न बचे।।१५।।

हे धनेश ! हे शत्रु और हे अग्नि ! तुम सब हमारे शत्रुओं को भस्म कर दो।।१६।।

जहां बड़ी शिखा वाले वाणों की वर्षा हो, उस युद्ध में देवगण हमारी रक्षा करें।।१७।।

हे इन्द्र ! राक्षसों को नष्ट करो। बाधकों का सिर तोड़ो। हमारी हानि करने वाले शत्रु को मार डालो ।। १८ ।।

हे इन्द्र ! हमसे लड़ने वालों को मारो। हमारी सेना के द्वारा हटाये गये शत्रुओं को मुंह लटकाकर भागने दो। हमको क्षीण करने वाले को गड्डे में डालो ।।१६।।

राक्षसों के बल को जीतने वाला इन्द्र किसी से भी वश में न होने वाली हाथी की सूंड के समान पुष्ट भुजाओं को युद्ध-काल में शत्रु नाशक के लिए प्रेरित करे।।२०।।

हे इन्द्र (राजा) ! तेरे मर्मस्थानों को कवच से ढकता हूं। सोम तुझे अमृत से ढके। वरुण तुझे सुखी करे तथा देवता तुझे विजय का आनन्द दिलायें ।।२१।।

हे शत्रुओं ! तुम सिर कटे सांपों के समान अन्धे हो जाओ। हमारे सभी बड़े शत्रुओं को इन्द्र मार डालें ।। २२ ।।

जो हमारा बन्धु बना हुआ, हमसे द्वेज करता है और गुप्त रूप हमारी हिंसा की कामना करता है, सब देवगण उसका नाश करें। मे ही कवच रूप होकर मेरी रक्षा करे ।। २३ ।।

हे इन्द्र ! तू सिंह के समान भयंकर है। तू दूर से आकर अपने वज्र को तीक्ष्ण कर उससे शत्रुओं का मार डाल। युद्ध की इच्छा वाले भी शत्रु को नष्ट कर ।।२४।।

हे देवताओ ! आपकी कृपा से हम मंगलमय वचनों को सुनें, आंखों से अच्छा ही देखें। दृढ़ हस्त-चरण आदि अंगों से और देहों से जितनी ईश्वर के द्वारा स्थापित आयु है, उसको विशेष करके भोगें ।। २५ ।।

जिसका वेदों में सबसे अधिक यश है वह इन्द्र हमें सुख-कल्याण प्रदान करे। सब जानने वाला पूषा देवता हमें सुख-कल्याण धारण कराये। जिसकी गति अरिष्टरहित है, वह लाक्ष्र्य (विद्युत विशेष) देवता हमें कल्याण कराये। वृहस्पति हमारे लिए कल्याण धारण करायें ।। २६ ।।

नवम प्रपाठक एवं बाईसवां अध्याय पूर्ण हुआ

सामवेद संहितस पूर्ण हुई।

व्यक्तित्व विकास

अच्छा इंसान सफल विजेता कैसे बने
शशिकांत सदैव

डेल कार्नेगी
लोक व्यवहार
प्रभावशाली व्यक्तित्व की कला
HOW TO WIN FRIENDS AND INFLUENCE PEOPLE

टॉपर्स के टॉप टिप्स
टॉपर बनना ना तो मुश्किल है, ना ही नामुमकिन
जे.पी.एस. जौली

डेल कार्नेगी
चिंता छोड़ो सुख से जियो
HOW TO STOP WORRYING AND START LIVING

कहानियाँ जो जीना सिखाएं
जे.पी.एस. जौली

कहानियाँ जो राह दिखाएं
सुख, समृद्धि और सफलता की पारसमणि
जे.पी.एस. जौली

मैनेजमेंट एवं कॉर्पोरेट गुरु चाणक्य
हिमांशु शेखर

डॉ. उज्जवल पाटनी
सफल वक्ता सफल व्यक्ति

सफलता पाने की 8 शक्तियां
ब्रिजेश श्रीवास्तव

सफलता की नई तकनीक
राजेन्द्र मिश्र

टाइम मैनेजमेंट

आप और आपका व्यवहार
सूर्या सिन्हा

सोच बदलो सफलता पाओ
जोगिन्दर सिंह

क्या है नेटवर्क मार्केटिंग जानिए
No.1 Bestseller
12 भारतीय भाषाओं में उपलब्ध
सूर्या सिन्हा

जीत लो ख्वाबों को
जोगिन्दर सिंह

हार के बाद ही जीत है
जोगिन्दर सिंह

डायमंड में प्रकाशित श्रेष्ठ साहित्य